持続可能な社会のための環境教育シリーズ〔4〕

持続可能な開発のための教育
ESD入門

佐藤真久／阿部　治　編著
阿部　治／朝岡幸彦　監修

筑波書房

はじめに

　「国連持続可能な開発のための教育の10年（DESD）」が、2002年のヨハネスブルク・サミット（WSSD）において、日本政府・NGOから共同提案され、第57回国連総会においてその実施が決議された。DESDは、2005年から2014年にかけて、UNESCO主導のもとで実施されている国連のプログラムである。本書は、「ESD入門—持続可能な開発のための教育」と題して、DESDの開始に伴う、国連レベル、地域（region）レベル、国レベルの国際的動向と展望についてまとめたものである。

　本書は、すでに筆者らによって発表されているDESDの国際的動向に関する主要な論文・報告文書・邦訳文書をもとに、その内容をわかりやすく加筆修正して掲載するとともに、DESD国際実施計画（DESD-IIS）の策定プロセスと国際的展開、DESD地域戦略と国際的な評価に関する取組、DESDの中間会合（2009年）とDESD中間レヴュー報告書（2009年）と、国別動向にいたるまで、流れを追って把握できるように構成されている。国別動向については、ESDの取組として注目されている、ドイツ、スウェーデン、中国、インド、ニュージーランドの事例を掲載した。イギリスの取組事例については、本シリーズ（持続可能な社会のための環境教育シリーズ）の［3］「学校環境教育論」において、「可能性としてのサスティナブル・スクール—英国における学校教育と学校外教育の連携による持続可能な社会づくり」と題する章で紹介がされているため、本書では割愛することとする。さらに、ESDの新たな展開にむけて、開発と教育の歴史的動向の中でのESDに関する考察や、ESDの内発性・外発性、についての考察も本書に加えられている。最後に、ESDの国際的取組の展望として、本書の全体を踏まえたうえでの考察が加えられている。

　2009年のUNESCO世界会議において採択されたボン宣言において、DESDの最終年（2014年）の最終会合が、日本で開催されることが決定された。DESD最終会合の日本開催の決定にともない、世界中の関係者が日本の取組

に大きな関心をもつことと思われる。このような国際的な舞台を通して、日本が、日本型ESD（または、日本の地域におけるESD）の取組を共有・発信する意味において有意義なだけでなく、地球憲章やミレニアム開発目標（MDGs）を踏まえた「質の高い教育」に関する教育実践を、途上国と先進国の垣根を超えて共有し学びあう、新しい国際教育協力の姿を提示する機会としても大きな意義をもつと思われる。

　本書では上述のとおり、DESD国際実施計画の策定から、その後の評価に関する取組、DESD中間会合と中間レヴュー報告書の発表、さまざまな特徴ある地域・国での具体的な取組の展開に基づき、後半年のESDの展開の充実に向けて、ESDの概念を深めるべくいくつかの重要な視点での考察をしている。ESD時代の新しい環境教育の今後の展開に向けて、さまざまな角度から、そして多くの視点から、ともに考察を深めていくことが期待される。

　DESDの中間年を経て、3.11東日本大震災を経験した日本で、途上国も先進国も相互に協力し合い、学び合う必要性が改めて内外に認識されることとなった。本書が、これからのESDの取組の進捗と達成を生み出し、共に歩む一助となれば幸いである。

　最後に、本書を含むシリーズの刊行を快く引き受けていただいた筑波書房の鶴見治彦社長に心からお礼を申し上げたい。

佐藤真久・阿部治

目次

はじめに …………………………………………………………………… 3

序　章　持続可能な開発のための教育（ESD）とは何か …………… 9
　1　はじめに …… 9
　2　なぜESDに取り組んだのか …… 10
　3　ESDとは …… 11
　4　なぜESDが求められているのか …… 14
　5　地域づくりに生かされるESD …… 17
　6　地域で求められているESD …… 19
　7　おわりに …… 22

第1部　「持続可能な開発のための教育の10年（DESD）」の国際的展開

第1章　DESDの始まりとDESD国際実施計画の策定 ……………… 27
　1　はじめに …… 27
　2　環境教育の国際的展開の背景 …… 28
　3　DESDの開始と、国際実施計画（DESD-IIS）の策定プロセス …… 32
　4　国際実施計画（DESD-IIS）の概要 …… 34
　5　これからの環境教育—ESDの文脈の反映 …… 41
　6　おわりに …… 42

第2章　DESDの国際的な評価に関する取組 ……………………… 47
　1　はじめに …… 47
　2　アジア太平洋地域国別DESD指標開発ガイドライン・開発プロジェクトの概要
　　　…… 48
　3　おわりに …… 55

第3章　DESDの中間関連会合とDESD中間レヴュー報告書 ……………… 59
　1　はじめに …… 59
　2　アーメダバード国際会議 …… 59
　3　DESD中間会合（ボン会合）の開催 …… 61
　4　ボン宣言の概要 …… 63
　5　DESD中間レヴュー報告書の概要 …… 67
　6　日本におけるDESD中間レヴューの意味合い …… 74
　7　おわりに …… 80

第2部　各国におけるESDの取組と展開

第4章　ドイツにおけるESDの取組 ………………………………………… 89
　1　はじめに …… 89
　2　教育政策の動向とESD政策 …… 90
　3　学校ESD推進の枠組み「トランスファー21」プログラム …… 94
　4　学校ESD実践の事例 …… 100
　5　ESD推進の支援体制 …… 103
　6　おわりに …… 105

第5章　スウェーデンにおけるESDの取組と展開 ………………………… 109
　1　はじめに …… 109
　2　スウェーデンの環境教育とESDの歴史 …… 110
　3　教育機関における実践事例 …… 114
　4　ESD研究と国際協力 …… 118
　5　おわりに …… 121

第6章　中国におけるESDの取組と展開 …………………………………… 127
　1　はじめに …… 127

 2 基礎教育課程におけるESD …… 128
 3 ユネスコESDプロジェクト …… 131
 4 中国におけるESDの特徴 …… 137
 5 おわりに …… 139

第7章　インドにおけるESDの取組と展開 …… 143
 1 はじめに …… 143
 2 インドにおける環境問題の特質 …… 144
 3 インドにおけるESDの原点としての農村開発 …… 147
 4 インドの環境保全への政策的取組 …… 150
 5 インドの環境教育の現状 …… 153
 6 おわりに …… 158

第8章　ニュージーランドにおけるESDの取組と展開 …… 165
 1 はじめに …… 165
 2 ニュージーランドにおける「持続可能性」に関する議論 …… 166
 3 学校教育における環境教育とESD—国内実施戦略と関連施策 …… 169
 4 学校における「環境教育（EE）」と「持続可能性のための教育（EfS）」…… 173
 5 学校教育における環境教育とEfS—環境教育実践校の組織的支援にむけた主要なネットワーク …… 178
 6 おわりに …… 180

第3部　ESDの新たな展開に向けて

第9章　開発と教育の歴史的変遷とESD …… 187
 1 はじめに …… 187
 2 Development/開発/発展とはなにか …… 187

3　開発アプローチの変遷と教育 …… 189
    4　おわりに …… 204

第10章　内発的外向型発展論とESDの内発性・外発性 …………………… 211
    1　はじめに …… 211
    2　「内発的発展論」とは …… 212
    3　内発的発展論と地域概念 …… 217
    4　内発型発展と外向型発展、内発的外向型発展 …… 221
    5　内発的外向型発展論とESDの内発性・外発性 …… 223
    6　おわりに　発展論としてのESDとこれからの国際開発目標 …… 224

第11章　ESDの国際的取組の展望 ……………………………………………… 231
    1　はじめに …… 231
    2　「持続可能な開発のための教育の10年（DESD）」の国際的展開 …… 231
    3　地域（region）における取組 …… 233
    4　各国における取組と展開 …… 235
    5　日本における取組 …… 237
    6　ESDの新たな展開にむけて …… 238
    7　おわりに …… 239

終　章　3.11以降の持続可能な開発のための教育（ESD）の課題 ………… 241
    1　太郎君の「悩み」とゆうだい君の「反論」…… 241
    2　ポスト・グローバリゼーションとしてのESD …… 242
    3　ポスト・フクシマが求めるESD …… 246
    4　「沈黙の責任」もしくは「正しい少数派の責任」について …… 251

執筆者紹介 ………………………………………………………………………… 255

序章　持続可能な開発のための教育（ESD）とは何か

1　はじめに

　本書では、ESDの成立の背景や内容、評価など理論から実践に至る広範な内容を包含している。ESDは、特に2005年に始まる国連ESDの10年の取り組み以降、我が国で急速に広がりつつある（とはいってもまだ極一部に過ぎないが）教育思潮である。2014年の国連ESDの10年の最終会合は岡山市と名古屋市で開催されることが決定され、今やラストスパートとして、残された時間、ESDの定着とポスト10年に向けた行動計画の策定が求められている。

　一方、本格的な取組がスタートした東日本大震災による津波被災地の復興再生において、住民参加による安全安心で環境にも配慮したまちづくりが提唱されている。また、震災に伴う東京電力福島第一原子力発電所の事故は広島、長崎に次ぐ3度目の広範な被爆をもたらし、今なお、収束すること無く危険は放置されたままだ。なぜ、福島の沿岸部に原発が立地し、絶対安全と謳われていた原発が事故を起こしたのだろうか。そして人間による制御が不可能であることが歴然としたにもかかわらず、今なお原発に依存する人々がいるのはなぜなのか。今、日本が直面している最大の課題であるこれら2つの問題をとってもESDが果たす役割は大きいと考える。本書を通じて、ESDへの理解を深めるとともにこれら2つの問題とESDとの関わりについても思いを巡らせてほしい。

　本章では、本文の理論的内容と具体的なESDをつなぐ導入として、ESDをわかりやすく解説すると共に、日本におけるESDへの期待や可能性について

も併せてふれることで、本書の導入としたい。

2　なぜESDに取り組んだのか

　筆者は2002年の持続可能な開発のための世界首脳会議（ヨハネスブルグサミット）における日本政府による国連ESD（持続可能な開発のための教育）の10年の提案に、NGOの一員として関わり、それ以降、ESDの国内外の推進に向けて活動している。元来、環境教育に従事してきた筆者が今日、持続可能な開発のための教育や持続発展教育と呼ばれているESDになぜかかわったのか。おそらく、このことは読者のESDへの理解を促すことにつながると思われるので述べてみたい。

　筆者は豪雪とスキー場で知られている新潟の旧塩沢町（現、南魚沼市）の山麓で生まれ育った。屋根裏にはムササビが定住し、冬期には山側の窓を開け、ゴロスケ・ホーセと叫べば、眼前の樹上からフクロウが明瞭な鳴き声で応えるという環境の中で育った筆者は、自然好きの父の影響もあり、野山で遊び、ごく自然に動植物が好きになった。雪国では当然のことながら冬期間の仕事は少ない。このため冬期は、筆者の父もそうであったように集落の男たちは出稼ぎにでるのが一般的であった。ところが筆者の小学生の時に、村にスキー場開発計画が持ち上がり、出稼ぎからの解放と新たな現金収入の道が開けることから住民たちはこぞって賛成し、受け入れた。そして今では、広大なスキー場として知られるようになった。経済的な豊かさと引き替えに、かつてムササビがすんでいた樹木は伐採され、自然が改変された。典型的な環境と開発の問題である。自然を友に育った筆者の原体験は、筆者をして大学における自然保護学を学ばせることとなり、さらには自然保護を志向する若者を育てる環境教育への道を歩ませることになった。しかし、もう一つの原体験、すなわち環境と開発の統合、今で言う持続可能な開発への問題意識が心から離れることは無かった。このことは特に大学院で環境教育を専攻し地球環境保全にかかわる環境史を学ぶ過程でより強くなっていった。

序章　持続可能な開発のための教育（ESD）とは何か

　そしてこの問題意識は後年、持続可能な社会をつくるためには、従来の環境教育が主に扱ってきた人と自然との関係（つながり）の改善のみならず、人と人、人と社会とのつながり（関係）の改善が必要であるという総合的環境教育の提唱につながった。このことは後述するように従来の狭義の意味での環境教育と開発教育や人権教育、平和教育などの統合を意味しておりまさにESDそのものであった。たまたま環境教育の道に進んだことで筆者はこのようなアプローチをESDと呼ぶことが出来たが、同様な原体験や環境の中で持続可能な開発の必要性に迫られ、それを教育や学びの面から具体化した事例も日本には多く存在する。これらの事例はESDとは呼ばれていないが、ESDに他ならない。

3　ESDとは

　第1章で詳細に述べられているように、ESDは持続可能な開発（Sustainable Development：SD）を基調とした社会、つまり持続可能な社会を主体的に担う人づくりとして80年代後半以降、特に1992年の地球サミットで出された行動計画（アジェンダ21の第36章）を契機に国連が始めた人づくりに起因し、2002年のヨハネスブルグでの国連持続可能な開発サミットでの日本のNGOと政府による国連持続可能な開発のための教育の10年の提唱（同年末の国連総会で決議され、2005年から開始）によって国際的に広まってきた活動である。

　しかし、国連（ユネスコなどを含む）による取組以前から、環境教育や開発教育、人権教育と言った地球課題教育が各々のアプローチからだけでは、特に80年代以降、相互に複雑に関連するようになってきた地球的諸問題を解決することが出来なくなり、相互に連携・乗り入れすることが必要となってきたことがESDの生まれた背景にある。環境問題を解決し、その発生を未然に防止することを目的に環境教育が始められ、基本的人権を守り、育てるために人権教育があり、社会における暴力の構造をなくすために平和教育があ

11

るなど、地球課題教育はそれぞれに生まれた経緯や存在理由がある。そして、これらの教育が扱う問題は、すべてが持続可能性に関わる問題であり、持続可能な社会を創造していくためには解決しなければならない問題である。とすれば、従来からのアプローチのみでなく持続可能な社会、あるいは持続可能な開発といった視点から、他の教育課題と連携しながらアプローチしていくことは極めて有効ではないだろうかというのがESDのアプローチなのである。

　わかりやすく言えば、たとえば従来の環境教育は人と自然との関係を改善していくことが目的であり、従来の人権教育や平和教育は人と人、人と社会との関係を改善していくことが目的であった。これらをトータル（統合的かつ総合的）に見ていこうというのがESDなのだ。現在の人と自然、人と人、人と社会のつながり（関係性）ではもはや私たちも他の生物種、未来の人も持続しない。ではどんなつながり（関係性）ならば持続するのだろうか、その新たな（もう一方の）つながりや関係性を想像し、想像したつながり（関係性）＝社会を創造する力、すなわち２つのソウゾウリョクを育むのがESDなのである。では、環境教育と他の地球課題教育はどんな関係にあるのだろうか。これも第１章に詳述されているが、持続可能な開発の主要な要素として、環境・経済・社会の３つがとりあげられる。そしてこれらの３つの概念の相互関係をどのように表現するかで、SDをどのようにとらえているのかがよくわかる。たとえば、各々が包含された３つの同心円の一番大きな円を環境、次の円を社会、最小の円を経済とするならば、自然環境がすべての源であり、その中に社会があり、経済活動は自然環境や社会の安定があって初めて成り立つものであると理解することが出来る。あるいは、３つの同じ大きさの円が互いに交わる図であるならば、これら３つの関係は同等であり、それぞれに同等の配慮が必要であると理解できる。筆者の見方を図示したのが、**図序-1**である。

　環境を保全していく態度や技能、行動力を育んでいくことが国際的な環境教育の共通理解と見てよい。そしてその土台に自然体験による感性の育成が

図序-1　持続可能な開発（SD）の階層

```
┌─────────────────────────────┐
│　社会（文化を含む）の持続性　│
│　　社会的公正＋文化的多様性　│
└─────────────────────────────┘
            ⇅ 経済の持続性
┌─────────────────────────────┐
│　環境の（生態学的）持続性　　│
│　　物質循環　　　　　　　　　│
│　　生物の多様性（生態系サービス）│
└─────────────────────────────┘
```

ある。しかし、深刻な公害問題を経験した我が国においては、公害教育を通じて自然環境のみではなく社会環境についても思いを巡らせる環境教育が取り組まれてきており、3Rに代表される資源循環を意図した環境教育も展開されている。この意味では、日本の環境教育は自然と人だけでなく、人と人、人と社会との関係（つながり）に対する総合的な教育であり、ESDという側面を持っていたといえる。しかし、我が国においても、主として自然や環境問題を扱う教育として環境教育はこれまで存在してきた。

　いうまでもなく環境教育やESDが目指す持続可能な社会の土台は健全な自然環境である。これらは物質の循環と生物の多様性の2つに整理することができる。身近なゴミ問題や自然保護の問題から地球温暖化、水、食料といった諸問題は人間生活が地球上に本来備わっていた循環のシステムや生物多様性を破壊していることから生じている。そして健全な自然環境が損なわれることによって、私たちの生活・社会は不安定となる。また紛争や戦争などで社会が不安定になることが自然環境を悪化させることにもなる。経済活動は自然環境という資源を持続的に利用し、私たちの福利を発展させ、安心・安全な生活を追求する手段である。しかし、現在はコントロールを逸脱した経済活動がしばしばその源である自然環境を破壊し、社会をも破壊している。

　環境・経済・社会というトータルの視点（各々のつながりを明らかにし統合的・総合的に見る視点）から、持続可能な社会を担う人づくりを行うのがESDであるが、持続可能な社会の土台が健全な自然環境の保全にあることか

ら、あえて描くとするならば自然と人間との関係を中心に扱ってきた狭義の環境教育はESDの土台にあたり、人権教育や平和教育などはESDの上部にあるといえる。つまり、人権や平和を進めるにも自然環境の安定が不可欠であると言うことなのである。

4　なぜESDが求められているのか

　第1章で、ESDが国際的に登場してきた経緯が詳述されているが、20世紀後半の50年間で世界の人口は倍増している（1950年：25億人、2000年60億人）。この人口増に伴って、様々な資源の消費が増大し、それに伴って自然環境への負荷が増大し、このままでは地球の環境容量を超えてしまうことが予測されるにいたった。特に、このことを国際的に提示したのが1972年のローマクラブによる「成長の限界」シナリオである[1]。マサチューセッツ工科大学の大型コンピュータを使用したシステムダイナミックスモデルによる人類の未来予測をした結果、幾何級数的な人口増に比例して当初は一人あたりの食料や一人あたりの工業生産、さらには汚染も増大するが、資源は反比例して減少し、タイムラグはありながらも先の食料や工業生産、汚染は増大から減少に変化し、人口も急速に減少するというものである。すなわち、人類は破局を迎えることを予測したのである。

　この予測は、コンピュータによるモデル自体の限界や悲観論にもとづいたシナリオを基礎にしているなどのモデル自体の問題点[2]などが指摘され、大きな論争を招いたが、結局は世界に受け入れられた。この未来予測を行なったドネラ・H・メドウズらは、その後、モデルをさらに精緻化し、2度にわたって未来予測を繰り返した。そしてこのまま事態が推移したならば人類の破局は免れないことをいよいよ明らかにしたのである。成長の限界について出された2作目『限界を超えて―生きるための選択』[3]では、未来予測結果と共に破局を迎えないために「持続可能性を追求する革命」を提起している。そしてこの新たな革命を導く5つの方法をあげることで本書を締めく

くっている。

　これら5つの方法とは、「ビジョンを描くこと」、「ネットワークづくり」、「真実を語ること」、「学ぶこと」、そして「愛すること」である。持続可能な社会づくりに関心を持ったことがある人ならば、おそらく誰もがこれら5つの方法が有益であることを知っているだろう。持続可能な社会のビジョンを描くためには、世界の現状を正しく認識することが必要であり、そのためには学ぶことが欠かせない。またビジョンを描くにも具体化するためにも一人では出来ない、ネットワークによる力が必要である。そして持続可能な社会を創造するには未来世代を含め、親族のみならず人類への愛や自然への愛が根底にあることが最も大きな力となるのである。引き続いて出された第3作『成長の限界　人類の選択』[4]も含めて、メドウズらの予測は今や大勢となっている。

　人類の未来の悲観的未来予測は、他にも数多くなされており、これらをとりまとめたものに東京大学などが中心になって作成した『サステナビリティの科学的基礎に関する調査報告書』（2005年10月）[5]があるが、これは世界中の報告書を環境問題・自然科学問題の視点からまとめたものである。また、日本発の環境分野のノーベル賞をめざしてブループラネット賞を創設した旭硝子財団は、「地球環境問題を考える懇談会」を組織し、国内外で出されている様々なサステナビリティに関する報告書『生存の条件』[6]をとりまとめている。また近年は、日本学術会議が持続可能性に関わる多くの提言をまとめているが、『日本の計画：学術により駆動される情報循環社会へ』（日本学術会議、2002）などはそのはしりといえる。この提言において、21世紀初頭の人類史的課題は、根本的には地球の物質的有限性と人間活動の拡大とによって生じた「行き詰まり問題」であるとし、これを乗り越えて、人類社会の持続可能な開発を実現しなくてはならないとされている。

　このように人類の悲観的な未来予測は枚挙にいとまがない。いずれにしても、根源的な人口問題、さらには今世紀最大の地球環境問題といわれている気候変動と生物多様性に代表される環境問題やエネルギー、資源、食料、水

といった環境・資源・エネルギー問題、核兵器や平和、人権、ジェンダー、貧困といった社会環境問題、価値観の多様化や文化といった価値・文化の問題など、グローバリゼーションの進展によって、相対的に地球が小さくなったことでこれらの問題が互いに相互不可分の関係となりながら事態は刻一刻と悪化している。そしてこのグローバル化は市場経済の中に地球上のあらゆる人々を取り込み、先の問題群を含みつつ人と人とを否が応でも結びつけてしまったのである。しかもこれら相互の関係は複雑であり、容易に視覚化できないことが問題をさらに複雑にしている。

　気候変動と生物多様性については、地球サミットで国際条約が制定されている。温室効果ガスの抑制を目的に制定された気候変動化枠組み条約（1992年、1994年発効）は、1997年に京都で開催された締約国会議（COP-3、2008～12）において、先進国の温室効果ガス、特に二酸化炭素の排出目標を数値化した画期的な京都議定書をとりまとめた。しかし経済成長の抑制につながるとみられる二酸化炭素の排出削減は、困難を極め、積極的に取り組んだEU諸国とは裏腹に最大の排出国であるアメリカは条約を批准せず、京都議定書の生みの親である日本ですらもCOP17では議定書から離脱をしてしまった。今や中国やインド、ブラジルといった中進国の温室効果ガスの排出は膨大なものとなり、今後はこれらの国々の積極的な取組抜きには気候変動化問題への対応は進まない。地球サミットからの20年、リオで再度開催される持続可能な開発会議リオ＋20を新たな地球環境保全に向けた出発点にすることが求められている。

　地球サミットで制定された生物多様性条約も日本で開催されたCOP10で、陸域だけのものではなく海域の生物資源、生物多様性の保全を視野にいれた非常に意欲的な目標が名古屋でつくられた。生物多様性については、近年広く知られるようになってきている。遺伝子の多様性、種の多様性、多様な生態系の3つが挙げられる。これらの多様性が人類にもたらしている恩恵について、「生態系サービス」と呼んでいる。食品や水などの生産・提供、気候などの制御・調節、レクリエーションなどの精神的・文化的利益、栄養循環

や光合成による酸素の供給があげられ、多様であればあるほど、これらは不慮の事故から環境を保護し、安定化させることができる。

　このような地球レベルの持続不可能性と共に私たちが暮らす地域において、過疎化や産業の空洞化、生物多様性の減少、貧困の増大、自殺者の高止まり、無縁化社会といった持続不可能な事態が生じている。特に、前述した今なお危機的状況にある福島第一原発事故による広範囲な放射性物質による汚染は、人々の暮らしを奪っただけでなく将来にわたって生命の危険すらもたらそうとしている。この意味では原発は今や持続不可能な社会の象徴ということができる。そして、原発に依存しない社会のビジョンを描き、その描いた社会の実現に向けて現在すべきことを明らかにし一歩一歩取り組んでいくことが今求められている。このようなやり方がバックキャスティングと呼ばれる手法であり、暗闇を照らす灯台のような目標を明確に定め、その目標達成のための道筋を明確にするアプローチである。

　一方、目標が明確で無く、暗闇をランプの光を照らし試行錯誤しながら持続可能な社会の道を探すやり方はフォーキャスティングと呼ばれている。残念ながら持続可能な社会についての我が国のやり方は後者である。未だ持続可能な社会のビジョンすら持ち得ず、このことが震災後のエネルギー政策や復興政策の混乱の主要な原因の一つであると考えられる。フォーキャスティングの手法は膨大な無駄な時間と労力、費用を要することは言うまでも無い。ESDはバックキャスティングのもとになる持続可能な社会のビジョンを市民自らが描く力を育てる活動である。

5　地域づくりに生かされるESD

　DESDの開始以降、ESD-J（持続可能な開発のための教育の10年推進会議）などのNGOによる活動や環境省のESDモデル地域指定（2006〜08年度に実施されたESD促進事業）などによって、持続可能な地域づくりの一環としてのESDの取組が浸透してきている。これらの中には、DESDによってESD概

念が提示される以前から行なわれてきた地域づくりの活動をESDの視点から整理しているものと、DESDを契機として新たな取組が開始されたものがある。

　前者の代表例としては、水俣市での学びをベースとした地域再生があげられる（**図序-2**）。水俣病に翻弄された水俣市では、公害から脱却し循環型環境モデル都市になるべく、環境・健康・福祉のまちづくりを1992年に宣言した。その後、市内全域で地元学による地域の再評価を行い、市民の誇りを取り戻すとともに、市内のすべての小中学校での学校版環境ISOの導入に代表される環境教育と人権教育の導入、自己宣言方式の環境ISOの多様な職種への適用、地域での生活博物館の立ち上げ、環境マイスターや教育旅行の推進、環境産業の誘致など、学校教育や社会教育を通じて、すべての住民を対象とした広義の環境教育をベースにした地域づくりを展開している。もちろんこれらの地域づくりでは、環境・経済（観光や第一次産業の振興など）・社会（福祉や健康、人権など）などが総合的にとらえられている。学校や地域における学びをベースとした、持続可能な地域づくりを展開してきた水俣市の事例は、典型的な地域におけるESDとして捉えることができる。

　そもそもESDは多様であり、地域の現状（環境・経済・社会・文化など）に即したものでなければなない。この意味で、無いものねだりではなくある物さがしを通じて住民が地域の資源に気づき、自らが地域の主人公となる地元学は極めて優れたESDの手法といえる。地元学とならぶ全国的なESDの事例としては、地域まるごと博物館で知られるエコミュージアムがあげられる。自然や歴史・文化のみならず、産業をも含めて、住民参加により、学びを通じて、地域の資源を保存・活用し、地域社会の持続的な発展に寄与することを意図するエコミュージアムもESDの優れた手法の一つである。

　また茨城県にある国内で2番目に大きな湖霞ケ浦におけるアサザプロジェクトは、霞ヶ浦の再生に端を発した総合的な地域再生につながるダイナミックな環境教育プロジェクトであるが、環境保全、地域経済の活性化、都市農村交流や伝統的知恵の尊重などを通じたESDを展開している。教育の10年以

序章　持続可能な開発のための教育 (ESD) とは何か

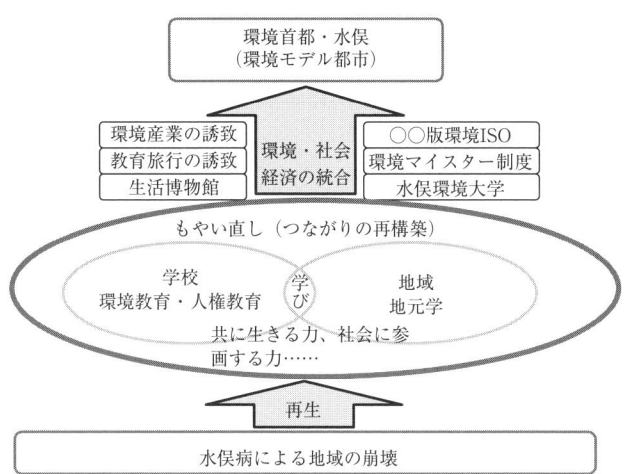

図序-2　水俣における地域再生としてのESD

降に取り組まれた事例としては、岡山市での小中学校の学校区を単位とした公民館をベースとしたESD地域学習が優良事例として知られている。

今日、過疎化や高齢化、産業の空洞化、自然環境の荒廃などによって日本の地方都市の多くは、持続不可能な状況に陥っており、環境、経済、社会の統合的な視点に立ったESDの必要性に直面している。しかも、地域住民が主体的・創造的に参加することなしに持続可能な地域づくりの継続はありえない。この意味で、ESDが持続可能な地域づくりに果たしていく役割は、将来にわたって極めて大きいといえる。

6　地域で求められているESD

1955年（昭和30年）生まれの筆者が通った小学校は全校50人程度の複式学級の小学校であった。当時の小学校は地域のセンターとして求心力を持っていた。四季に応じた全校児童の活動（春の山菜採り、夏の薬草採集、秋の学校林の手入れ、冬の山スキー）、運動会、文化祭はすべてが地域の人や自然との関わりを通じて行われていた。運動会や文化祭は保護者の如何を問わず、

大人たちの出番が多く用意されていた。つまり地域の人材（社会関係資本）と自然資源（自然資本）や歴史・文化資源（文化資本）を活用することで教育が成り立っていたのである。そしてこのことが児童のコミュニケーション能力の向上や自然資源の持続的利用といった生きる力を育むことにつながっていた。まさに生活する場での生きる力（人や自然との関わり方）を育む教育の本質を体現していたといえる。それが交通機関の進歩に伴い人間の移動範囲が広がり、また農村の社会経済的環境の変化と共に、行動圏が広がり地域のもつ求心力が薄れ、教育も受験を意識した画一的なものとなってきた。結果として、地域を教材とした地に足のついた生きるための知識・技能ではなく、世界に通用する知識を学ぶ場へと教育が変質してきたように思える。筆者が通った小学校は、その後しばらくして、児童の教育環境の改善という大義名分によって町場の学校に統合吸収され、結果として地域のセンターは消滅し、地域における学びの視点からの関係性構築は非常に希薄になってしまった。

　過疎化が急速に進行している我が国では、中山間地を中心に全国的に小規模校が増加している。そしてこのような学校においては、かつてのような地域を素材にした教育活動が少なからず存在している。筆者は環境教育の研究授業などを通じて、全国各地の学校を訪問しているが、その一つに福島県川俣町の小学校があった。学校の裏山を授業の場として活用し、まちの伝統産業であった養蚕を今に伝えようと地域住民が教育ボランティアとして積極的に学校と関わり、まさに地域の自然や文化などの資源を生かした教育活動が展開されていた。なぜこのように熱心にかかわるのかという筆者の問いかけに対して、地元の方々は、「地元には産業がないので、こどもたちはいずれ都会に出て行く、こどもたちが生まれ育った地域のことを忘れないように一生懸命に地域のことを伝えたい」とこたえてくれた。何とも悲しい話ではあるが、おそらくこのような意図によって、中山間地の地域を素材とした教育がなされているのではないだろうか。そして小規模校はやがて統廃合によって廃校となり、地域のセンターとしての学校が消滅していくのである。そこ

序章　持続可能な開発のための教育（ESD）とは何か

ではもはや人材はもちろん地域の自然や歴史・文化などの資源を活用した教育を望むべくもない。もちろん学校を介した地域のネットワーク、老若男女による社会関係資本も急速に廃れていく。

　おそらくこのような地域にこそESDは必要とされているのではないだろうか。かつて鶴見和子[7]らは地域内の人的、自然、歴史、文化資源などを生かし、地域内の経済や福祉、教育などを振興させる内発的発展を提唱した。これはまさに日本版のSDと言うことが出来る。現在、このような視点にたって過疎に悩む中山間地の地域振興に立ち向かっているものの一つに自然学校の運動がある。我が国の自然学校は1980年代に主にアメリカの自然学校の紹介から始められた。1987年に山梨県清里の（財）キープ協会を会場に開催された清里環境教育ミーティングは、日本における自然学校の、振興を目的に始められたものである。当初、全国に皆無であった自然学校は都市からの若者によるIターンによって中山間地に続々とつくられ、その数は2011年には3500校ほどになった。清里環境教育ミーティングが組織化された（公益社団）日本環境教育フォーラムは、自然学校を「年間を通じて、指導者が存在し、プログラムを提供し、施設を運営している」団体として定義しているが、個人がフリーで行なっている事例など多種多様である。当初はNGOによる経営が主であったが、近年では、国に自治体、企業による自然学校までもが設立されるようになってきた。

　過疎地に入った自然学校は当初、都市部住民（子ども、大人）を対象にした自然体験活動を中心とした環境教育に取り組み、その活動の中に地域住民（特に地域の様々な生活の知恵を有する高齢者）を巻き込むことで、地域活性化の拠点として機能するようになってきたのである。農村留学やグリーンツーリズム、エコツーリズムは都市・農村交流を通じたスモールビジネス（あるいは集落ビジネス）となり地域の活性化を促し、地域に伝承されてきた自然資源の持続的利用、地域の文化などの継承にも寄与し、高齢者に生き甲斐を与えることにつながっている。まさに環境・経済・社会を統合したSDあるいは内発的発展の視点に立った、相互の学びであり、ESDに他ならない。

筆者らは我が国を代表する自然学校の取り組みをESDの視点から分析しているが[8]、これらESD拠点としての自然学校の役割は今後ますます高まっていくに違いない。

7　おわりに

本章では、本書の導入部としてESDを巡る様々な諸相を主に筆者の視点から述べた。ここで取り上げた個々の論点やESDの手法、育む能力、何を持ってESDの効果を知るのかなど、舌足らずの本章では理解できなかった点については、次章以降で扱っている。私たち日本人は今、放射性物質の汚染や過疎化による地域の疲弊など、様々な問題によって元気をなくしているが、参加体験や協働、地域の知恵の伝承と言った様々な手法を通じたESDの学びを通じて共に生きる力や持続可能な未来を描く力などを育むことで未来に希望を持ち元気になることができる。そしてこのことは日本だけの話ではない。世界の人々もまた、ESDを通じて悲観的な未来予測を吹き飛ばし、希望ある未来を共に語り合うことが出来る。その意味でも国連ESDの10年の成否が決定的に重要である。好機を生かさない手はない。

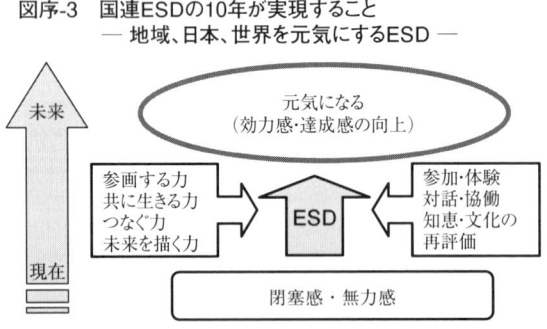

図序-3　国連ESDの10年が実現すること
― 地域、日本、世界を元気にするESD ―

注

（1）D.H.メドウズ他、大来佐武郎監訳『成長の限界』（ダイヤモンド社、1972年）。
（2）J・マコーミック、石弘之・山口裕司訳『地球環境運動全史』（岩波書店、1998）。
（3）D.H.メドウズ・他、茅陽一監訳『限界を超えて』（ダイヤモンド社、1993年）。
（4）D.H.メドウズ・他、枝廣淳子訳『成長の限界　人類の選択』（ダイヤモンド社、2005年）。
（5）『サステナビリティの科学的基礎に関する調査報告書』（2005年10月）。
（6）『生存の条件』（旭硝子財団、2009年）
（7）鶴見和子『内発的発展論の展開』（筑摩書房、1996年）。
（8）阿部治・川嶋直編『ESD拠点としての自然学校』（みくに出版、2012）。

第1部 「持続可能な開発のための教育の10年（DESD）」の国際的展開

第1章　DESDの始まりとDESD国際実施計画の策定

1　はじめに

　「環境教育（Environmental Education, EE）」という言葉が国際社会において使用されて以来、環境教育の概念は大きく進展を続けている。持続可能な開発を達成させ、教育の質を高めることへの社会的要請の一層の高まりが感じられる。

　2002年9月、南アフリカ共和国のヨハネスブルグで開催された「持続可能な開発に関する世界首脳会議、通称、ヨハネスブルグ・サミット（World Summit on Sustainable Development, WSSD）」において、日本政府が提案した「国連持続可能な開発のための教育の10年（UN Decade of Education for Sustainable Development, DESD）（2005-14）」は、国連総会の決議（2002年12月）を得て2005年に開始した。主導機関のUNESCOは、DESD国際実施計画（DEDS-IIS）の策定（2005年）をはじめとして、DESDの展開にむけて様々な取組をおこなってきた。地域（region）レベル、国レベルで多様な展開が活発化するなか、2009年春には、中間見直し年国際会議（2009年3月31日～4月2日）がドイツのボンで開催され、ボン宣言において、DESDの最終年（2014年）の最終会合が日本で開催されることが決定された。新たな国際化時代の環境教育の展開を考えるべく、これまでの環境教育に関する国際的な動向からESDの登場の背景と展開を概観しよう。

　DESD国際実施計画書、通称DESD-IISでは、DESDの目標と目的、そしてその他の主要な教育的取組とDESDとの関係について概説するとともに、パ

ートナーシップがDESDを成功に導く上で重要であることを強調し、コミュニティ、国家、地域、国際のあらゆるレベルで、DESDの成功がどのような貢献をもたらすかが述べられ、ESDの前進のための戦略的なロードマップが描かれている。本章では、中間年を迎えたDESDの今後の展開に向けて、今一度DESD策定の背景をふりかえりたい。

2　環境教育の国際的展開の背景

（1）IEEPによる活動の歩み、3つの段階的進展

　1972年、ストックホルムで「国連人間環境会議（ストックホルム会議）」が開催された。そこで採択された「ストックホルム宣言」の勧告96で、国際的な環境教育計画の必要性が指摘されると、1975年には、UNESCOとUNEPによって、「国際環境教育計画（International Environmental Education Programme, IEEP）」が開始された。IEEPは環境教育の目的として、(1)情報へのアクセス、(2)研究と実験、(3)教育計画と教材、(4)個人の訓練、(5)技術・職業教育、(6)大衆への教育と情報開示、(7)高等教育、(8)特殊訓練、(9)国際・地域協力、を提示し、国際的・地域的な会議やワークショップを数多く開催してきた。1977年の「環境教育政府間会議（トビリシ会議）」や1987年の「環境教育および訓練に関するUNESCO-UNEP会議（モスクワ会議）」等、IEEPによる一連の活動によって、環境教育のプログラム開発や、環境教育の概念に関する議論がなされ、その後も多くの勧告や戦略が提案されてきている。

　IEEPによる最初の10年の活動の歩みには、3つの段階的な進展がみられる。
　第1段階（1975～1977年）は、環境教育の認識を地球規模で広めるのに多大な貢献をしたといえる。その代表的な取組として、1975年にUNESCOが組織した「国際環境教育ワークショップ（ベオグラード会議）」と、1977年にUNESCO-UNEPが共催した「環境教育政府間会議（トビリシ会議）」があ

第 1 章　DESD の始まりと DESD 国際実施計画の策定

げられる。

　「ベオグラード会議」では、「ベオグラード勧告」が出され、環境教育の目的として「認識」、「知識」、「態度」、「技能」、「参加」、「評価」の 6 つが提示された。その後、1976 年から 1977 年にかけて、環境教育地域会議がアフリカ、アラブ諸国、アジア、ヨーロッパ、ラテンアメリカ、北アメリカで開催された。会議では各地域の代表者が集まり、特定の地域に対してはベオグラード勧告の評価が行われた。その後、UNESCO と UNEP はソ連（現グルジア）のトビリシで世界における政府間の調整会議として、「トビリシ会議」を共催した。「トビリシ会議」では、環境教育のそれまでの一貫した概念による、目標、目的、指針、実施モデルを基に、環境教育を「**世界中の人々が発展するための過程。人々が、環境全体および関連問題への認識と関心を持てるようにする。また、現状の問題を解決し、新しい問題を防ぐよう個人・集団が行動できるだけの知識、態度、意欲、献身、技能を持てるようにする**（UNESCO-UNEP 1978）」[1]と定義し、その目的が「認識」、「知識」、「態度」、「技能」、「参加」の 5 つに整理され、これらは今日の環境教育実践においても重視されつづけている（UNESCO-UNEP　1978）[2]。

　IEEP の第 2 段階（1978～1980）では、環境教育の概念的・方法論的な進展を主に扱うこととなる（UNESCO　1985）[3]。1980 年には、IUCN、UNEP、WWF によって「世界保全戦略（World Conservation Strategy）」という報告書が発表された（IUCN, UNEP, WWF　1980）[4]。この報告書は、環境教育という概念の進展にも貢献しており、「環境の保全」と「開発」における論争に対処した初めての文書であるといえる。この戦略では、環境保全を達成する重要な手段として、「開発」の概念が導入されており（Eliott 1994）[5]、環境保全と開発の両者は相互に関係しているという理由から、「持続可能な開発（Sustainable Development）」という概念が取り入れられた（Sterling　1992）[6]。

　IEEP の第 3 段階（1981～1985）で強調されたのは、環境教育の実践と訓練に関する内容と方法の構築と、教材の開発であった（UNESCO　1985）[7]。

この時期の特徴は、増加してきたIEEP参加国が、自国の環境プログラムを改善し、実施することで環境問題に適切に対処し、教育計画や教育改革へ環境教育を正式に導入する必要性を認識したことにある（UNESCO 1985）[8]。1987年にモスクワで開催された「環境教育および訓練に関するUNESCO-UNEP会議（モスクワ会議）」では、大学における環境教育の充実などが指摘され、環境教育の概念はさらに進展した。

　こうして、IEEPの一連の活動が国家戦略に影響を及ぼしたモスクワ会議（1987）以降、IEEPの主張に変化がみられるようになった。その変化とは、IEEPの最初の10年で推進されてきた、(1)環境教育の重要性に対する認識の向上、(2)環境教育概念の構築や方法論的議論、(3)公教育における教育活動から、より環境教育の実践が強調されるようになったことである。

（２）持続可能な開発の概念と環境教育

　「我ら共有の未来（1987）」、「新・世界環境保全戦略（1991）」といった報告文書や戦略文書から、環境や持続可能な開発に関して高まった国際的議論は、国連の２度目の主要な環境に関する国際会議開催の契機となった。ストックホルム会議から20年を経て、1992年にブラジルのリオデジャネイロで、「環境と開発に関する国連会議（UNCED　地球サミット）」が開催され、ここで採択された「アジェンダ21」第36章では、教育、パブリック・アウェアネス、訓練の重要性について指摘をしている。アジェンダ21の第36章（教育、パブリック・アウェアネス、訓練の促進）では、1977年のトビリシ会議で提示された原則に基づき、次のように書かれている。

> 　公教育、パブリック・アウェアネス、訓練を含む教育は、人間や社会がその潜在能力を最大限に発揮できるまでの一過程として認識されるべきである。教育は、持続可能な開発を促し、人々の能力を高め、環境や開発の問題に対処するのに不可欠である。（United Nations　1992）[9]

さらに、「人間開発のための環境・人口教育と情報（Environment and Population Education and Information for Human Development, EPD）」がUNESCOにより提唱され、1993年に開催されたUNESCO総会の第27会期で正式に採用された。EPDは、地球サミットの勧告や、1993年にイスタンブールで開催された「人口教育および開発に関する第1回国際会議（ICPED）」を反映し、UNESCOの最優先課題の一つとされた。EPDは、包括的な原則を提示し、各国政府などの組織が計画を策定し、政策を実施することを支援している。また、貧困、公平、生活の質、地球規模での環境保護などに関する問題と関連した、経済、社会、環境的な考察も含んでいる（NIER 2004）[10]。このように、1992年の地球サミット開催以降、パリのUNESCO本部や、ニューヨークにある「持続可能な開発委員会（CSD）」などでは、教育の役割に関するビジョンの構築がなされるなど、「持続可能な開発と教育」について世界中で多くの議論とそれに基づく取組がなされてきた（Fien 1999）[11]。その後、IEEPが1995年に終わりを迎えた後も、UNESCOはEPDの名のもとで国際的な活動を継続的に推進し、1970年代や80年代にUNESCO-UNEPが開催してきた大規模な国際会議だけでなく、1997年にギリシャ・テサロニキで開催されたような、地域・小地域会議や国際ワークショップなども各地で開催されるようになり、会議規模とアプローチにも変化が見られるようになってきた。

　このように、30年間にわたる環境教育の国際的展開を振り返って明らかになるのは、環境教育概念が、IEEPによって支援された国際会議や刊行物によって議論が深められ、リオ以前の「環境の質の改善」にむけた「環境教育（EE）」から、「人間開発のための環境・人口教育と情報（EPD）」という言葉に変わりつつ議論がなされているということである。また、「持続可能な開発と教育」に関する議論が、トビリシ（1977）、ジョムティエン（1990）、トロント（1992）、イスタンブール（1993）のほか、1992年のリオ（環境と開発）、1994年のカイロ（人口）、1995年のコペンハーゲン（社会開発）と北京（女性）、1996年のイスタンブール（人間居住）などに続いて、1997年、「環

第1部 「持続可能な開発のための教育の10年(DESD)」の国際的展開

境と社会に関する国際会議(テサロニキ会議)といった関連する一連の大規模な国際会議によって深められてきたことがわかる(UNESCO 1997)[12]。

1997年開催の「テサロニキ会議」では、これら一連の流れをうけて、今日の社会状況における重要な貢献についての考察と目的達成にむけた活動を促進するために、「持続可能性のための教育とパブリック・アウェアネスの役割」が強調された(UNESCO 1997)[13]。「持続可能性のための教育(Education for Sustainability, EfS)」の概念が議論され、本会議で採択された「テサロニキ宣言」10項では、「**持続可能性という考え方には、環境だけでなく、貧困、人口、健康、食品の安全、民主主義、人権、平和といったことも含まれる。持続可能性とは、最終的には、道徳的・倫理的規範であり、文化的多様性や伝統的知識を尊重する必要があることを示すものである**」としている。また、宣言11項では、「**環境教育は、トビリシ環境教育政府間会議の勧告の枠内で発展し、進化し、アジェンダ21や主要な国連会議で議論されるグローバルな問題の中で幅広く取り上げられてきたが、それは同時に、持続可能性のための教育として扱われ続けてきた**」とし、このことから環境教育を「**環境と持続可能性のための教育(Education for Environment and Sustainability)と表現してもかまわない**」、と指摘している(UNESCO 1997)[14]。

こうして、「持続可能性のための教育」は、環境教育に根を下ろしつつある一方で、テサロニキ会議出席者600余人中、アジア太平洋地域からの参加者は10人以下であったことは、恐らく、当時の同地域における環境教育への関心の程度を表しているだろう。今後、アジア太平洋地域の持続可能な開発にむけて、教育の新たな方向付けをする作業が、まだ積み残されていることを示している。

3　DESDの開始と、国際実施計画(DESD-IIS)の策定プロセス[15]

ストックホルムから30年後の2002年、国連による3度目の環境に関する主

第 1 章　DESD の始まりと DESD 国際実施計画の策定

要な国際会議、「持続可能な開発のための世界サミット（WSSD、ヨハネスブルグ・サミット）」が、南アフリカのヨハネスブルグで開催された。教育が持続可能な開発と関連性が深くなるにつれ、「国連持続可能な開発のための教育の10年（UN Decade of Education for Sustainable Development, DESD）」が日本政府と日本のNGOによって共同提案され、2002年12月の第57回国連総会で実施（DESD）が決議された。この決議文書[16]において、DESDを2005年から2014年までの10年とすることが宣言され、主文の中で以下の点が強調された。

- DESDの主導機関であるUNESCOに対し、「万人のための教育（EFA）」等の既存の教育推進プロセスとの関係性を整理しつつ、国連諸機関をはじめとする国際機関、各国政府、NGO等と協議し、国家教育計画に盛り込む具体的対応の指針となる国際実施計画案を作成するよう要請する。
- 各国政府に対し、UNESCOが作成する国際実施計画案に基づき、DESDを実施するために必要な具体的行動を国家教育計画に追記するよう呼びかける。

　2003年7月、国連決議に基づいて、DESD国際実施計画草案[17]が発表された。この草案は、第一章:「持続可能な開発のための教育（ESD）」、第二章:「DESDに対するパートナーシップ・アプローチ」、第三章:「DESDの開始」から構成され、DESDにおける実施目的、対象領域、主要テーマ[18]が明記された。また、EFA、「国連識字の10年（UNLD）」、「ミレニアム開発目標（MDGs）」といった国際的教育イニシアティブとの連関の必要性や、パートナーシップ構築の重要性も指摘された。とりわけ、本草案では、DESDで取り扱うべき主要テーマとその相互関係性、各実施主体のオーナーシップの醸成とコミットメントを促すためのパートナーシップ・アプローチの主要原則、が詳しく明記され、地域（region）レベルのイニシアティブに対する支援の重要性とその支援構造の改善が強調されている。その後、UNESCOと国連関係機関との協議が始まり、数多くの意見をもとに検討を重ね、2004年7月

に開催されたDESDハイレベル・パネル（UNESCO事務局長への助言）に本草案は提出されている。草案は、第59回国連総会（2004年10月18〜19日、ニューヨーク）で報告されるとともに、その後、加筆・修正のプロセスを経て、2005年1月にはDESD国際実施計画最終案[19]が作成され、第171回UNESCO執行委員会（2005年4月、パリ）へ報告がなされた。

　国際実施計画最終案は、第一章：「持続可能な開発のための教育（ESD）」、第二章：「ステークホルダーと戦略」、第三章：「実施および評価」、第四章：「10年をプログラムする」、「付録」、から構成されており、価値観の醸成、ESDが有する特徴、視点（社会・文化的、環境的、経済的各側面）、学習の場についての言及がなされている。また、ステークホルダーの役割や機能、戦略などが記載されているとともに、10年間そのものをプログラム化していく際の活動の柱の設定や、人的・物的な資源分配、時系列による活動計画が記載されている。そして、この国際実施計画最終案によって、15の戦略テーマ（strategic theme）が三つの視点（社会・文化的、環境的、経済的各側面）によって整理[20]されたほか、倫理・価値観が強調されるとともに、ESDが有する特徴[21]が記述されたことは大変意義深い。また、学習の場を学校教育だけでなく、高等教育機関や、教員訓練機関、政策決定機関、などを対象とするほか、ノンフォーマル教育、インフォーマル教育、コミュニティ、職場、を学習の場として位置づけている点も意義深いといえよう。

　このような策定プロセスを経て、更にその後、DESD国際実施計画最終案は改訂され、第172回UNESCO執行委員会（2005年8月、パリ）において、「DESD国際実施計画（DESD International Implementation Scheme, DESD-IIS）」（UNESCO　2005b）[22]が発行されることとなったのである。

4　国際実施計画（DESD-IIS）の概要

（1）DESDの目標・ビジョン、目的、領域、戦略

　上記のような策定プロセスを経てUNESCOにおいて採択された「DESD国

第1章　DESDの始まりとDESD国際実施計画の策定

際実施計画（DESD-IIS）」（UNESCO　2005b）[23]は、5つの章と付属文書から構成され、DESDの目標とビジョン、目的、領域、戦略が示されたほか、DESDとその他の主要な教育的取組との関係について概説している。そして、DESDを成功に導く上でパートナーシップが重要であることを強調し、コミュニティ、国家、地域、国際のあらゆるレベルで、DESDの成功がどのような貢献をもたらすかが略述された。DESDの目標は「**持続可能な開発の原則、価値観、実践を、教育と学習のあらゆる側面に組み込むこと**」であり、そのビジョンは、「**誰にとっても教育から恩恵を受ける機会があり、そして持続可能な未来の構築と現実的な社会転換のために必要な価値観や行動、ライフスタイルを学習する機会がある世界**」、であると述べている。

また、DESDの目的を、(1)ESDのステークホルダー間のネットワーク、連携、交流、相互作用を促進する、(2)ESDにおける教授と学習の質の改善を促進する、(3)ESDの取組を通して、「ミレニアム開発目標（MDGs）」に向けて前進し、これを達成できるよう各国を支援する、(4)教育改革の取組にESDを組み込むための新たな機会を各国に提供する、としている（**表1-1**）。

第一章の「国際実施計画の目的」では、今日の国際実施計画に至る策定プ

表1-1　DESDの目標・ビジョン・目的・領域・戦略

- DESDの目標：持続可能な開発の原則、価値観、実践を、教育と学習のあらゆる側面に組み込むこと
- DESDのビジョン：誰にとっても教育から恩恵を受ける機会があり、そして持続可能な未来の構築と現実的な社会転換のために必要な価値観や行動、ライフスタイルを学習する機会がある世界
- DESDの目的：(1) ESDのステークホルダー間のネットワーク、連携、交流、相互作用を促進する；(2) ESDにおける教授と学習の質の改善を促進する；(3) ESDの取組を通して、「ミレニアム開発目標」に向けて前進し、これを達成できるよう各国を支援する；(4) 教育改革の取組にESDを組み込むための新たな機会を各国に提供する
- 主目的：(1) 質の高い基礎教育へのアクセスの向上；(2) 既存の教育プログラムの新たな方向づけ；(3) 持続可能性に関する人々の認識と理解の向上；(4) 訓練の提供
- 4つの領域：(1) 社会的領域（雇用、人権、男女間の公平、平和、人間の安全保障など）(2) 環境的領域（水問題や廃棄物問題など）；(3) 経済的領域（貧困削減、企業の責任と説明能力など）；(4) 横断的領域（HIV/AIDS、移民、気候変動、都市化など）
- 7つの戦略：(1) ビジョン構築と提言活動；(2) 協議と主体者意識；(3) パートナーシップとネットワーク；(4) 能力開発と訓練；(5) 研究開発とイノベーション；(6) 情報通信技術の活用；(7) モニタリングと評価

注：UNESCO. 2005b.に基づき筆者作成

第 1 部　「持続可能な開発のための教育の 10 年（DESD）」の国際的展開

ロセスが述べられるとともに、今後のDESD推進のためには、各ステークホルダー間のパートナーシップと、主体者意識（オーナーシップ）の醸成が不可欠であることを強調している。第二章では、「持続可能な開発のための教育の10年」において、先述のようにDESDの目標とともにビジョンや目的が書かれている。これらは「アジェンダ21」第36章から引用されており、本文書が今日までの国際的議論を反映していることがうかがえる。さらに、「現実的な社会転換（positive societal transformation）」という言葉を使用し、行動や態度、価値観として表れるような教育の実施が重要であることを強調している。第三章、「DESDにおける責任—パートナーシップとアライアンスによるアプローチ」では、実施主体としての様々なステークホルダーの機能と役割について述べられているだけではなく、DESDの主導機関としてUNESCOの果たすべき機能と役割についても言及がなされており、国際実施計画最終案に比べてより詳細な記述がなされている点が特徴であろう。また、第四章の「鍵となる道標（key milestone）」において、加盟各国間で共通する道標が挙げられており、加盟国間でのDESDに関する進捗状況の確認や比較を可能なものにしている。終章にあたる第五章、「DESDの実施」において、DESDの実施に向けた7つの戦略の提示がなされており、その戦略遂行の上でのインフラの構築と資源投入についての指摘が詳細に記述されている。インフラの要素としては、人材、財源、物的資源だけではなく、リーダーシップ、ガバナンスの構造、運営管理の支援、作業手順、アカウンタビリティ、評価・モニタリング・報告、ビジョン構築、スタッフの雇用と維持、などの広範囲にわたる配慮が重要視されている。また、物理的なインフラだけではない、実施アプローチや意思決定にも配慮したものになっている。資源に関しては、とりわけ、財政面の不足が指摘されており、政府・ドナー機関に対し、既存の資金の再配分の検討と、資金源の確保を要請している。さらに、国際実施計画の付属文書Ⅰ：「持続可能な開発のための教育の背景」には、ESD概念の由来に関する文書が記載されている。

「持続可能性にむけた諸問題」についての指摘を見てみると、国際実施計画最終案（2005年1月）の段階では、社会・文化的側面、環境的側面、経済的側面の3つの視点（perspectives）において15の戦略テーマに関する記述が詳細に書かれているだけでなく、各ステークホルダーが果たすべき役割と機能・作業項目についても詳細に記述している。しかし、その後の国際実施計画（2005年10月）になると、「持続可能性に関する諸問題」についての記述は、4つの領域（sphere）によって整理されてはいるものの、大幅にその記述が削除されている。この記述内容の大幅な削除によって、DESDにおいて配慮すべき諸問題についての具体性を欠いたものになったことは否めない。

しかしながらその一方で、「アジェンダ21」第36章の教育目的を採用し、ビジョンの記述、価値観の重要性の強調、質の高い基礎教育の重視、国際的教育イニシアティブとの連関の重要性の指摘、主導機関としてUNESCOの役割の明確化、について言及をしている。国際実施計画草案から、国際実施計画最終案、国際実施計画へとESD概念と手法が構築されていくなかで、様々な問題とその解決方法の提示から、より教育の質へと視点が変化している。このように、量的にも質的にも記述内容が大きく変化を遂げてきていることは、まさに概念そのものが進展している結果であるといえるであろう。

（2）国際実施計画（DESD-IIS）付属文書によるESDの基本的な理解

DESD国際実施計画の付属文書I：「持続可能な開発のための教育の背景」には、ESDの由来やESDの背景とともに、これらをふまえたESDの特徴が示されている。「持続可能な開発のための教育」に対する基本的な理解のために、この付属文書に示されたESDの由来やESDの背景を把握することは、ESDの基本的な理解を深めるうえで不可欠であろう。

付属文書によると、ESD概念の由来には「基礎教育の質の向上とアクセスの改善」の流れと、「持続可能な開発と教育」の流れという2つの大きな流れがあるとしている。そして付属文書にはこれら双方の歴史的な背景が記されている。

第 1 部　「持続可能な開発のための教育の 10 年（DESD）」の国際的展開

　同書「A．持続可能な開発のための教育の由来」では、1948年の「世界人権宣言」における教育の権利や、1989年の「子どもの権利条約（CRC）」、1990年のジョムティエンにおける「万人のための教育世界宣言」における、「質の高い基礎教育の提供」、さらに国際開発目標（IDT）における「ダカール行動枠組み」、「ミレニアム開発目標（MDGs）」、「国連識字の10年（UNLD）」（2003～2012）など、国連がその歴史の中で、「万人のための教育」の重要性を繰り返し呼びかけてきたことを想起している。

　一方で、持続可能な開発へ向かう、1972年「国連人間環境会議」の開催をはじめとして、多数の人々を苦しめている貧困などの開発問題から離れて環境問題を論じても、環境や人間のためにはならないということを歴史的に示し、持続可能な開発のための教育（ESD）は、質の高い教育と持続可能な開発という、2つの異なる国連の関心事項の歴史の中に端を発していることを明らかにしている。

　1987年に初めて持続可能な開発という概念が支持された時から、持続可能な開発を支える教育の概念について国連総会で検討が行われてきた。1987年から1992年にかけて、さまざまな委員会で討議や交渉が行われ、全40章からなる「アジェンダ21」が作成されることを通して、持続可能な開発という概念が成熟してきた。教育と持続可能性についての考察が初めて記載されたのが、「アジェンダ21」の第36章「教育、意識啓発及び訓練の推進」である。さらに、「アジェンダ21」の全40章の各章および「地球サミット」での交渉から成立した諸協約においても、持続可能な開発を可能にし、実施するための戦略として教育が盛り込まれている。これに加えて、持続可能性に関する問題の更なる掘り下げ、より緻密に検討を行った1990年代の主要な9つの国連会議[24]すべてが、最も幅広い意味での教育を、これらの会議の行動計画の実施に不可欠なものと認めたのである。2002年のヨハネスブルグにおける「持続可能な開発に関する世界首脳会議（WSSD）」では、地方から世界レベルまで、すべてのレベルでの持続可能な開発に向けたコミットメントを深めることが促された。WSSDは「国連持続可能な開発のための教育の10年

（DESD）」を提案し、教育と学習が持続可能な開発に向けたアプローチの中心にあることを示した。教育と持続可能な開発の双方を支援する国連の長い歴史の中で、DESDは次なるステップである。DESDは、教育に対する目下の関心と持続可能な開発に関する現在の重要な世界的テーマとを結びつける。持続可能な開発のための教育は大きな影響力を持つ概念であり、世界中の人々の関心を湧き立たせ、より持続可能な未来を形づくる手段として教育が活用されるようになる可能性があるのである。

　また、同付属文書Ⅰの「B．質の高い教育」では、教育へのアクセスのみならず、教育の質も同時に必要であることを明確にし、「C．持続可能な開発のための教育」では、ESDが世代間の公平、男女間の公平、社会的寛容、貧困削減、環境の保護と回復、天然資源の保全、公正で平和な社会など、持続可能性の基礎となる理念と原則を土台としていることを明確にし、ESDも含め、すべての持続可能な開発に関するプログラムでは、環境、社会（文化も含む）、経済という持続可能性の３つの領域を考慮しなければならないことを示している。

　さらに、「D．持続可能な開発のための教育の４つの目的」では、「アジェンダ21」第36章をもとに、持続可能な未来を支えるべく、「質の高い基礎教育」へのアクセスの向上、既存の教育プログラムの新たな方向づけ、持続可能性についての人々の理解と認識の向上、訓練の提供、の４つを目的とし、これらの目的が盛り込まれたESDプログラムを創出するためには、あらゆる領域が協力して共に取組まねばならないことを述べている。「E．持続可能な開発のための教育の主な特徴」においては、ESDは、「**先進国と開発途上国の双方にとって重要だが、地方の状況、優先事項、アプローチによって、文化的に適切な方法で、その地域ごとの環境、社会、経済状況に合致するように定めなければならない**」とし、以下の表のようにESDの特徴を整理している。

表1-2 ESDを特徴づけるもの

- 持続可能な開発の基礎となる原則と価値観に基づく
- 環境、社会、経済という持続可能性の3つの領域すべてが健全な状態であるように取組を行う
- 生涯学習を推進する
- 地方に根ざし、文化的にも適切である
- 地方のニーズ、認識、状況に基づくが、地方のニーズを充たせば国際レベルでもその影響が及ぶことが多いということも認識する
- フォーマル教育、ノンフォーマル教育、インフォーマル教育に取組む
- 進展していく持続可能性という概念の本質に対応していく
- 状況、世界的な問題、地方ごとの優先事項を考慮に入れて、教育の内容を検討する
- コミュニティに基づいた意思決定、社会的寛容、環境的責任、変化に適応できる労働力、生活の質という課題に対処できる市民の能力を育成する
- 学際的である。ESDは1つの学問分野に収まるものではなく、あらゆる学問分野がESDに貢献できる
- 参加型学習および高次元の思考技能を育むさまざまな教育方法を活用する

注：UNESCO. 2005b.に基づき筆者作成

　上述のように、DESD-IISは、目標の設定から、テーマと価値観の指摘、国際的な教育的優先事項への連関への指摘、パートナーシップと連携の重要性、主導機関としてのUNESCOの役割提示、道標の提示、実施にむけた7つの戦略の提示、に至るまでの広範囲な枠組みを提示した。DESD-IISの目的として、「DESDに対する共通の主体者意識を育成すること」と指摘されているものの、DESD-IISでは、横断的な理念、内容と戦略を提示するのにとどまり、各レベルや領域に対応した社会的適合性の高い文書にはなっていない。

　その一方で、共通の主体者意識を育む基礎として、DESDの目標と3つの議論：(1)持続可能性に関する諸問題、(2)ESDにおける価値観の持つ役割、(3)国際的な教育的優先事項への連関、を提示している。これは、ESDが持続可能な開発についての教育を行うものだけではなく、国際的な教育的優先事項との連関を持った上で、現実的な社会転換にむけた、価値観、態度、行動の重要性を提示しているものであることがわかる。教育実践の主体においても、従来の学校教育に焦点が置かれたものではなく、ノンフォーマル教育（学校外教育）やインフォーマル教育の役割も提示している。とりわけ、「D. DESDのための資源」において指摘されるように、学校教師への期待のみならず、ノンフォーマル教育における教育者への期待がうかがえる。

5　これからの環境教育―ESDの文脈の反映

　以上のように、環境教育のあゆみとESDの始まりから国際的展開へのプロセスを歴史的に振り返ると、「環境教育（EE）」、「人間開発のための環境・人口教育と情報（EPD）」、「持続可能な開発のための教育（ESD）」という流れの中で、主題領域とアプローチにいくつかの歴史的進展が見られる。

　主題領域に焦点を当てると、リオ会議以前の「環境教育（EE）」では、環境およびその質の改善が中心的課題であった。この視点は、1978年のトビリシ会議の環境教育の目標に関する指摘からも読み取ることができる（UNESCO-UNEP 1978）[25]。その後、「人間開発のための環境・人口教育と情報（EPD）」では、(1)環境（量と質）、(2)開発（経済、教育、社会事業、能力強化）、(3)人口（規模、成長、分布、構造）に主題領域の焦点が当てられている（NIER 2004）[26]。「持続可能な開発のための教育（ESD）」ではさらに領域が拡張され、多様な主題領域と共に、「環境」[27]、「社会」[28]、「経済」[29]、「横断的領域」の観点を含んでいる（UNESCO 2005b）[30]。このように、「持続可能な開発のための教育（ESD）」は、リオ以前の「環境教育（EE）」や、「人間開発のための環境・人口教育と情報（EPD）」より、主題領域の範囲が拡張し、その多様化や相互関連生に重点がシフトしていることがうかがえる。

　さらに、採用されてきたアプローチにおいても環境教育の進展をうかがうことができる。リオ以前の「環境教育（EE）」において焦点が当てられていたのは、定量的で体系的な「知の移転（knowledge transfer）」であり、非文脈的な知を取り扱っていた傾向がある。これらの視点は、専門家や研究者の主導によるプログラムのデザインと実施手法（RDDA方式）の下で強調されたものである。このRDDA方式は、管理階層システム、技術主義、実証的認識論などが強く反映されているものである。学習者は欠陥モデルと見なされ、専門家や研究者は、知識・技術の提供者としての役割を果たしている。

その結果、教育者は、専門家・研究者からの知を技術的に移転する役割を担われ、主体性を奪われた存在になる。

一方、「持続可能な開発のための教育（ESD）」では、フィールド体験や環境改善のための行動と参加を重視しており、教師・専門家・研究者からの知の移転ではない、個人的／集合的な「知の獲得（knowledge transfer）」や「知の連結（knowledge connection）」を目的としたものとなっている。これらの学びは、地域実践に基づくために文脈的要素が強く、教育の質的側面が重視されている。文脈的要素とは、言い換えれば、さまざまなものごとが相互に関連しあう関係論的世界観にもとづく社会認識である。このように、「持続可能な開発のための教育（ESD）」のアプローチは、生涯を通じた「知の獲得・連結」に重点が置かれ、現実的社会転換にむけた、行動、参加、価値を重視した教育実践であり、社会的文脈における結果重視からプロセス重視への移行がみられる。結果重視の視点では、個人の能力の獲得・向上、量的価値、総括的価値が問われる一方、プロセス重視の視点では個人・組織・市民能力の変容、質的価値、形成的評価、オーナーシップ、能力強化、動機づけ、などに重点がおかれる。このような視点での体験・参加・対話・協同アプローチを促す「場」が重要となる。そして、この「場」において人々は、共に教え合い、学び合う関係性を築き、個人のみならず地域や社会も変容していくプロセスが期待されているのである。ゆえに、これからの環境教育を考えるとき、このようなESDの文脈を踏まえる必要があると言えるのである[31]。

6　おわりに

2007年、インド・環境教育センター（CEE）において、UNESCO・UNEP・インド政府共催による「第4回国際環境教育会議（ICEE）」が開催された。本国際会議は、トビリシ会議（1977）から30年という節目の年にあたり、本会議の開会式では、国連の気候変動政府間パネル（IPCC）議長で

第 1 章　DESD の始まりと DESD 国際実施計画の策定

2007年ノーベル平和賞を受賞したラジェンドラ・パチャウリ博士による講演が行われ、現実的な社会転換にむけた環境行動を青年男女（youth）とともに実践していく必要性が指摘された。講演最後には、マハトマ・ガンディーの言葉：「be the change you want to see in the world（あなた自身が見たい世界にあなた自身がなりなさい）」を引用し、ビジョン構築と行動の重要性が強調された。本会議終了時に発表された「アーメダバード宣言」では、気候上の異変、生物多様性の喪失、健康を脅かす危機の増大、貧困といったさまざまな問題は、持続不可能な開発モデルとライフスタイルに因るものであるとし、現実的な社会転換にむけて、「変容を促す教育（transformative education）」の重要性を指摘し、持続可能な生活を探求する際の中心として、活力をもたらすのは、個々人のライフスタイルと行動であることを指摘した（UNESCO　2008）[32]。

　トビリシからの30年間、環境教育概念の歴史的進展を中心に、ESDの国際展開を概観するなかで、環境教育が自然と科学に基づく視点から、より地域的・社会的文脈をも反映したものへと進展してきているとともに、多様なアプローチによる教育実践が行われつつあることがわかった。

　今後、更なる展開と発展に向けて従来の視点に盛り込むのみでなく、「学習プロセスと協同プロセスの連続」によって段階的に実施されていくことが望まれる。この実施には、DESD国際実施計画で指摘されている「DESDを支えるインフラ」[33]についても配慮をする必要があるだろう。「学習プロセスと協同プロセスの連続」を推進し、「学びの仕組みの構築」を重視することにより、環境教育にESDの文脈を織り込み、地球と地域に責任をもち行動する存在としての「市民性（citizenship）」を獲得することを可能にするような学習スパイラルの構築を通して、市民のエンパワーメントを促していくあゆみが期待される。

注
（1）UNESCO-UNEP. 1978. *Inter-governmental Conference on Environmental*

第 1 部　「持続可能な開発のための教育の 10 年（DESD）」の国際的展開

Education, 14-26 October 1977, Tbilisi, USSR. UNESCO-UNEP, Paris, France.
（ 2 ）UNESCO-UNEP. 1978. *Ibid*.
（ 3 ）UNESCO. 1985. *Activities of the UNESCO-UNEP International Environmental Education Programme (1973-1985)*, UNESCO, Paris, France.
（ 4 ）IUCN, UNEP and WWP. 1980. *World Conservation Strategy: Living Resource Conservation for Sustainable Development*. IUCN, UNEP and WWF, Gland, Switzerland.
（ 5 ）Eliott, J. 1994. An Introduction to Sustainable Development: The Developing World. Routledge, London, UK.
（ 6 ）Sterling, S. 1992. Mapping Environmental Education—Progress, Principles and Potential. *In* Filho, W. L. and Palmer, J. A. (Eds.) *Key Issues in Environmental Education: Volume 1.* The Horton Print Group, Bradford, UK.
（ 7 ）UNESCO. 1985. *Ibid*.
（ 8 ）UNESCO. 1985. *Ibid*.
（ 9 ）United Nations. 1992. *Earth Summit, Agenda 21: Programme of Action for Sustainable Development*. The final text of agreements, United Nations Conference on Environment and Development (UNCED) 3-14 June 1992, Rio de Janeiro, Brazil. United Nations, New York, USA.
（10）NIER. 2004.*Educational Innovation for Sustainable Development,Final Report for Reginal Seminar 27the July~3rd August* 2004. NIER/UNESCO-APEID
（11）Fien, J. 1999. *Promoting Education for Sustainable Future; Approaches to Regional Co-operation in Asis and the Pacific, In IGES(1999) International Conference on Environmental Education in the Asia-Pacific Region, Proceedings*, 27~28th Feb 1999, Yokohama, Japan, IGES and Environment Agency, Government of Japan.
（12）UNESCO. 1997. *Educating for a Sustainable Future: A Trans-disciplinary Vision for Concerted Action*, Proceedings, International Conference on Environment and Society: Education and Public Awareness for Sustainability, 8-12 December 1997, Thessaloniki, Greece. UNESCO, Paris, France.
（13）UNESCO. 1997. *Ibid*.
（14）UNESCO. 1997. *Ibid*.
（15）本節は、佐藤真久・阿部治「国連持続可能な開発のための教育の10年の国際実施計画とその策定の背景」（『環境教育』Vol.17、No.2、日本環境教育学会、2007年）78~86ページ、として発表されているものに加筆修正を行った。
（16）UNGA A/RES/57/254
（17）UNESCO. 2003. *United Nations Decade of Education for Sustainable Development 2005-2014, Framework for a Draft International Implementation*

第1章　DESDの始まりとDESD国際実施計画の策定

Scheme, July 2003, UNESCO, Paris, France.
(18)貧困の克服、ジェンダーの平等、健康の増進、環境保護・保全、農村の変革、人権、異文化間の理解と平和、持続可能な生産と消費、文化的多様性、情報通信技術。
(19)UNESCO. 2005a. *United Nations Decade of Education for Sustainable Development 2005-2014, Draft International Implementation Scheme*, January 2005, UNESCO, Paris, France.
(20)(1)社会・文化的側面—人権、平和・安全保障、男女間の公平性、文化の多様性と異文化理解、健康、HIV/AIDS、ガバナンス；(2)環境的側面—天然資源、気候変動、農村開発、持続可能な都市化、災害防止と軽減；(3)経済的側面—貧困削減、企業責任と説明能力、市場経済。
(21)学際性・統合性、価値による牽引、批判的思考と問題解決、多様な方法、参加型意思決定、応用性、社会的適合性。
(22)UNESCO. 2005b. *United Nations Decade of Education for Sustainable Development (2005-2014), International Implementation Scheme*, October 2005, UNESCO, Paris.
(23)UNESCO. 2005b. *Ibid*.
(24)これら9つの会議とは、1990年の「子どものための世界サミット」、「万人のための教育世界会議」、1994年の「国連人口開発会議」、「小島嶼開発途上国の持続可能な開発のための国連グローバル会議」、1995年の「世界社会開発サミット」、「第4回世界女性会議」、1996年の「第2回国連人間居住会議」、「世界食糧サミット」、2000年の「世界教育フォーラム」（UNESCO　2002）。
(25)UNESCO-UNEP. 1978. *Ibid*.
(26)NIER. 2004. *Ibid*.
(27)環境的展望：環境についての関心を社会的、経済的な政策の形成に関わらせることによる、資源と自然環境の脆弱性や、人間の活動と決定が環境に及ぼす影響についての認識。
(28)社会文化的展望：社会を構成する機関およびその役割の変化と発展についての理解、および意見の表明、政府の選定、コンセンサスの形成、違いの克服のための機会を与えてくれる民主的で参加型のシステムについての理解。
(29)経済的展望：個人及び社会レベルの消費を環境や社会的公正の観点から評価することによる、経済成長の限界と可能性、およびその社会と環境への影響についての感性。
(30)UNESCO. 2005b. *Ibid*.
(31)とりわけ、DESD国際実施計画に示され、今日議論がなされているESDの文脈のなかから、これからの環境教育の展開において重視されるべき視点を、以下のように10点に整理することができる。これらは、佐藤真久・阿部治・マ

第1部 「持続可能な開発のための教育の10年（DESD）」の国際的展開

　イケルアッチア「トビリシから30年：アーメダバード会議の成果とこれからの環境教育」（『環境情報科学』Vol.37、No.2、環境情報科学センター、2008年）3～14ページ、に詳しい。10の視点は、(1)相互関連性の認識、(2)活動の文脈化、(3)持続可能性の原則と概念の構築、(4)環境倫理と多様な価値観の尊重、(5)多様な教育手法と高度な思考技能の活用と学び、(6)多様な教育領域での実践とかかわり、(7)協同アプローチと能力開発、(8)社会における学びの仕組みと生涯学習体系の構築、(9)国際的な教育イニシアティブとの連関、(10)現実的な社会転換

(32) UNESCO. 2008. *The Ahmadabad Declaration 2007: A Call to Action, Education for Life: Life through Education*, 179 EX/INF.4.

(33) (1)リーダーシップ、(2)ガバナンスの構造、(3)運営管理への支援、(4)人的資源、(5)財源、(6)物的資源、(7)アカウンタビリティ、(8)評価・監視・報告、(9)ビジョン構築、(10)スタッフの雇用と維持

第2章　DESDの国際的な評価に関する取組

1　はじめに

　2005年からの「国連持続可能な開発のための教育の10年（2005〜2014, DESD）」の開始にともない、主導機関であるUNESCOは、2005年10月に「DESD国際実施計画（DESD-IIS）」[1]を発表し、この中でモニタリング・評価について、以下のように、7つの戦略の一つとして位置づけた（本書第2章、表2-1参照）。

　　　モニタリングと評価における重要項目は、地方、国家、地域、国際の全レベルにおいて、個々のイニシアティブやプログラムのために、適切で的を得た指標を特定することであろう。（中略）DESDがきっかけとなって推進されるであろう新たなイニシアティブや措置においては、モニタリングと評価は統合的部分となるであろう。（中略）DESDの進捗を追跡するためには、長期的でコミュニティ全域にわたる調査とともに、DESDの質と量の双方を評価する手法が必要となるであろう。（UNESCO　2005）

　指標開発とモニタリング・評価活動を実施するようにとの勧告を受けて、2005年以降、DESDの指標開発とモニタリング・評価にむけた多様な取組がアジア太平洋地域とヨーロッパ地域を中心に行われている[2]。とりわけ国際レベルでは、UNESCOと世界自然保護連合（IUCN）による「アジア太平洋地域国別DESD指標開発ガイドライン」の開発プロジェクトや、国連ヨーロッパ経済委員会（UNECE）の主導の下で55ヵ国を巻き込んだ評価指標開発イニシアティブなどが実施されている。紙面の都合上、本章では、「アジ

ア太平洋地域国別DESD指標開発ガイドライン」[3]（以下、ガイドライン）の開発プロジェクト（以下、プロジェクト）[4]について紹介し[5]、今後の日本国内における効果的なESDの実施にむけた議論の場を提供したい。

2 アジア太平洋地域国別DESD指標開発ガイドライン・開発プロジェクトの概要

（1）ガイドライン開発プロジェクトの概要

　本プロジェクトは、UNESCOアジア太平洋地域教育局（UNESCO Asia-Pacific Regional Bureau for Education）と国際自然保護連合（World Conservation Union, IUCN）教育コミュニケーション委員会（Commission on Education and Communication, CEC）が、オーストラリアのマッコーリ大学（Macquarie University）と協力して実施しているプロジェクトである。アジア太平洋地域のUNESCO加盟国における国レベルのDESD指標開発とモニタリング・評価活動の実施にむけて、一連のガイドラインを開発することを目的に2006年3月から開始された。具体的な作業は、マッコーリ大学によって調整が行われ、ガイドライン専門家チーム（Guideline Expert Team）による助言のもとで、ガイドライン開発チーム（Guideline Development Team）によってガイドラインの開発が行われた。さらに、アジア太平洋地域におけるUNESCO加盟国のUNESCO国内委員会と、UNESCOフィールド・オフィスやクラスター・オフィス（以下、UNESCO地域事務所）による作業グループが、ガイドライン・レビュー・チーム（Guideline Review Team）としてかかわり、DESDにおける国別のニーズ・優先事項の明確化と、実行可能性の検討を行ってきた。

　2006年3月に、本プロジェクトが開始されて以来、ガイドラインの完成にむけて、多様な関係者を巻き込んだ段階的（第一期～第四期）作業が行われてきた[6]。本ガイドラインの原稿に対する意見は、メーリング・リスト（E-List）によって共有され、加筆・修正にむけた議論は、2006年8月（広島）、

同年12月（バンコク）の国際会合を通して行われた。その後、公開コメントのプロセスを経て、2007年4月には、ガイドライン最終稿の加筆・修正作業と各国における指標開発・データ収集、モニタリング・評価メカニズム、報告メカニズムを検討するため、当該地域のUNESCO国内委員会を招聘した国際会合がバンコクで開催された[7]。

（2）ガイドラインの概要

本ガイドラインは、(1)ガイドライン本文、(2)クイック・ガイド、(3)用語解説、(4)参考・付録資料から構成されている。ガイドライン本文では、DESDの概要ほか、アジア太平洋地域におけるDESD地域戦略との整合性、UNESCO国内委員会とUNESCO地域事務所の役割、指標と指標タイプ、指標タイプの選択、指標開発プロセス、データ収集、報告作業、についての記述がなされている。ガイドライン本文はページ数が多いため、一連の議論を受けて、クイック・ガイドが開発されることになった。クイック・ガイドは、ガイドラインの利用者が、簡単にその概要を理解することができるように開発されており、以下に示す10のメッセージを提示している（UNESCO, IUCN-CEC and Macquarie University 2007a[8]にもとづき以下、筆者作成）。

1. **7つの戦略の1つであるモニタリングと評価**——モニタリングと評価は、DESDの目標にむけて前進するための7つの戦略の一つである。
2. **基盤となる国内におけるDESD上位目標と優先事項**——国内において明確なDESD上位目標と優先事項を定義することは、DESDの期間において、適切で意味のある指標開発、モニタリング・評価活動を行うための重要な基盤である。
3. **国内委員会と地域事務所の多様な役割の認識**——DESDの進捗と達成を評価するうえで、UNESCO国内委員会とUNESCO地域事務所の果たす役割が多様であることを認識することは、国内におけるESDの推進に対して、適切な支援を可能にするために必須である。

4. **多目的な指標の採用**―国ごとにニーズと経験が異なるため、1つの指標だけでは、当該地域のすべての国に適合するとは限らない。ステークホルダーのニーズにあわせて、多目的な指標を用いることが必要である。
5. **量と質の指標とその特性**―量的・質的な指標は双方とも、価値ある情報を提供する。これらの量的・質的な指標は、指標の活用方法が異なっていることを反映している。量的指標は計測可能なデータにもとづくものであり、質的指標は観察データや記述データにもとづくものである。
6. **指標タイプの選定における配慮事項**―ステークホルダーは、進捗と達成を評価するために利用できるさまざまな指標タイプについて学ばなければならない。一人が知っていることを超えて、他者から学ぶことは、DESD指標に関する知識を向上させるための鍵となる。また、指標タイプの選定にあたっては、「指標がなにを評価するのか」、「なぜその指標を使用するのか」、「メリットはなにか」、「限界はなにか」を考える必要がある。
7. **国のDESD上位目標の、指標項目への落とし込み作業**―適切で意味あるDESD指標を開発するためには、国のDESD上位目標と優先事項と協同・調和していくことが求められる。国のDESD上位目標を達成目標(target)に応じて落とし込む(breakdown)作業を行い、各々の指標タイプにもとづき指標項目を設定していく必要がある。
8. **データ収集方法とデータ収集ツール・テンプレートの活用**―国のDESD指標開発は、データ収集工程と同時進行していくものである。国はできるだけ早期にデータ収集工程について考え始めるべきである。当該地域の国々では、各々の異なるニーズと経験を反映させた独自のデータ収集方法を考えるべきである。「万人のための教育(EFA)」と「ミレニアム開発目標(MDGs)」の指標は、DESD指標の鍵となるデータの収集作業に含まれるが、ESDは複雑で、質ある、革新的な性質を有しているため、新しい政策と新しいデータ収集方法を開発することが必要である。データ収集ツール・テンプレート(Data Collection Tool Template)は、

計画立案段階において役立つ。つまり、データ収集ツール・テンプレートの使用によって、データ収集の頻度、データの項目、データ入手先、データ収集の担当者を明確にすることができる。

9. **DESD指標開発とデータ収集工程における配慮事項**―DESD指標開発とデータ収集工程において鍵となる要素は、多くのステークホルダーの参画（engagement）と意思決定への参加、トップダウンとボトムアップの両方の活用、管理（management）よりもむしろ促進（facilitation）である。ステークホルダー間の協同作業は、国別のDESD指標に対する主体者意識の向上とコミットメントの醸成を促す。

10. **国と当該地域への報告作業の意味と目的**―国と当該地域の報告に参画することは、ESDの活動を促進し、経験を共有し、新しい考えを構築していくための鍵となる。適切な報告のタイムフレームを特定することは、DESDへの関心を向上させ、収集されたデータによってESDの活動努力を知る鍵となる。報告のタイムフレームは国のニーズによって異なり、国内実施計画の実施と評価に関連づけられる傾向がある。報告フォーマットは、重要なコミュニケーションの媒体であり、国と当該地域において要求されるような重要情報を共有するように設定すべきである。報告

写真2-1　国別DESDモニタリング・システムの開発にむけたワークショップ（バンコク）におけるガイドライン最終稿のレビュー・プロセス

写真2-2　国別DESDモニタリング・システムの開発にむけたワークショップ（バンコク）におけるモニタリング・報告メカニズムの構築にむけた作業風景

フォーマットは、国レベルのDESD上位目標と、モニタリング、報告のニーズに依存している。DESDにおける国と当該地域の進捗と達成の報告は、すべてのステークホルダーに伝達し、ESDの認識を向上させ、当該地域における比較を可能にし、学びと優良事例を共有することを可能にする。

（3）ガイドラインの特徴

ガイドラインの特徴としては、以下の点が挙げられる。

- **多様性に配慮した共通フレームワーク**：当該地域の多様性に配慮をしたアジア太平洋地域共通の評価フレームワークを構築している点。
- **モニタリングと評価のもつ多様な機能**：DESDの目標にむけて前進するための7つの戦略の一つであり、進捗を評価するだけの機能ではなく、進捗や達成を生み出す方法としての機能も有している点。
- **ガイドラインのもつ多様な機能**：(1)国別指標開発とモニタリング・評価活動支援、DESDの実施に伴う情報提供、各国DESD上位目標と優先事項の明確化、上位目標の達成にむけた目標別の指標項目の開発とデータ収集支援、進捗と達成を評価する能力開発支援、の機能、(2)DESDのステークホルダーに対しモニタリング・評価ツールの提供のみでなく、行動と意思決定を支える情報を提供する機能。
- **国内委員会・地域事務所の役割の提示**：DESDの調整者として、UNESCO国内委員会・UNESCO地域事務所の役割が明示されている点。
- **3つの指標群と8つの指標タイプ**：3つの指標群、現況指標群（Status Indicators）[9]、促進指標群（Facilitative Indicators）[10]、効果指標群（Effect Indicators）[11]と8つの指標タイプ（ベースライン、社会背景、プロセス、学習、活動、成果、社会的影響、達成）の提示（**表2-1**）。
- **指標タイプの自由選択と進捗・達成の異なる表現方法**：8つの指標タイプが提示されているものの、採用する指標タイプの選択は各国に委ねられている。各国のDESD上位目標や優先事項にもとづき指標タイプを選択する

第2章 DESDの国際的な評価に関する取組

表2-1 アジア太平洋地域の国別DESDのモニタリング・評価にむけた指標群、指標タイプとその機能

【指標群】	【指標タイプ】	【機能】	【指標項目（例）】
現況指標群 STATUS INDICATORS	ベースライン BASE LINE	・ESD全体像の現況を明確化する機能	（例）ESDに関する教職教育を受けている現在の教職課程学生の数
促進指標群 FACILITATIVE INDICATORS	社会背景 CONTEXT	・ESD支援システムの存在を明確化する機能	（例）すべての教職課程学生に対し、ESDに関する授業・研修の提供を要求する記述が、国レベルの政策に存在すること
	プロセス PROCESS	・ESDの実施プロセスと活動の存在を明確化する機能	（例）すべての教職課程において、ESDの基盤となる内容と教授法についての授業・研修が提供されていること
	学習 LEARNING	・ESDに関する学習と反省を推進する機能	（例）ESDに関する教職課程のプロセスにおいて学習が獲得されること
効果指標群 EFFECT INDICATORS	活動 OUTPUT	・活用できるツールや学習資源などの成果物を評価する機能	（例）すべての新任教師が、ESDに関する教職課程を受けたという証明がなされること
	成果 OUTCOME	・ESD関連方策の結果もたらされた変化と改善に関連する成果を評価する機能	（例）すべての新任教師が新しいスキルや改善されたスキルを獲得し、ESDへの理解を有していること
	社会的影響 IMPACT	・ESD関連方策の結果もたらされた社会的影響を評価する機能	（例）すべての新任教師が授業においてESDを実践していること
	達成 PERFORMANCE	・地域や国レベルにおけるESDの全体像の変化を評価する機能	（例）ESDに関する教職教育を受けた新任教師が増加していること

注：UNESCO, IUCN-CEC and Macquarie University. 2007b [12] をもとに筆者翻訳

ものの、採用する指標タイプによって、DESD関連活動の進捗と達成を異なる視点で表現できる点。

● **データ収集にむけたテンプレートの提示**：DESD指標タイプにもとづく指標項目の設定、データ収集の頻度、データ入手手段・入手先、データ収集の担当者を明確にするデータ収集ツール・テンプレート（Data Collection Tool Template）が提示されている点。
● **段階的な指標開発プロセスの提示**：(1)DESD指標開発グループの形成、(2)国のDESD上位目標と達成目標（target）の特定、(3)新しい指標項目とデータ収集方法の開発、(4)指標開発とデータ収集に関する作業プロセスの共

有、(5)モニタリング・評価活動、(6)国と地域に対する進捗と達成の報告、(7)地域ネットワークへの参画、などの段階的作業が提示されている点、また、指標開発プロセスにおいて、(8)評価の目的と方法、(9)DESD指標開発グループのニーズ把握、(10)UNESCO国内委員会とUNESCO地域事務所の役割、について明確化することの重要性の指摘。

- **国別DESD指標開発にむけた配慮項目**：(1)多様なステークホルダー巻き込み（multi stakeholder）、(2)透明性（transparent）、(3)参加（participation）、(4)能力開発と意思決定（capacity building and decision making）、(5)トップダウン・アプローチとボトムアップ・アプローチの組合せ（combination between top-down and bottom-up approaches）、(6)促進（facilitation）、の重要性が提示されている点。
- **類似指標の定義づけ**：持続可能な開発に関する指標（SD Indicators）[13]、教育指標（Education Indictors）[14]、ESD指標（ESD Indicators）の違いが提示されている点。

（4）DESD上位目標の指標項目への変換

　上記のガイドラインの特徴としてあげられた様々な点を、今後DESDの取組評価に具体的に機能させていくためには、DESD指標タイプに配慮をし、DESD上位目標を具体的な指標項目へ落とし込む作業が不可欠である。次ページの例は、「ESDをノンフォーマル教育に組み入れる」というDESD上位目標に対し、「ESDを2015年までに75％のNGOノンフォーマル教育プログラムに組み入れる」という達成目標を立てた際の、各指標タイプへの指標項目の落とし込みを行った作業例である。ガイドラインに指摘してされているとおり、すべての指標タイプを選択する必要はないものの、DESD上位目標から指標項目への落とし込みにむけて、その全体像を理解するため、あえてすべての指標タイプを選択している（**表2-2**）。

第2章　DESDの国際的な評価に関する取組

表2-2　各国のDESD上位目標を各指標項目へ落とし込む作業例

■DESD上位目標（Goal）→ESDをノンフォーマル教育に組み入れる
■達成目標（Target）→ESDを2015年までに75%のNGOノンフォーマル教育プログラムに組み入れる
■ベースライン指標タイプの指標項目（例）： →ノンフォーマル教育プログラムにESDの要素を組み込んでいるNGOの割合
■社会背景指標タイプの指標項目（例）： →政府は、NGOが彼らのノンフォーマル教育プログラムにESDをとり入れることができるように支援をするためのコーディネーターを手配していること
■プロセス指標タイプの指標項目（例）： →NGO教育者の少なくとも75%がESDの内容と教授法に関する研修を受けていること
■学習指標タイプの指標項目（例）： →ESDをノンフォーマル教育プログラムへ組み込むことにより得られた学びをNGOが獲得すること
■活動指標タイプの指標項目（例）： →NGOが提供するノンフォーマル教育で配布されるESDに関する研修マニュアルがあること
■成果指標タイプの指標項目（例）： →NGO教育者のESDに対する理解の深化とスキルの改善がなされていること
■社会的影響指標タイプの指標項目（例）： →NGO活動における学習者の間で、ESDに関する関心が増加していること
■達成指標タイプの指標項目（例）： →ノンフォーマル教育プログラムにESDの要素を組み込んでいるNGOの割合が増加していること

注：UNESCO, IUCN-CEC and Macquarie University. 2007b [15] をもとに筆者翻訳

3　おわりに

　以上、アジア太平洋地域における評価活動の取組の一端を、ガイドライン開発の現状を通じて紹介した。今後、各国のオーナーシップのもとで、DESD国内実施計画にもとづく達成目標の設定、指標タイプの選択と組み合わせ、社会的適合性の高い指標項目の開発とその活用が期待されている。
　また、評価に対する取組は、アジア太平洋地域のみではなくヨーロッパ地域においても大きな前進が見られる。UNECEおよびIUCN-UNESCOはともに、DESD-IISに沿った指標開発とモニタリング・評価活動を提案しており、アジア太平洋地域における取組もヨーロッパ地域における取組も、既存データや入手可能なデータを利用し、実施プロセスを重視した評価指標を開発している点では、両地域の共通性は高い。その一方で、UNECEでは、政策・

法的枠組み・統治対策に関するチェックリスト指標（Checklist Indicator）や、資源投入に関する投入指標（Input Indicator）などを重視しているのに対し、IUCN-UNESCOは、社会背景、学習、プロセスといった指標タイプを含む「促進指標群（Facilitative Indicators）」や、活動、成果、社会的影響などの「効果指標群（Effect Indicators）」などをもとに開発がなされている。

また、本ガイドラインにおける評価方法とプロセスは、DESD上位目標と達成目標（target）の明確化、指標項目の設定とデータ入手手段・方法の提示などの点において、プロジェクト・マネジメントの評価にむけたロジカル・フレームワーク（ログ・フレーム）[16]の作業プロセスと酷似しており、成果重視の事業運営（RBM）手法を踏襲しているともいえよう[17]。その背景には、DESD-IISでの指摘：「現実的な社会転換（positive societal transformation）」の意味合いと、行動の推進と態度の変容を重視したDESDの特徴を反映していると思われる。さらに、ESDに関する教育実践と照らし合わせることで、評価枠組みと評価指標の社会的適合性を検討し、今後の改善に役立てることが望まれる。

注

(1) UNESCO. 2005. United Nations Decade of Education for Sustainable Development 2005-2014, *International Implementation Scheme*, UNESCO, Paris, France.
(2) 佐藤真久・中山修一「アジア太平洋地域のDESD国別指標開発ガイドラインとその策定プロセス」（『ESD-J2006活動報告書』持続可能な開発のための教育の10年推進会議（ESD-J）、2007年）170〜178ページ、および、佐藤真久・中山修一「ヨーロッパ地域とアジア太平洋地域におけるDESD国別指標開発プロジェクト—その共通性と差異性—」（中山修一・和田文雄・湯浅清治編『持続可能な社会と地理教育実践』古今書院、2010年）239〜251ページ。
(3) Asia-Pacific Guidelines for the Development of National DESD Indicators.
(4) UNESCO-IUCN CEC Asia-Pacific UN DESD Indicators Project.
(5) 国連ヨーロッパ経済委員会（UNECE）は、国連の地域委員会の一つとして、国連経済社会理事会（ECOSOC：UN Economic and Social Council）により1947年3月に設立された。UNECEは、加盟国である中央・東西欧州、北米、中央アジアの55ヶ国（2005年2月時点）が経済協力のツール構築に取組むフ

ォーラムである。ECOSOCにより協議資格を与えられた70以上の国際専門機関やNGOがUNECEの活動に参加している。UNECEは、その地域性を生かして加盟国間や加盟国と他の国連加盟国間の協定と相互理解を促し、幅広い活動において協力や情報交換、共同作業を実施している。UNECEによる評価プロジェクトについては、佐藤真久「ESDの評価に関するヨーロッパ地域の実施動向—国連欧州経済委員会（UNECE）のESD評価プロジェクトに焦点をおいて」（『ESD-J報告書』国連持続可能な開発のための教育推進会議（ESD-J）、2008年）138〜144ページ、参照。

（6）策定プロセスについては、UNESCO. 2007. Report of the First Monitoring and Evaluation Expert Group (MEEG) Meeting, 29-30 January 2007, UNESCO Paris, France. および、佐藤真久・中山修一「アジア太平洋地域のDESD国別指標開発ガイドラインとその策定プロセス」（『ESD-J 2006活動報告書』持続可能な開発のための教育の10年推進会議（ESD-J）、2007年）170〜178ページ、参照。

（7）主要な国際会議は、アジア太平洋地域国別DESD指標開発のためのレビュー会合（2006年8月広島）Review Meeting of the Asia-Pacific Guidelines for National DESD Indicators, 10-11th August 2006, Hiroshima, Japan、第10回UNESCO APEID 国際会議（2006年12月バンコク）The 10th UNESCO APEID International Conference: Learning Together for Tomorrow: Education for Sustainable Development, 6-8th December 2007, Bangkok, Thailand、アジア太平洋地域の国別DESDモニタリング・システムの開発にむけたワークショップ（2007年4月バンコク）Workshop for the Development of Asia-Pacific National DESD Monitoring Systems, 2-7th April 2007, Bangkok, Thailand、などである。

（8）UNESCO, IUCN-CEC and Macquarie University. 2007a. Monitoring and Assessing Progress During the UN DESD in the Asia Pacific Region, A Quick Guide to Developing ESD Indicators, *Working Draft*, as of 25th March 2007.

（9）国のESDの立ち位置（Position or Standing）を決定する変数を評価。

（10）ESDへの参画（Engagement）を支援、促進する変数を評価。促進指標群（Facilitative Indicators）は、UNECEの指標開発プロジェクトでは採用されておらず、アジア太平洋地域のDESD指標開発の特徴の一つであると言うことができる。今後、アジア太平洋地域の社会に適合した指標項目の開発が期待されている。

（11）DESDにおける初期、中期、長期的な達成に関する変数を評価。

（12）UNESCO, IUCN-CEC and Macquarie University. 2007b. Asia-Pacific Guidelines for the Development of National ESD Indicators, *Working Draft*,

as of 25 March 2007.
(13)環境、雇用、社会的性差の公正などにおける変化をモニタリングすること。
(14)授業達成、試験結果、基本的計算能力、識字、ナショナル・スタンダードにおける変化をモニタリングすること。
(15)UNESCO, IUCN-CEC and Macquarie University. 2007b. *Ibid*.
(16)開発インターベンション（開発介入）の計画を改善させるために用いられるマネジメント・ツール（OECD/DACによる定義）であり、JICAで使用されている「プロジェクト・デザイン・マトリクス（PDM）」もその一例。成果重視の事業運営（Results Based Management, RBM）の流れのなかで、目標を明確にし、現況にもとづく活動計画の策定と、成果を測るための指標を整理するツールとして、広く活用されている。
(17)本ガイドラインにおいて提示されている評価プロセスは、プロジェクト・マネジメントの評価活動において一般的に採用されている論理的・段階的作業であるが、アジア太平洋地域のESD活動の評価プロセスとしてとらえると違和感を感じざるを得ない。この理由には、(1)開発介入の計画を改善させるために用いられるマネジメント・ツール（ログ・フレーム）が採用されており、自己評価や反省的対話などの内発的発展性を重視した評価活動の側面が弱いこと、(2)社会背景指標タイプ（Context Indicator Type）が提示されているものの、その意味あいがESD推進の前提となる社会支援システムの明確化を目的としており、地域文化・価値観・歴史的背景の反映といった社会的文脈の意味合いが弱いこと、(3)指標項目例をみると量的側面が強く、質的側面の指標項目が充実していないこと、などが挙げられる。今後の当該地域における指標開発においては、社会的文脈への配慮と、社会的適合性・内発的発展性を重視した指標項目の開発が期待されている。

第3章　DESDの中間関連会合と
　　　　DESD中間レヴュー報告書

1　はじめに

　DESD中間年を迎えるにあたって2つの国際会議が開催された。ひとつは2007年11月26日から、28日まで、インド・グジャラート州のアーメダバードにあるインド・環境教育センター（CEE）において開催された、UNESCO・UNEP・インド政府共催「第4回国際環境教育会議（ICEE）」、通称「アーメダバード会議」である。

　もうひとつは、2009年3月31日から4月2日まで、ドイツのボンで開催された「国連持続可能な開発のための教育の10年（DESD, 2005-2014）」の中間年の国際会合：ESD-UNESCO国際会議（UNESCO World Conference on Education for Sustainable Development, Moving into the Second Half of the United Nations Decade）、通称「ボン会合」である。本章ではアーメダバード会議、ボン会合のふたつをDESD中間関連会合として位置づけ、さらにこれら二つの会合に続いて出されたDESD中間レヴュー報告書を概説し、日本における今後のESDの展開を考察する[1]。

2　アーメダバード国際会議

　1977年にトビリシで開催された「環境教育政府間会合（トビリシ会議）」から30年、1987年の「UNESCO-UNEP環境教育・訓練に関する国際会議（モスクワ会議）」、そして1997年に開催された「環境と社会に関する国際会議（テ

サロニキ会合)」に続き、2007年「第4回国際環境教育会議(ICEE)」(通称アーメダバード会議)が開催された。トビリシから30年、この記念すべき国際会議は、はじめてのアジア地域での開催となった。日本からは、政府機関、NGO、大学、国際機関関係者を含む約20名に及ぶ関係者が出席し、会議全体として1,300名程度が出席するという大きな国際会議であった。

アーメダバード会議の開会式では、2007年にノーベル賞を受賞したIPCC議長・パチャウリ博士による講演が行われ、現実的な社会転換にむけたビジョン構築と行動の重要性が強調された。開会式につづく、関連テーマ・領域に基づく30セッション(学校教育、教師教育、高等教育、ユース、防災教育、ノンフォーマル教育、天然資源保全、持続可能な消費、政府セッション、地域開発、モニタリング・評価、メディア、など)において、白熱した議論が行われた。

本会議は、(1)多様な課題に対する対話型の作業ワークショップの開催による提案の整理、(2)多様なステークホルダーの巻き込み、(3)先進国と途上国、多様なステークホルダーがともに学び合える土俵としての環境教育・ESDの位置づけ、などの特徴を有した会議となっている。本会議終了時には、各セッションにおいて作成された提案文書をもとに、現実的な社会転換の意味合いが強い「アーメダバード宣言」が発表された。アーメダバード宣言は、DESD中間レヴュー報告書の中にも反映されているように、2009年に迎えたDESD中間年ボン会合とともに、これからのDESD後半年を迎えるにあたっての重要なフレームワークを示している。

アーメダバード宣言では、気候上の異変、生物多様性の喪失、健康を脅かす危機の増大、貧困といったさまざまな問題は、持続不可能な開発モデルとライフスタイルに因るものであるとし、現実的な社会転換にむけて、「変容を促す教育(transformative education)」の重要性を指摘している。とりわけ、再考が求められるものとして、(1)自分たちの手段・方法・アプローチ、(2)政治と経済、(3)関係性とパートナーシップ、(4)教育の本質的な基盤と目的、(5)生活と教育の関係性、を挙げており、「地球憲章」や「ミレニアム開発目標

第3章　DESDの中間関連会合とDESD中間レヴュー報告書

写真3-1　全体会における議論風景

写真3-2　アジア地域におけるネットワーキング・セッション

写真3-3　モニタリング・評価セッションにおける白熱した議論

(MDGs)」などが、その拠り所になると指摘している。ESDの意味合いについては、我々の教育に対する見方を移行させていく必要性があることを述べ、これらは、中間レヴュー報告書の中でも反映された。

> 我々は誰でも教師であり、また学習者でもある。「持続可能な開発のための教育」が促すのは、機械的な伝達手段としての教育の見方から、生涯にわたるホリスティックで包括的なプロセスとしての教育の見方への変化である。パートナーシップを構築し、多様な経験と知見を共有することを通して、持続可能性のビジョンをよりよいものにしていくことを誓います。(UNESCO　2008)[2]

3　DESD中間会合（ボン会合）の開催

アーメダバード会議から2年、国際的な評価に関する取組が進められるなかで、「国連持続可能な開発のための教育の10年（DESD, 2005-2014）」の中間年の国際会議：ESD-UNESCO国際会議（UNESCO World Conference on Education for Sustainable Development, Moving into the Second Half of the United Nations Decade）が、ドイツのボンで開始された（2009年3月31日〜4月2日）。本国際会合には、世界147か国から47名の教育大臣または次官級の担当者を含む約900名が参加した。

本国際会合の目的は、(1)教育全般および質の高い教育に対するESDの本質

第1部 「持続可能な開発のための教育の10年（DESD）」の国際的展開

的な貢献に関する確認を行うこと、(2)ESDに関する国際交流を推進すること、(3)「国連持続可能な開発のための教育の10年（DESD）」の実施状況に関する確認と検証をすること、(4)「国連持続可能な開発のための教育の10年（DESD）」の今後の展開にむけた戦略を策定すること、であった。

　本会合では、まず、ドイツ政府、UNESCOとUNESCO地域事務所による現況報告がなされ、その後は、関連テーマのワークショップ[3]が開催された。各ワークショップには、担当する専門家が国際会合事務局本部と連絡を取りつつ、ワークショップにおける議論を通して得られた知見をまとめ、ボン宣言起草委員会にその論点が報告された。起草委員会には、日本から名執芳博氏（国際連合大学高等研究所上席研究員、当時）が専門家として参加している。起草プロセスには、各ワークショップの議論に基づく提案だけでなく、個人でも提案ができるようなプロセスが提示されており、ボン宣言の策定にむけた参加型の意志決定プロセスが配慮されていたことがうかがえる。本会合終了時には、各ワークショップでの議論内容と提案に基づき、ボン宣言起草委員会による調整作業を通して、「ボン宣言」が発表された。

　また、ボン会合では、日本におけるESDの取組が、UNESCOアジア太平洋地域教育局（UNESCO Bangkok）の現況レポート（UNESCO　2009）[4]と、日本レポート（Japan Report）（「国連持続可能な開発のための教育の10年」関係省庁連絡会議　2009）[5]として発信された。日本レポートには、「国連持続可能な開発のための教育の10年」関係省庁連絡会議が、省庁連携の成果物として配布され、取組の紹介には、政府のみならずさまざまな主体による取組が紹介されている。省庁横断的で、さらに国内の多様な主体による取組が紹介されているこのような文書は、日本以外配布されていなかった。日本レポートの作成そのものが、関係省庁や主体間の対話を促し、ESDの進捗と達成を生み出す手段として機能する潜在的可能性を有しており、今後も継続的な作業を行うことの有効性が示された。

第3章　DESDの中間関連会合とDESD中間レヴュー報告書

4　ボン宣言の概要

（1）ボン宣言の特徴

　ボン宣言は、冒頭部分（第1〜5段落）と、「21世紀におけるESD（第6〜10段落）」、「「国連持続可能な開発のための教育の10年（DESD）」の進捗（第11〜14段落）」、「行動への呼びかけ（第15〜19段落）」から構成されている。ボン宣言における大半の指摘は、UNESCOが2005年に発表したDESD国際実施計画（DESD-IIS）の記述との重複が見られるものの、(1)社会科学の重要性の認識、(2)バイオリージョン（生命地域）に関する取組の強化[6]、(3)UNESCOの関連プログラムとの深い関連づけ、(4)「一つの国連（One UN）」戦略としての位置づけ、(5)気候変動施策との関連づけの強化、において特徴がみられる。さらに、前述したように、ボン宣言の策定においては、DESD国際実施計画（DESD-IIS）の策定プロセスよりも増して参加型の意志決定プロセスに大きな配慮がみられていることも特徴として挙げられる。行動の提案に関する記述では、より具体的な取組が提示されており、現況認識や概念提示のみならず、より実践色の強い文書となっており、このボン宣言は、アーメダバード宣言とともに中間レヴュー報告書にも、その特徴が色濃く反映されている。

写真3-4　全体会議風景

（2）ボン宣言の概要・前半部分

　冒頭部分（第1〜5段落）では、20世紀、経済成長の一方で顕在化してきた貧困と不平等、紛争、世界金融・経済危機、食糧危機、世界の飢餓の問題、生産と消費のパターン、などさまざまな深刻な社会問題と持続可能性の危機

について述べている。また、これらの課題が、「持続不可能な社会を生み出した価値観に由来するものであるがゆえに、課題解決には、よりいっそうの力強い政治的コミットメントが求められる」、と述べ、現実的な社会転換にむけた政治的コミットメントと、集合的な行動の重要性を指摘している。

さらに、「持続不可能な開発、優先事項、責任、能力による影響は、地域(region) 間や、発展途上国と先進国の間で異なる」、としつつも、「すべての国々は協力しあい、現在と未来における持続可能な開発を確固たるものにしていかなければならない」と述べ、「持続可能な開発のための教育(ESD)への投資は、未来への投資である」とし、ESDの投資に対する認識の向上の重要性を述べている。そして、今日までの教育に関する議論(万人のための教育の文脈で議論されてきた一連の国際会議[7]やヨハネスブルクでの指摘)を受けて、「人びとに変革のための力づけをするための教育に、共に取組む」ことの重要性、とりわけ、「質の高い教育」の推進にむけた教育機会の均等と社会参画の推進、を指摘している。

冒頭部分に続く、「21世紀におけるESD（第6〜10段落）」では、「持続可能な開発のための教育は、あらゆる人びとにかかわる教育および学習に、新しい方向性を提示している」とし、ESDで取り扱うべきテーマとして、とりわけ、水、エネルギー、気候変動、災害とリスク軽減、生物多様性の喪失、食糧危機、健康危機、社会的脆弱性・不安定といった課題を提示している。さらに、ESDの方向性に大きな影響を与えている「地球憲章」を例に挙げ、ジェンダーの公正、社会の連帯感、および貧困削減の推進、配慮、高潔さ、誠実さの重要性を指摘するとともに、ESDが基礎としている価値観（正義、公正、寛容、充足性、責任）を提示し、持続可能な暮らし、民主主義、人間の幸福には、環境保護と修復、天然資源の保全とその持続可能な利活用、持続不可能な生産および消費パターンに対する取組むことや、公正で平和な社会づくりなどが、ESDを裏打ちする重要な理念である、と述べている。

これら諸課題へのアプローチとして、「創造的で批判的なアプローチ、長期的思考、革新性やエンパワーメント」を重要視し、「ESDは、地域(local)

第3章　DESDの中間関連会合とDESD中間レヴュー報告書

レベルからグローバルレベルにいたるまでの環境、経済、社会、文化的多様性の相互依存関係を強調し、過去、現在、そして未来といった点も考慮している」とし、様々な相互依存関係を認識することのみならず、過去・現在世代と未来世代といった時系列に基づく取組への配慮、活動の文脈化（地域（local）レベルからグローバルレベル）を強調し、新しいアイデアの構築だけでなく、地域（local）に内在している知恵の活用することの重要性も述べている。このように、ボン宣言（21世紀におけるESD）では、持続可能性に関する様々な諸課題を提示しただけでなく、ESDを裏づける理念の提示を通して、共通認識の向上に努めていることがうかがえるのである。

(3) ボン宣言の概要・後半部分

　ボン宣言の後半部分、「「国連持続可能な開発のための教育の10年（DESD）」の進捗（第11〜14段落）」では、「国連持続可能な開発のための教育の10年（DESD）」の前半5年間において、「UNESCO主導と協力のもとで、多くの国々においてESD実施の進捗がみられ、革新的な政策枠組みが策定されてきている」、「数多くの国連機関、NGO、地域組織、および連携ネットワークが、ESD特有の分野を支援する具体的な活動に従事している」と、UNESCOや関係機関、多くのステークホルダーの努力と関わりを評価している。
　また、国際レベルでの取組においては、地域（region）レベルでの戦略や計画に関する取組が、国際実施計画を補完するものとして機能していることを指摘している。さらに、科学による知見の蓄積と貢献について述べる一方で、人類の発展における倫理的、文化的、認知的、情緒的側面、および変革のための社会に対し洞察を提供している社会科学の重要性を指摘し、知見を行動に移すべき時期に来ていると述べている。
　最後に、これらをふまえて、「行動への呼びかけ（第15〜19段落）」では、上述する現況認識と、前半での進捗と成果を踏まえ、(1)加盟国における政治レベルにおいて実施すべき行動、(2)実践レベルにおいて実施すべき行動、が提示された。

第1部 「持続可能な開発のための教育の10年（DESD）」の国際的展開

　加盟国における政治レベルにおいて実施すべき行動としては、質の高い教育の実現に向けてESDが貢献するように促進すること、ESDとEFA（万人のための教育）との間のつながりを発展させることに注力すること、持続可能な開発およびESDに関する社会の意識と理解を高めること、などのほか、国家および地域レベルでの一貫した政策を通して、持続可能性に関する事項に対処すること、セクター間／省庁間の連携アプローチを通してESD政策を確立し、実施すること、国際・地域（region）・国家レベルで、既存の文化的多様性を尊重したESD実施のための仕組みや協力体制を発展・強化させること、地域（local）と国家間、国家と世界間のつながりを強化し、南北、南南協力体制を推進すること、ESDを支援する適正な資源および資金を結集すること、などが記された。

　一方、実践レベルにおいて実施すべき行動としては、公教育やあらゆるレベルにおけるノンフォーマル教育、インフォーマル教育において、統合的かつ体系的アプローチを駆使し、持続可能な開発の課題を組み込んでいくことを支援すること、カリキュラムおよび教員教育プログラムの再構築、訓練や職業教育、職場学習にESDが統合されるよう、ESDにおける連携を発展・拡大し、そこに市民社会、公的セクター、民間セクター、NGO、開発パートナーを巻き込んでいくこと、ESDに対する伝統知、先住知、地域知（local knowledge）の果たしてきた役目を重んじ、正当な評価を与え、ESD推進における多様な文化の果たしてきた役割を重んじること、などのほか、「国連持続可能な開発のための教育の10年」や、現在進行中の「生命の水」のための国連10年アクションといった、国連の「10年」の期間中に制度的な仕組みを確立し、これら「10年」の期間を超えても、ESDが確実に継続されるようにすること、生物多様性、気候変動、砂漠化、無形文化財などに焦点を絞った主要な持続可能な開発に関する国連の会合でESDの視点を強化するため、国連システムにある活用可能な専門的視点と連動すること、DESDの傘下や連携の枠組みの中に、特定の行動計画および／または、プログラムを策定することで、気候変動、水、フードセキュリティ（食糧安全保障）といった持

第3章　DESD の中間関連会合と DESD 中間レヴュー報告書

続可能性に関連した極めて重要かつ緊急度の高い課題に対処できるよう、教育、研修システムにおける取組を強化すること、などが具体的に示されている。

5　DESD中間レヴュー報告書の概要

(1) DESD中間報告書の構成

　アーメダバード会議、ボン会合という二つのDESD中間関連会合を経て、2009年末には、UNESCOは「持続可能な開発のための国連の10年（DESD）」の進捗把握を行うべく、DESD中間レヴュー報告書、「Review of Contexts and Structures for Education for Sustainable Development 2009」（UNESCO 2009a）[8]を発表した。

　本報告書は、2009年末までのESDに関する議論のほか、現状、課題、取組、評価、展望を地域別、および公教育やノンフォーマル教育といった教育形態別に総括を行っている。本報告書における調査では、グローバルモニタリング評価枠組み（GMEF）[9]に基づいて、(1)ESDを支える政策、規制および運用手段、(2)フォーマル教育を通じてSDを推進するための取組、(3)教育者にESDの指導に含める能力をつけさせるための取組、(4)ノンフォーマルあるいはインフォーマル学習を通じて持続可能な開発の市民意識と理解を育てるための取組、(5)ESDの研究と開発を推進するための取組、(6)地域および国際的協力を強化するための取組、等についての現況把握を実施している。調査方法は、(1)調査票調査、(2)補足的研究、(3)多様な利害関係者による協議プロセス（MSCP）、(4)各ユネスコ機関による自己評価とエビデンスによるポートフォリオ、によるものであった。本中間レヴュー報告書は、DESDのモニタリングおよび評価（M&E）プロセスの第一フェーズおよび、DESD前半期における成果でもある。

第 1 部　「持続可能な開発のための教育の 10 年（DESD）」の国際的展開

（2）DESD中間報告書の概要(1)　DESD実施に関わる地域的背景と現況・課題

　本中間レヴュー報告書には、DESD実施に関わる地域的背景と戦略、地域特有のESD関連の現況と課題がまとめられている。

　サブサハラアフリカ地域の課題としては、HIV/エイズの世界的流行、家族構造の変化、気候変動の脆弱性、食糧安全保障の不足、などの現実的な脅威に対し、生活の質向上・ガバナンスの有効性・人間開発アプローチなどが地域課題としてあげられ、持続可能な開発に向けた教育の新たな方向付けには、ガバナンスの有効性と、人間の能力開発イニシアチブ（教育、研修、共同体開発、一般の意識向上プログラム）の質及び効率性の向上が必要である、と述べられている。また、当該地域におけるDESDについては、「ミレニアム開発目標（MDGs）」の達成と、貧困削減への貢献と切り離すべきではないと指摘している。

　アラブ諸国では、平和と安全の欠如、貧困、非識字、債務負担、乾燥及びそれに関連する水危機と農業問題、政治的不安定と人口の不安定性、疾病等、それら諸課題間の相互関連性の理解こそが、ESDにとって最も適切な方向性を決定すると述べている。さらに、当該地域におけるガバナンスの重要性、学校教育のみならずノンフォーマル教育・インフォーマル教育など教育セクター全体での取組の重要性が挙げられている。

　欧州と北米地域における課題としては、貧困削減、市民権、平和、倫理、ローカル及びグローバルの文脈における責任、民主主義とガバナンス、正義、安全保障、人権、健康、男女平等、文化的多様性、農村及び都市の開発、経済・生産・消費のパターン、企業の社会的責任、環境保護、気候変動、防止と適応、天然資源の管理、生物及び景観の多様性、などが指摘されている。これらの課題改善においては、ライフスタイルと消費・生産パターンの変更の重要性と教育システム横断的な取組の必要性が指摘された。

　ラテンアメリカとカリブ諸国地域は、今日比較的良好な経済発展を遂げているにも関わらず、貧困問題、所得格差、社会的公正、等の点において、多

第3章　DESDの中間関連会合とDESD中間レヴュー報告書

くの課題を有していることが指摘されている。また、当該地域には世界的にみても生物多様性が高い国々（ブラジル、コロンビア、エクアドル、メキシコ、ペルー、など）が多くあり、生態学的知見から見ても重要な地域特性を有している。さらに、熱帯林の不十分な管理は、世界的な気候変動や生物多様性への脅威を持たしているといっても過言ではなく、貧困削減・社会的公正・生物多様性保全という諸課題に対する横断的な取組が求められていることを明らかにしている。

　アジア太平洋地域は、規模・人口・多様性の側面において、その地域的特性がみられる。2008年に開催された「2008年アジア太平洋準地域ESD協議」において、持続可能な開発の優先事項として、(1)社会的側面（良き統治、男女平等、健康およびHIV/エイズ、性と生殖に関する健康、平和・紛争、人権、教育機会、人身売買、薬物中毒）、(2)文化的側面（文化遺産、文化財保護、先住民の知恵）、(3)経済的側面（都市化、貧困、食糧安全保障、農村開発）、(4)環境的側面（気候変動、淡水、エネルギー・天然資源、大気汚染、砂漠化、環境保護、生物多様性、自然災害）、が再度強調された。当該地域のESDは、公教育の分野で最も活発である一方、ノンフォーマル教育やインフォーマル教育などの学習環境には政府はほとんど関与しない結果、ノンフォーマルかつインフォーマルなESDに対する意識向上プログラム及びイニシアチブに対して、政府による十分な資金供与がなされていない現状を指摘している。

　このように、持続可能な開発に関する課題には地域特性がみられるものの、本報告書では、ESDの認識（意味、優先順位、戦略）はこのような直面する課題に対応したものとして位置づけられるだけでなく、地域の伝統的なガバナンスの影響が強い点を強調している。ガバナンスにおける伝統は、(1)国が、(社会的)学習、民主主義、参加重視、といったより教育学的なESD指向の取組を採用するか、それとも、(2)人々の振る舞いを、あらかじめ決められた、または専門家主導による方向へと変えることを強調するといった、より課題解決にむけた手段的なものを採用するのか、そのいずれかを決定している、

と述べている。また、地域間学習（inter-regional learning）（南―南、北―南、北―北）の重要性を指摘し、すべての地域に影響をおよぼすグローバル化の力とそのシステムは、地域理解を促すだけでなく、国際的な対話を通して、地域特有の創造的な解決策を共有することにつながると述べている。

（3）DESD中間報告書の概要(2)　主な調査結果

　本報告書では、「主な調査結果（key findings）」[10]と題して、現況に基づく配慮事項を別文書で提示している（UNESCO　2009a, 2009b）。以下にその概要を示す。

- **ESDの意味合い**─地域や国、地方においてESDが多くの異なる方法で解釈される可能性が多い。解釈の相違は国のガバナンスにおける特定の伝統に根付いていることが多いが、国または地域が直面する具体的な課題からも生じている可能性がある。多様な文脈における多様な解釈があるため、国や地域における議論は、ESDの意味についてコンセンサスを得るために重要とみなされている。
- **DESDへの国連の貢献**─特別諮問専門家グループの任命、地域局やユネスコ国内委員会を動員、UNTWIN/ユネスコ・チェアプログラムの設置、地域レベルや準地域レベル、国レベルや国内地域レベルでのDESDの開始、ESD関連会合に基づくESD関連資料の開発・配布、など。部門間の連携の強化による、業務改善が期待されている。
- **国内のESD調整組織**─2008年の調査に応じた97か国における79か国が、国レベルのESD調整組織を設立したと報告、設立経緯と実際の機能・役割について洞察が必要。
- **国の政策文書におけるESD**─国の政策文書において、ESDの多様な主体の参加拡大と、カリキュラムへのESDの組み込みに対応。とりわけ教育政策（初等中等教育を中心）とカリキュラムに組み入れられているが、持続可能な開発戦略や環境戦略とも関連づけられている。その一方で、国レベ

ルの特定のESD政策や戦略がないと結論づけている。

- **ESDに関する省庁間の調整・協力**—政策決定者の経験不足や政府の組織構造による省庁間調整にむけた取組が欠如しているものの、利害関係者・組織の間における連携に努力が見られている。
- **フォーマル教育（FE）におけるESD**—初等中等教育におけるカリキュラム開発、教育と学習にESDが組み込まれるための支援を実施。環境教育等の既存設備の活用の重要性。就学前教育におけるESD支援について報告している国はほとんどない。教員養成、高等教育、職業教育・訓練についての状況には改善が見られる。
- **ノンフォーマル教育（NFE）およびインフォーマル教育（IFE）におけるESD**—多様な学習環境下において、本プログラムが有意義に利用できるだけの適切性があるか言明ができない。ノンフォーマル教育およびインフォーマル教育においてESD活動に割り当てられる資金情報は皆無に近い。
- **ESDの研究、開発、普及**—ESDの研究開発には、世界的には十分に行われていないのが現状である。ESD関連の研究は、学校教育とESDの実施に関連した政策および規制措置に焦点がなされている。国際機関による評価指標の開発などに関する取組には資金的支援はあるものの、中央政府からの支援はあまりない。ESD実践の増加に伴い、ESDの質的評価に関する必要性は高まっているものの、財政支援性の脆弱性が見られる。
- **国際レベルにおけるESDのネットワーク**—ユネスコ全事務所から国際的ESDネットワークの充実・増加事例が提供されている。ネットワークは目的ではなく、ESDを推進する手段となっている。
- **公共予算の利用可能性、ESDの経済的インセンティブ**—大半の国々では、ESDへの経済的インセンティブは存在しないか、最小限である。ESDを国の予算構造に組み入れる重要性、複数省庁にわたる資金調達・予算確保にむけて考慮がなされ始めている。

（4）DESD中間報告書の概要(3)　今後の取組

　本報告書では、「今後の取組（ways forward）」[11]と題し、調査結果に基づくDESDの今後の展望が述べている（UNESCO　2009a, 2009b）。以下にその概要を示す。

- **ESDの普及啓発**—行政レベルや教育段階においてESDに関する意識・理解がなされていないのが、今なお基本的な課題である。ESDについて複数の解釈と意味合いを有する余地も残されるべきである一方で、環境、社会、文化、経済の相互関係性を認識する点においては共通理解がある。複数の利害関係者と、複数のレベルで丁寧なコミュニケーションを取ることが必要である。
- **カリキュラム、教育、学習のあらたな方向づけ**—ESDは、連携やフィードバック、関係性への配慮、相互作用に焦点を合わせる傾向があるが、支配的な教育システムは断片化に基づいている。ESDは変容を促す性質を学習に求めるため、(1)複雑性を理解すること、(2)相互関連性と相互依存性に目を向けること、(3)民主的な意識決定プロセスに参加すること、(4)当然と思われている支配的システムや慣例的方法に意義を申し立てる、などの能力を有した人材の育成が必要である。ESDは、単にトピックに関する知識の移転に焦点を当てる教育とは対照的に、新しい学習プロセスおよび教育上の方法論を重視する。これらの新しい形態の学習・カリキュラム・学習環境・学校とコミュニティとの関係性についての研究開発に、学校、カリキュラム開発機関、教育研究組織はかかわるべきである。
- **能力開発**—ESD関連の職能開発の重要性（ESD教員養成コース、地域実践にむけた遠隔学習コース、校長・管理職向け研修コース、政策策定者向けのESDコース、企業・産業のリーダー研修などの設計と実施）、環境教育の強い伝統がある国における既存のコースとの関連づけ、多様な利害関係者の社会的学習における能力開発、関連組織のネットワーク強化、など。

- **研究・モニタリング・評価**—質保障とエビデンスベースの研究の充実：ESDの理論的基盤と批判的言説、ESDの阻害・推進要因の特定と事例分析、ESDによる学習共同体への貢献要因（実践、カリキュラム、教育効果）の特定・分析、ESDによる社会の持続可能性への貢献要因の特定・分析、指摘根拠が提示可能な研究データの使用、DESDの進捗状況の追跡調査、SD関連の研究分野の相互交流と知識共有プラットフォームの構築、ノンフォーマル教育・インフォーマル教育におけるESD研究の強化。
- **ESDと他の「形容詞付きの教育」との相乗効果**—環境教育とESDの間での相乗効果、形容詞付きの教育（平和教育、開発教育、人権教育、消費者教育など）の間での相乗効果の推進。持続可能な開発（SD）関連の教育基盤とネットワークの構築。
- **ESDの資源および教材の開発**—ESD関連教材の不足。国や教育システムは、ESDに基づく技能、知識、価値の開発取組むために、教育内容、方法論、カリキュラムの改革と新たな方向付けにむけた支援をする必要がある。多言語でアクセスしやすく継続的更新がなされるESD知識共有プラットフォームの構築。
- **国際協力および地域協力**—南北協力、南南協力、南南北協力の重要性、既存の地域ネットワークの活用と新しいネットワーク活動の開始の重要性、ESDの地域戦略のレヴューと変化しつつある地域課題への対応の重要性。地域レベルの多様な主体を巻き込むことによる社会的インパクトの増加と主体者意識の醸成の重要性。
- **国のネットワーク**—地域、準地域、国、国内地域の各レベルで、ESD戦略を確立することが依然として優先事項である。特定のESD国家戦略はまだ一般的ではないものの、持続可能な開発（SD）関連の委員会や合意を利用して戦略を開発する必要がある。ESDの開発および支援は多様な利害関係者がかかわるプロセスであるため、協力して実施されるべきである。国レベルのネットワークにおいては、国内地域固有の観点を許容すべきである。ESDの推進にむけた国内地域でネットワークでは地元で利用でき、地

域言語を使用した産物・ツール・教材を生み出す可能性を有している。
- **調整**—政府の全面的な支援が必要である。ESDの政策展開における分野横断的なイニシアティブにおいて、関係省庁内での能力開発が、部門間の相乗効果および調整の改善の実現に資するものである。また、テーマやプログラムに優先事項を提示することは、利害関係者間の調整と連携を促すために必要である。国連システムにおいても、「一つの国連」としての努力が現実のものになるとしたら、既存の構造と予算の再考をもたらすかもしれない。
- **資金調達**—政府のみならず、多国間／二国間ドナーおよび民間部門も重要な寄与者となる可能性がある。ドナーおよび利害関係者の全面的な支援を得るためには、国の政治的課題としての位置づけだけでなく、国家開発計画や持続可能な開発戦略としての位置づけが重要。

6　日本におけるDESD中間レヴューの意味合い

日本におけるESDの取組は、国際実施計画（DESD-ⅡS）の完成版が発表される2005年以前に起源をもつものと、それ以降のものに大別できる[12]。以上のような、DESD中間レヴュー報告書および別添の「主な調査結果（key findings）」[13]に示された、現況に基づく配慮事項をふまえながら、これからのESDを日本の文脈で再考したい。

（1）2005年以前に起源をもつ日本のESDの取組

2005年以前に起源をもつ日本の取組の代表格としては、ヨハネスブルグ・サミット（WSSD）での日本政府の提案を受けて2003年6月に結成された、全国レベルの民間団体「持続可能な開発のための教育の10年推進会議（ESD-J）」による一連の動きが挙げられる。団体結成の発端は古く、2001年8月に開催された政府と民間団体によるヨハネスブルク・サミットに向けた意見交換会であった。ESD-Jは、(1)ESDを推進するための政策提言、(2)地域

第3章　DESDの中間関連会合とDESD中間レビュー報告書

でのESD活動支援、ネットワークづくり、(3)ESDに関する国際ネットワークの構築、(4)各種メディアによる情報発信、(5)ESDの研修および普及啓発、の５つを活動の柱として取組んできた。ESD-Jでは、中間年を迎えるにあたり、これまでのESD実践の成果を踏まえるべく、ウェブサイトでの意見募集や地域ワークショップなどを行い、幅広く様々なステークホルダーから意見を収集し４つの方策と14の具体的提言をESDの今後の展開に向けた政策提言としてとりまとめている[14]。これらをもとに出された「ESD-J中期戦略（中間報告）」では、ESD-Jが目指すものとして、「持続可能な社会・地域を担う「人づくり」」を掲げ、持続可能な社会・地域づくりに向けた活動や、そのための「人づくり」の取組の成果が、今後、社会全体に広がり、社会変革のインパクトを携えていくように、実践者が、分野横断、セクター横断でさらにつながりを深め、協働を促進するためのしくみが不可欠であることを指摘し、ESD-Jでは、そのような人々を支える"しくみ"の構築を標榜し、2014年の目標として見据えている。

　また、環境省による1992年のリオ・サミット（UNCED）の一連の取組も、2005年以前に起源をもつものとして、日本のESDの発展に大きく貢献している。環境省は、1993年には環境基本法を制定したが、同法の15条に基づいて、第一次環境基本計画（環境省　1994）、第二次環境基本計画（環境省　2000）、第三次環境基本計画（環境省　2006）を策定している。環境省は国際実施計画（DESD-IIS）並びに環境基本計画に基づき、ESDの中核的事業として、地域実践と地域づくりに焦点をおいた「国連持続可能な開発のための教育の10年促進事業」[15]を展開し、「環境の保全のための意欲の増進及び環境教育の推進に関する法律（環境保全活動・環境教育推進法）」（環境省　2003）を成立した。

　その他の環境省を中心にした動きとしては、1990年代半ばから推進された企業に対する環境報告書（CSR報告書）公開の推奨も挙げられる。日本にCSR観念が大きく普及するきっかけとなったが、注目すべき点は、国際実施計画（DESD-ⅡS）の策定に向けた国際会議でも、CSR（企業の社会的責任）

が、ESDの三大領域（社会・環境・経済）のなかの経済領域で常に議論の中心におかれたことと合致することである。

さらに、国立教育政策研究所は、ユネスコ・バンコク事務所の古くからの連携機関として、教育開発事業（アジア太平洋教育革新計画、APEID事業を中心にして）に協力することで果たした役割も大きい。ほかにも、国連大学高等研究所（UNU-IAS）が2004年に始めたESDを推進するために世界規模で展開するRCE（Regional Centers of Expertise on Education for Sustainable Development）事業は、「国連のESDの10年（DESD）」の決議を受けて2003年度から企画に入ったもので、地域を世界的な学習拠点とした取組を展開してきた[16]。

（２）2005年以降に起源をもつ日本のESDの展開

2005年DESDの開始の後、内閣府は、UNESCOによる国際実施計画（DESD-IIS）の策定を受けて、日本版の実施計画として、『わが国における「国連持続可能な開発のための教育の10年」実施計画』（以下、国内実施計画）を策定した（国連持続可能な開発のための教育の10年関係省庁連絡会議 2006）。同国内実施計画の特徴は、特にESDのあらゆる活動分野を対象に教育のあり方について、(1)教育の内容、(2)学び方・教え方、(3)育みたい力、を具体的に提案している。とりわけ、学び方・教え方については、「「関心の喚起→理解の深化→参加する態度や問題解決能力の育成」を通じて「具体的な行動」を促すという一巡の流れの中に位置づけることが大切」、であることを述べている。また、学び方・教え方では、(1)参加型学習の方法、(2)参加体験型学習方法、(3)合意形成の手法を提案し、探求や実践を重視する参加型アプローチを強く推奨している。さらに、育みたい力について、(1)体系的な思考力（Systems Thinking）、(2)批判力を重視した代替案の思考力（Critical Thinking）、(3)データや情報を分析する能力、(4)コミュニケーション能力、の４点を提示している。

文部科学省の日本ユネスコ国内委員会は、国際実施計画（DESD-IIS）を

踏まえ、学習指導要領改訂と教育振興基本計画の中に、ESDの盛り込みを推奨した。その結果、(1)2011年度施行の中学校学習指導要領の理科、社会科、そして、高等学校学習指導要領の理科、公民、地理歴史、保健体育、家庭、工業に、持続可能な社会、持続可能な開発の学習が盛り込まれたこと、(2)教育振興基本計画（文部科学省　2008）[17]における今後５年間の重要施策の一つにESDの促進が取り上げられたこと、(3)2008年度からユネスコ・スクール事業がESDの活動の一環として位置付けられ展開されていること、などの取組が見られる。

　2007年には、「環境教育指導資料（小学校編）改訂版」においても、持続可能な社会構築の必要性が記載されるなど、DESDの開始は、日本の環境教育に大きな影響を及ぼしているといえる。しかしながら、これらで扱われている環境教育の範囲は、持続可能性の一部である環境（問題）への気づきや行動に限定されるにとどまり、DESDの活動を通して顕在化されてきた、環境教育からESDへの動きをどのように具体化していくかは、今後の大きな課題といえる。

　ほかにも、文部科学省の国立教育政策研究所は、２冊の国連ESDの10年の推進に関わる翻訳書を刊行した（国立教育政策研究所　2006）[18]、（国立教育政策研究所　2007）[19]だけでなく、2009年度からの３ヶ年計画で、「学校における持続可能な開発のための教育（ESD）に関する研究」を実施し、最終報告書をまとめている。

　国連大学高等研究所が実施するRCE（Regional Centers of Expertise on Education for Sustainable Development）事業への参加を通した地域の多様な主体の連携活動や、「国連持続可能な開発のための10年推進会議（ESD-J）」や「開発教育協議会（DEAR）」などのNGO/NPOによるネットワーク活動、ユネスコ・アジア文化センター（ACCU）や日本UNESCO国内連盟によるUNESCO理念に基づくプログラムの実施、高等教育機関による人材育成プログラムや大学院プログラム、教育実践プログラム、企業によるCSR事業、などが展開されつつある。2008年には、ESD関係省庁連絡会議（以下、連絡

第 1 部 「持続可能な開発のための教育の 10 年（DESD）」の国際的展開

会議）の発足や、G8環境大臣会合やアフリカ開発会議（TICAD IV）の成果文書にESDの推進が明記されたことも評価すべき点である。今後は、より省庁間の調整のもとでESD関連事業が展開され、その事業の成果をお互いに共有できる仕組みの構築が期待されている。

（3）DESD後半に向けた日本の取組

　このように、日本のESDの取組からは、2005年以前に起源をもつものも、2005年以降に起源をもつものも総じて、社会活動、学校教育、企業活動など多様なステークホルダー全領域的に展開され、世界のモデルとも言える活動の展開が見られることがわかる。DESD中間年を迎え日本政府は、関係省庁によるESD推進体制を構築し、国内実施計画を策定したほか、関係主体間の対話の場として円卓会議を開催するなど、官民の連携を促す仕組みづくりを行い、教育振興基本計画や21世紀環境立国戦略等において、ESDを国の重要施策として位置付けたことなどを大きな成果ととらえている。

　学習指導要領の改訂に当たっては、各科目で取組むべき内容に持続可能な社会の構築の観点を盛り込み、義務教育の中でESDの理念に即した教育実践、地域や高等教育におけるESDの実践モデルの創出、ユネスコ・スクールやRCE等、ESD実施のためのネットワークも拡大のみでなく、民間のイニシアティブによる地域からのESD推進のネットワークが広がっていることも大きな成果として評価した。文部科学省教育課程課編集の「中等教育資料」平成22年12月号（2010、No.895）では、「持続可能な開発のための教育（持続発展教育）の充実」がその特集として組まれ、学校教育のそれぞれの分野においてESDが具体的にどのように展開されているのか、その多彩な取組が紹介されるなど、学校教育におけるESDは大きく進展していることがうかがえる。今後、ユネスコ・スクールやRCE、ProSPER.Netの一層の普及促進が望まれるとともに、公教育とノンフォーマル・インフォーマル教育との連携や、それらによる実践やモデルケースなどの知見の蓄積や、そのためのプラットフォームの構築も必要であろう。

第 3 章　DESD の中間関連会合と DESD 中間レヴュー報告書

「国連持続可能な開発のための教育の10年　ジャパンレポート2009」では、優先的に取り扱うべきとされた環境と開発に関する課題を中心に、環境、経済、社会の三つの要素を基盤としつつ、2010年には、この結果を踏まえた国内実施計画の見直しを行うことを促している[20]。そのうえで、今後の課題として、ESDの普及・促進に向けた可視化や関係省庁間、関係主体間のよりよい連携が重要であり、そのための体制強化、施策の実施の必要性を強調し、国の施策への位置付けの強化、ESDを契機として開始した取組に加え、既に各地で取組まれている環境教育や国際理解教育等の持続可能な発展に関わる個別課題に関する学習・活動について、改めてESDの観点から総合的に取組むことを述べている。

また、日本のアジア太平洋地域の中での貢献への期待度の高さもうかがえる一方で、しかし、国際実施計画（DESD-IIS）が大目標に掲げるミレニアム開発目標（MDGs）への配慮に欠け、もっぱら日本流の「持続可能な社会の構築」に焦点を絞りすぎているとの指摘[21]も十分考慮する必要があるだろう。ガバナンスに対する意識が希薄な日本の社会において、DESD中間報告書「今後の取組（ways forward）」[22]のなかで述べられているように、ESD実践での地域の伝統的なガバナンスの強い影響力への配慮は大切である。DESD中間報告書では、ガバナンスにおける伝統は、(1)国が、（社会的）学習、民主主義、参加重視、といったより教育学的なESD指向の取組を採用するか、それとも、(2)人々の振る舞いを、あらかじめ決められた、または専門家主導による方向へと変えることを強調するといった、より課題解決にむけた手段的なものを採用するのか、そのいずれかを決定している、ことへの配慮を促している。そのうえで、地域間学習（inter-regional learning）（南―南、北―南、北―北）の重要性が指摘されている。また、本書で扱っているインドの事例のように、貧富の格差や階層、都市と農村など、一国内であってもガバナンスの機能の仕方やその力は全く異なっている場合もあるということにも配慮が必要だろう。

さらに、開発教育、異文化・国際理解教育、世界遺産教育などの分野でも、

第 1 部　「持続可能な開発のための教育の 10 年（DESD）」の国際的展開

すでにESDの観点での連携の広がりが見られるものの、日本では、持続可能な消費のための教育や、ライフスタイルの選択（lifestyle choice）の視点からの取組はまだまだ稀薄である。経済、社会の構造的問題に対し、生産と消費の側面から構造変革に影響し、環境問題の解決を促す可能性という点で、持続可能な消費をESD課題の中に取り込んでいくことは、ライフスタイルの変化に直結し、今後ますますその重要性を増すであろう。また、この視点から、産業界など民間部門や青年男女（コース）も重要な寄与者として、巻き込んでいくことで、DESD中間報告書に示された「主な調査結果（key findings）」との整合性を一層高めていくものと思われる。

7　おわりに

2010年12月17日、平成22年度「国連持続可能な開発のための教育（ESD）の10年」円卓会議（第1回）が開催された。ここでは、DESDの前半5年を振り返っての評価に関する意見交換と共に、しめくくり会合についての議論がなされた。DESD提唱国として、さらにアジア太平洋地域におけるリーダー的な役割を担う国として、今後のDESD後半年、さらに実り豊かなESDの展開に向けて、さまざまなステークホルダー、さまざまな対象を巻き込み、日本社会全体が、ともに知見を蓄積し活用しあう学びのサイクルの構築が期待される。日本は、先進国のメンバーであり、世界に類をみない多様性のあるアジア太平洋地域のメンバーでもある。今後、公教育における学習と教授に関する教育の質的向上に関する議論のみならず、地域実践における価値の顕在化と共有や、アジア太平洋地域の知見の共有と発信においても取組を深める必要がある。また、環境、経済、社会にまたがるESDの視点は、地域の活動を関連づけさせ、教育と学習に基づく内発的な地域づくりにむけた新たな方向づけを行なう点において、大きな潜在性と可能性を有している。既に、ESDの視点が組み込まれた様々な素晴らしい実践が多く存在するが、各主体とその連携による今後のさらなる展開とともに、従来の活動をESDの視点に

第3章　DESDの中間関連会合とDESD中間レヴュー報告書

基づいて意味付けを行う作業が期待される。

　一方で、日本は先進国でありながら、国内の地域には、過疎化や高齢化、産業の空洞化、自然環境の破壊など、多くの課題が山積している。2011年3月11日に発生した「東日本大震災」は、死者数万人を超える未曾有の大災害となり、津波被害のみならず、地震によって引起こされた福島原発事故による放射能漏れの危険性等、「想定外」という言葉がキーワードのようになった。この「想定外」という言葉は、言い換えれば、私たち人間の自然の力を理解する力が予想外に低かったことを意味する。

　2011年6月15日、「環境保全のための意欲の増進及び環境教育の推進に関する法律の一部を改正する法律」が公布され、2012年10月1日に完全施行される（環境保全活動・環境教育推進法・2011年法律第67号）。改正の必要性として、「環境を軸とした成長を進める上で、環境保全活動や行政・企業・民間団体等の協働がますます重要になっている」という認識が示されたが、いま私たちは、あらためて自然の力や、環境問題と私たち自身のライフスタイルとのつながりの前に謙虚さを取り戻し、環境教育が本質的なねらいとする人と人との関係性、そして人と自然との関係性のビジョンを再構築する新たな局面を迎えている。

　さらに、2012年2月27～28日には、ドイツ、ボンにおいて、ドイツUNESCO国内委員会主催の「国際ESDワークショップ（International ESD Workshop "Horizon 2015"（以下、本会合）」が、国連ESDの10年（DESD、2005-2014）の実施プロセスとして開催され、ボン勧告（German Commission for UNESCO, 2012）が出された。本会合は、2009年のUNESCO世界会議（DESD中間会合、ドイツ、ボン）におけるボン宣言を踏まえ、各国におけるESDの進捗や現況を把握するとともに、DESD以降の取組にむけてその課題と展望について議論を深めるものであった。

　ボン勧告では、持続可能性の達成にむけて教育が中核的な戦略となり、2015年に終了するEFAとミレニアム開発目標（MDGs）を踏まえた今後の教育的取組の契機として、DESDと2014年以降のDESDフォローアップ活動を

位置づけることを強調している。そして、「学習する社会(learning societies)」の推進にむけて、ESDをすべての教育と学習活動の中核に位置づけ、主流化し、さまざまな場や機会において持続可能な開発にむけた生涯学習プロセスを充実させていくことをビジョンとして提示している。

さらに本勧告では、概要とビジョンを踏まえ、主体別に勧告を出しており、「根拠あるESDの取組 (the evidence base for ESD)」という言葉を使用して、質が高く社会的に適合した教育と学習システムの構築、取組の実施・展開をすべく、優良実践の明確化、取組の拡大・推進、ビジョン・資源・経験の共有、パートナーシップ、研究と評価、能力開発、調整と支援システムの構築、を提案している。

2012年6月にブラジル・リオデジャネイロで開催された国連持続可能な開発会議 (UNCSD) では、「持続可能な開発目標 (Sustainable Development Goals, SDGs)」の開発が強調された。これは、コロンビア政府が発案し現在ではグアテマラおよびペルーとともに共同提案をしている開発目標である。途上国を主なターゲットとしたミレニアム開発目標 (MDGs) とは異なり、先進国・途上国の双方に普遍的に、かつ、持続可能な開発の環境的、経済的、社会的側面を包括的な対象としている点に特徴が見られる。日本政府は、「国連持続可能な開発会議(リオ+20)成果文書へのインプット」と題する政策文書を発表し(日本政府 2011)、あえて概念的混乱をさけるためにSDGsという言葉を使用しないものの、UNCSD40 (リオ+20) は、2015年以降の包括的な国際開発目標(ポストMDGs)を策定する上で重要な機会として位置づけている。そして、「新しい国際開発戦略は、途上国だけでなく、先進国も対象にし、さらには国家だけでなく、民間企業、市民社会団体、フィランソロピーといった多様なステークホルダーのパートナーシップを促進するものでなければならない」と指摘し、連携と協力によるグローバルな連帯の意味合いを強調している[23]。

「国連ESDの10年 (DESD)」の評価国際会議が開かれる2014年、日本は開催国として世界の関係者の注目を集めることになるだろう。学びと行動の一

第3章　DESDの中間関連会合とDESD中間レヴュー報告書

致に向けて、わたしたちは繰り返し、2010年中間レヴュー報告書の「主な調査結果（ways findings）」・「今後の取組（ways forward）」に示された重要な視点を思い起こし、それらを日本の文脈につなげる新たな試みの展開が期待される。

注
（１）本文書は、佐藤真久「第4回　国際環境教育会議（トビリシ＋30）」（『環境教育ニュースレター』日本環境教育学会、2007年）2ページ、として発表されているものと、その後の佐藤真久・高雄綾子「DESD中間会合（ボン会合）とその成果）」平成21年度横浜市業務委託調査「持続可能な開発のための教育（ESD）の国際的動向に関する調査研究」（研究代表・佐藤真久）2009年、37～42ページをもとにしている。
（２）UNESCO. 2008. *The Ahmadabad Declaration 2007: A Call to Action, Education for Life: Life through Education,* 179 EX/INF.4.
（３）関連テーマのワークショップは、「第1群：持続可能な開発のための諸課題」（水に関する持続可能性にむけた教育、気候変動への教育の国際的対応の強化、ESDを通した持続可能なライフスタイルと責任ある消費、ESDと災害リスク軽減―災害に対する復旧力ある社会の構築、食の安全のための教育、エイズ・健康およびESD、教育および学習における生物多様性の主流化、持続可能な開発における経済的側面：教育アプローチ）、「第二群：ESDのためのパートナーシップの構築」（学習の場としてのUNESCO生物圏保護区、ESDにおける企業セクターの役割、ESDのためのパートナーとしてのメディア、北南・南南パートナーシップと開発協力におけるESD）、「第三群：ESDのための能力開発」（制度的枠組みを通じたESDの展開、ESDにおける市民社会の役割、教育計画およびカリキュラムにおけるESDの確立、DESDにおける教師養成：レヴューと方向性、ESDのモニタリングと評価）、「第四群：ESDと教授・学習のプロセス」（EFAとESDの相乗効果と相違、ESDを通じたよりよい学校、ESDにおける高等教育と研究の役割、ESDと生涯学習、ESDと専門教育・職業教育と訓練：技能および労働力としての能力開発）、から構成している。さらに、各群に現場訪問型ワークショップが構成されている。
（４）UNESCO. 2009. *ESD Currents: Changing Perspectives from the Asia-Pacific,* UNESCO, Bangkok. Thailand.
（５）Interministrial Meeting on the United Nations Decade of Education for Sustainable Development. 2009. *UNDESD Japan Report,* Japan.
（６）ボン宣言（行動の呼びかけ）の実践レベルの提案において、「ESDのネットワ

第 1 部　「持続可能な開発のための教育の 10 年（DESD）」の国際的展開

　　ークを通して知を構築する。知を構築・共有し、ESDのための資源を作り出せる研究や革新の拠点として貢献する学校、大学、その他の高等教育機関や研究機関、教育センターおよび教育ネットワークを特定し、支援する。ESDのための空間的「研究所」と定義され、そのような役割を果たすことのできる特定の地域や、バイオリージョンの潜在力を探求する。」、と述べており、空間的な学習の場において知を構築・共有していく取組が提案されている。また、文中に「バイオリージョン（生命地域）の潜在力を探究する」と述べているが、DESD国際実施計画（DESD-IIS）では、バイオリージョン（生命地域）に関する指摘はなされていない。今日までのESDに関する取組において、「バイオリージョン（生命地域）」の潜在性と可能性を認識したことによるものであると考えられる。
（7）1990年の万人のための教育世界会議（WCEFA）と万人のための世界教育宣言、2000年の世界教育会議（WEF）とダカール行動枠組み、を含む。
（8）UNESCO. 2009a. United Nations Decade of Education for Sustainable Development (DESD, 2005-2014), Review of Contexts and Structures for Education for Sustainable Development 2009, UNESCO, Paris, France.
（9）グローバルモニタリング評価枠組み（GMEF）の作業の限界として、⑴どの各国の計画、政策、活動が、特に「ESDの10年」のために開発されたのか、また「ESDの10年」があることで何が勢いを得たり、機運が高まったりしたのかを判断するのは難しい点、⑵資源及び時間の制約、⑶財源不足による情報の制限、レヴューの深さと範囲の制限、⑷UNECEとアジア・太平洋地域でのESD指標の開発に関連する経験にもとづいて開発されているものの、実施の初期段階のものであるため、さらに多くの調査、経験、対話が必要とされている点、⑸調査テンプレートに含まれる概念が同じように理解されているわけではない点、を挙げている。
(10) 中間レヴュー報告書では、該当部分が付録として提示されているが、UNESCOは、主要な論点の提示にむけて、別文書（UNESCO, 2009b, United Nations Decade of Education for Sustainable Development (DESD, 2005-2014), Review of Contexts and Structures for Education for Sustainable Development 2009, Key Findings & Ways Forward, UNESCO, Paris, France.）を発表している。本節は、中間レヴュー報告書のエッセンスとして、「主な調査結果（Key Findings）」を取扱い、本文において概要を述べている。
(11) 中間レヴュー報告書では、該当部分が付録として提示されているが、UNESCOは、主要な論点の提示にむけて、別文書（UNESCO, 2009b, United Nations Decade of Education for Sustainable Development (DESD, 2005-2014), Review of Contexts and Structures for Education for Sustainable Development 2009, Key Findings & Ways Forward, UNESCO, Paris,

France.）を発表している。本節は、中間レヴュー報告書のエッセンスとして、「今後の取組み（Ways Forward）」を取扱い、本文において概要を述べることとする。

(12) 中山修一・佐藤真久「国連ESDの10年ユネスコ国際実施計画の策定背景とアジア太平洋地域におけるESDの展開に向けた配慮事項」（『エネルギー環境教育研究』Vol.4、No.1、エネルギー環境教育学会、2009年）3～14ページ。

(13) 前掲、UNESCO（UNESCO 2009a, 2009b）。

(14)「ESD推進に向けた政策提言─4つの方策と14の具体的提言─」平成21年1月19日、および、「「学び」から未来を創造する社会へESD-J 14の政策提言」、特定非営利活動法人「持続可能な開発のための教育の10年」推進会議、http://www.esd-j.org/j/documents/teigenfinal.pdf

(15) 環境省、国連持続可能な開発のための教育の10年促進事業：http://www.env.go-Jp/policy/edu/ESD/index.html（2009年6月20日アクセス）

(16) 中山修一・佐藤真久（2009年）前掲。

(17) 文部科学省「教育振興基本計画」文部科学省、2008年。

(18) 国立教育政策研究所「アジア太平洋地域における「持続可能な開発のための教育」」国立教育政策研究所、2006（原著は、Caroline Haddard et. al. ed., 2005, A Situational Analysis of ESD in the Asia-Pacific Region. Bangkok: UNESCO.）。

(19) 国立教育政策研究所「持続可能性に向けた教師教育の新たな方向づけ、ガイドライン及び提言」国立教育政策研究所、2007（原著は、UNESCO Education Sector ed., 2005, Guidelines and Recommendations for Reorienting Teacher Education to Address Sustainability. Paris: UNESCO.）。

(20) 関係省庁連絡会議「国連持続可能な開発のための教育の10年　ジャパンレポート2009」2009、および2010年12月17日に開催された「平成22年度　国連持続可能な開発のための教育の10年円卓会議」第1回配布資料「わが国における「国連持続可能な開発のための教育の10年」実施計画の実施状況」

(21) 佐藤真久・中山修一『持続可能な社会と地理教育実践』（古今書院、2010年）。

(22) UNESCO, 2009b, United Nations Decade of Education for Sustainable Development (DESD, 2005-2014)、Review of Contexts and Structures for Education for Sustainable Development 2009, Key Findings & Ways Forward, UNESCO, Paris, France.

(23) German Commission for UNESCO, 2012, Report and Proceedings, adapted at the International ESD Workshop "Horizon 2015" 27/28 February 2012, Bonn Germany.

第２部　各国におけるESDの取組と展開

第4章　ドイツにおけるESDの取組

1　はじめに

　ドイツ連邦共和国（以下ドイツ）は、国際教育イニシアティブである国連ESDの10年（DESD）に積極的に参加している国の一つである。ユネスコのDESD国際実施計画（DESD-IIS）によって各国の教育行政にDESDの国内実施計画策定が課せられると、ドイツでも2005年、ユネスコ委員会から任命されたESD国内委員会監修による国内実施計画が発行され、国レベルのDESD戦略、実施体制の整備、66のモデルプロジェクトが指定された[1]。またDESD認定プロジェクト事業では、現在1,000を超えるESDオフィシャルプロジェクトが認定、データベース化されている[2]。このような国レベルのDESDへの積極的な働きかけは、2009年3月のDESD中間年国際会議のドイツ・ボン市への招致にも表れている。他方、ドイツは高い自治権を持つ16の州からなる連邦国家であり、統一的なナショナル・カリキュラムは存在しない。このような分権国家におけるESD推進では、各州の自治権が尊重され、連邦政府としては地域間・州間の差違を補完・調整するようなガイドライン的なサポート体制に徹することになる。これにより結果的に、各州独自の取組の多様性を保持しつつ、国レベルで教育イニシアティブを推進していくアプローチとなっている。

第2部　各国におけるESDの取組と展開

2　教育政策の動向とESD政策

（1）ドイツの教育政策の特徴と近年の動向

　学校教育における陶冶（Bildung）の概念は、人格の発展と文化的参加能力の育成の両面から成る行為を指す。さらに州によって若干の違いはあるが、初等教育終了時からは三分岐型学校制度（3）（**図4-1**）により、陶冶に加えた（職業）訓育（Erziehung）が行われる。

　公立学校が9割近くを占める教育行政においては、文化連邦主義（Kulturföderalismus）のもと、州の高い自治権が確立しているのが特徴である。基本法（憲法）の適用範囲外の州の専属的立法事項には、初等教育から中等教育までの学校形態や修業年限、教育方針（Richtlinie）や学習指導要領（Lehrplan）（4）の制定、教員の養成・採用や研修、教科書検定などがあり、いずれも各州の学校法（Schulrecht）に基づいている。さらに2007年の連邦制度改革により、連邦行政に属していた高等教育（大学、研究施設等）

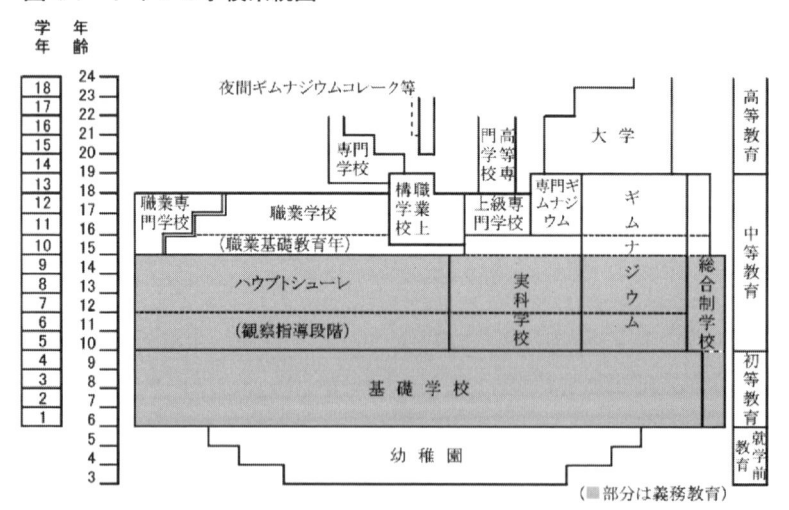

図4-1　ドイツの学校系統図

第4章　ドイツにおけるESDの取組

に関する権限もほぼ州に移行したことで、文化連邦主義はいっそう強まった[5]。これは地方独自の文化的多様性を教育課程に反映できる半面、州による教育内容のばらつきを生み出す。例えばバイエルン州を筆頭とする南部に比べ、ベルリンやブレーメンなどを含む北部の学力の低さや、旧東西ドイツ州の教員の自主性や裁量の相違などに表れている。

　これに対し近年は、国際比較に耐えうる教育の質向上という目的のもと、ナショナルな教育スタンダード構築が推進されつつある。これには90年代後半からのドイツ的文脈が関係している。第一に、東西統一と拡大EU進展に伴う人材の流動化により、共通の知識や価値、言語の基盤を持たない多様な生徒が共存せざるを得なくなり、学級崩壊が深刻化した。第二に、学校の自律性を促進するための特色づくりや、総合学習のカリキュラム化の進行など、教科を横断して現代的課題を学ぶ基盤づくりが進行した。そして第三に、これがもっとも強烈なインパクトと言えるが、一連の「PISAショック」である[6]。2000年OECD（Organisation for Economic Co-operation and Development）によって実施されたPISA（Programme for International Student Assessment）の結果、ドイツの子どもたちの国際的な比較の下での学力不振が明らかとなり、これまで数多くのノーベル賞受賞者を輩出してきたドイツの教育制度に対する自信と信頼は根本から覆された。非効率性、生徒間や地域（州）間、社会階層間の大きな学力格差等、教育の機会不平等だけでなく、それらを是正する努力としての「生徒に対する個別指導」も平均以下という現実がつきつけられ、教育制度改革への世論が高まった[7]。

　これを受け、ドイツでのPISAの実施と分析の主体であるドイツ国際教育研究所（Deutsches Institut für Internationale Pädagogische Forschung, DIPF）は、PISAの結果を成果志向の学校の高度化・発展化に結びつけるための手段として、アウトプット・プロセス志向の新たな学校評価システムである「国家教育スタンダード」の構築を提案した[8]。これまで授業改善のための伝統的なツールだった各州の教育プランの改訂というインプット操作とは異なるこの結果管理手法は、学習の成果およびプロセス測定を通じた能

第2部　各国におけるESDの取組と展開

力（コンピテンシー）の習得の要求として、同時期に提唱されたOECDの「キー・コンピテンシー」とも整合するものであった。

「キー・コンピテンシー」とは、OECDが1999～2002年にかけて行った「能力の定義と選択」（DeSeCo）プロジェクトにより提唱された能力概念である(9)。DeSeCoでは「ある特定の問題を解決するための、個人の持っているもしくは習得される認知能力と技術であり、さらに、モチベーションと意志と社会性を持って、多様な状況下で効果的かつ責任を持って遂行できる問題解決能力」(10)という定義に基づき、コンピテンシーを、(1)相互作用的に言葉や道具を使いこなす力、(2)異質な集団で活動する力、(2)自律的に行動する力、の3つのカテゴリーにまとめている。コンピテンシーは知識習得量だけではなく、その上に行動意志や課題もしくは挑戦といった形で個人の行動にはっきりと表れるものであるため、これに応じた新しい学習成果の測定が必要となる。教育観のグローバルな動向は、分権国家ドイツにおいても国家教育スタンダードの構築を求める契機となっている。

（2）ESD政策の導入と普及

ESDの頭文字のひとつである「Sustainable＝持続可能性」とは元来、ドイツにおいて、18世紀初頭の経済基盤であった銀の採掘による無秩序な坑道掘削や、都市化の進行に伴う住宅用・暖房用木材の需要増による大規模森林伐採によってもたらされた、自然資源の急速な枯渇に対し提唱された概念とされる。2世紀のちの1987年のブルントラント・レポート、92年のリオ・サミットにより、環境政策分野における国際的な政策課題として浮上した。ドイツでは、1994年の基本法改正における環境保護の明文化が行われ、各種環境法が制定され、2002年に第一次持続可能性戦略が策定された。

この間ESDに関しては、まず連邦と州の連絡組織である連邦・諸州教育計画研究助成委員会（Bund-Länder Kommission, BLK）が「ESDの導入ガイドライン」(11)を刊行し、現場への導入をモデル実験校形式で模索した。BLKはこれまでの環境教育の多面的な取組を基礎に、ESDに関わる教育政

第4章　ドイツにおけるESDの取組

図4-2　BLK‐Programm "21" 基本概念基本原則
　　　－持続可能性における「創造的コンピテンシー」の育成
3つのモジュールと具体的な活動方針

「学際的な知」	「参加的な学習」	「革新的な構造」
・グローバルな変動 ・持続可能なドイツ ・環境と開発 ・可動性と持続可能性 ・健康と持続可能性	・持続可能な街づくり ・持続可能な地域づくり ・ローカルアジェンダ21への参加 ・持続可能性の指標づくり	・学校の特色を生かした学習活動 ・学校独自の運営 ・生徒による学校事業と持続可能性 ・学外協力者との新しい関係づくり

策や教育行政機関、その他社会的組織の「責任」に焦点を当て、ESDのエッセンスを述べた報告書を、ベルリン自由大学教授のデ・ハーン（G. De Hann）と連邦教育・研究省（Bundesministerium für Bildung und Forschung, BMBF）のハーレンベルク（D. Harenberg）に委託した。この報告書「ESDプログラムへの所見」[12]のもと、1999年から2004年までの5年間、BLKプログラム "21" が、15州から200以上の学校・教育機関の参加を得て実施された。その基本原則は後述する「創造的コンピテンシー」（Gestaltungskompetenz）の育成であり、各学校が好きなモジュールに参加する形式がとられた（**図4-2**）[13]。

　プログラムでは56種類の教材を開発し、教科および教科横断的授業で活用した他、組織モデルや参加モデルの構築、アウトプット志向のカリキュラム構成、教員研修、指導者育成を実施した。運営資金1,300万ユーロ（約18億円）の半分をBMBF、半分を各州が出資している。新しい学習内容・手法を開発するとともに、学校運営の革新によって、ESDを通じて学校そのものの質が向上しうるというモデル実験の見解を示した。

　2000年代前半にはモデル実験から普及段階へ移行する。連邦議会がESD推進を議決したことでまず国家レベルでの取組が始まった。学校教育の現場に普及させるパンフレットとして、このBLKプログラム "21" の経験をまとめた報告書「ESDのための前提と勧告／ガイドラインの作成手引き」[14]が刊行される。また同年、ドイツユネスコ委員会の「ハンブルク宣言」[15]にて、国内実施計画策定とその実施メカニズムが提唱され、これを受けて、2005年に国内実施計画が、「活動の発展と集約、良い事例の広範囲への発信」、「ESD

の関係者間のネットワーク化」、「ESDの一般の人への認知の向上」、「国際的な協力の強化」の目標策定と66のモデルプロジェクトとともに刊行された[16]。

　これ以降、各州から一定の共通的な応答を得て、全国的なESD推進がスタートする。ドイツユネスコ委員会と各州文部大臣常設会合（Kultusministeriumkonferrenz, KMK）は、すべての州の文部大臣によるESD共同声明「学校教育におけるESDの勧告」[17]を発表し、ESDに則した教師育成や、州ごとのESDの最低基準の設定を呼びかけた。具体的にはアウトプット管理や、授業カリキュラムや学校監査制度とESDの接合、導入枠組み策定、スタンダード構築、自己責任のある学校づくり等について言及されている。ESDを単なる授業内容や教授法にとどめず、学校文化や特色づくり、プログラムの発展に刺激を与える包括的なコンセプトに位置づけるべく、学校の質の発展を導くべきとされている。ESDの定着度合いが学校内外からの学校評価に直結するような仕組み作りも目指されている。

3　学校ESD推進の枠組み「トランスファー 21」プログラム

　現在の学校ESDはBLKプログラム"21"の後継である「トランスファー 21」プログラム（2004～2008年）の枠組みを活用した形で進められている。このプログラムは、ESDを全国10％の学校に広げることを目指し、BMBF（国）と州文部省（14州）で折半した1,000万ユーロの予算のもと実施された。

（1）プログラムの組織構成と普及ガイドライン

　プログラム全体の事務局はベルリン自由大学だが、それと同等もしくはより上位の組織として、各州文部大臣が集う会合の場が設けられ、ベルリン市州（州と同等の自治権を持つ都市）がコーディネーター州とされた。実質のプログラムの指揮をとる「指導委員会」には各州のESDを担当する機関が名を連ね、さらに各州の実践者の代表が情報共有・交換を行う「プロジェクトリーダー会議」が設置されている。また具体テーマごとの「ワーキンググル

第4章　ドイツにおける ESD の取組

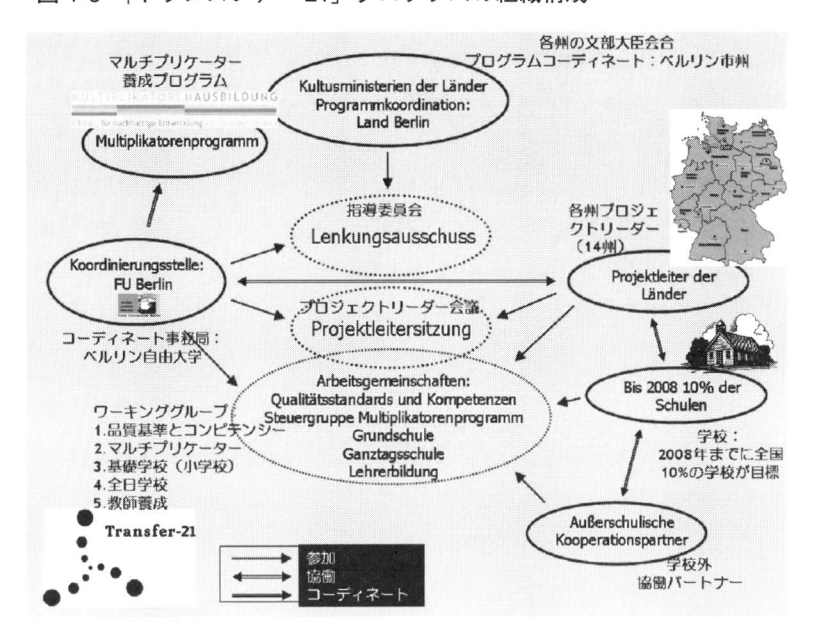

図4-3　「トランスファー21」プログラムの組織構成

ープ」では、それぞれ10～15名の有識者や州教育行政担当者が5つのテーマ（「品質とコンピテンシー」、「全日制学校」、「基礎学校（小学校）」、「教員養成」、「ESDコーディネーター（マルチプリケーター）」）に別れ、議論を重ねている。事務局はこれらのそれぞれのレベルでの会議を定期的に開催し情報発信するとともに、ESD普及伝達者である「マルチプリケーター」（後述）の研修プログラムも実施している。

プログラムは「中等教育I（中学校）へのESDの導入」[18]、「ESD実践校の質の発展～その範囲、指導原理、評価基準」[19]、「ESD学校プログラム～原則、構成要素、実践例」[20]という、ESD普及ガイドラインを3冊刊行した（図4-4）。これは学校ESD推進の理念や目的、手順、範囲を大まかに示し、ESDを通じた質の発展の達成に主眼をおいた啓蒙的なものであり、具体的な教育内容やカリキュラムは各州、各学校に委ねている。文化高権を侵害しない範囲でのESD実践の普及に心配りがなされていることが見て取れる。

第 2 部　各国における ESD の取組と展開

図 4-4　プログラムの普及ガイドライン

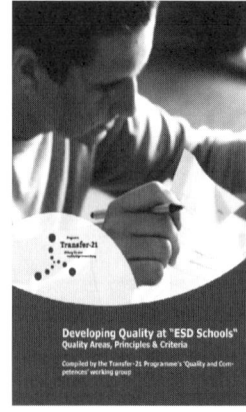

左から「中等教育 I への ESD の導入」、「ESD 実践校の質の発展」、「ESD 学校プログラム」

（2）獲得目標：創造的コンピテンシー

すでに前身のBLKプログラム "21" において提起された「創造的コンピテンシー」だが、トランスファー21では10個の部分コンピテンシーに分けられより詳細に提起された（**図4-5**）。この「創造的コンピテンシー」とは、

図 4-5　創造的コンピテンシーの部分コンピテンシー

1 Tools
- 世界を開き、新たな視点から知識を統合する能力
- 先を見越して考え、行動する能力
- 学際的に認識し、行動する能力

2 Groups
- 他者と共に計画し、行動する能力
- 意志決定プロセスに参加する能力
- 他者を動機づけ、活性化する能力

3 Autonomy
- 自分を動機づけ、活性化する能力
- 自分の目標と他者の目標をふりかえる能力
- 弱者に共感と連帯を示す能力
- 自立的に計画し、行動する能力

持続可能な発展についての知識を応用し、持続不可能な問題を認識することのできる能力として説明できる。つまり、現システムの研究や未来研究から、エコロジー、経済、社会的発展の相互作用や相互依存についての見解を導き、それに基づく意思決定が行え、持続可能な発展プロセスを実現させるための実行力を持てることである。これは長期的で複合的な教育目的であるため、一般的に中等教育以上が望ましいとされるが、10個のうちの一部ずつからなら小学校から習得し始めることが可能とされている。

（3）テーマ設定

ESDのテーマ領域は非常に広く、また学校現場でこれまでもすでに取組まれてきたものも多いが、ESDでは上述の創造的コンピテンシー育成の観点から、より生徒の日常生活、生活世界に密着した形での展開が望まれる。このためには学校という学びの場だけでなく、居住空間やメディア情報なども活用して、楽しく発見的に、かつシステマティックに行われる必要がある。これに則したテーマは、ゴミ問題からグローバリゼーション、都市、音楽、未来までおよそ50にのぼる（**表4-1**）。

表4-1　「トランスファー21」で提唱されたESDのテーマ

・ごみ	・アジェンダ21	・労働	・貧困	・生物多様性
・難民、移民	・人口増加	・土壌	・麻薬	・健康
・開発政策	・フェアトレード	・栄養	・女性	・外国人
・遺伝子工学	・グローバリゼーション	・エネルギー生産と消費	・多文化学習	・ファッション
・気候と大気	・植民地主義	・消費	・戦争と平和	・生活空間
・人種主義	・インターンシップ	・途上国文学	・メディア	・海洋
・人権と参加	・移動	・音楽	・南北問題	・エコラベル
・パートナーシップ	・ライフスタイル	・未来の不安と希望	・債務地獄	・学校の土地
・精神性	・都市	・応用技術	・旅行	・交通
・森	・淡水	・時間	・天然資源	

（4）ESDの手法としての授業原則と学習形態

プログラムでは、以下のような14点のESDの授業原則と学習形態を、現行の州学習指導要領の適用範囲内で、すべての授業において考慮する必要性を述べている（**表4-2**）。

表4-2　ESDの授業原則と学習形態

- できるだけ実際問題に近い問題や状況を学習課題として設定する
- 獲得した知識を応用できるようにする
- 生徒の参加を促す
- 状況に応じた学習、つまり子どもたちや状況文脈（学習環境）との相互作用から生じ、獲得された知は、他の文脈や問題設定で応用できることが必要である
- 多様な視点で問題や課題を捉え、扱う
- 位置づけや手法、経験などのバリエーションによって柔軟な知の活用をはかり、独自の学習プロセスを構築する
- 協働的な問題解決（生徒と学校外パートナーや専門家の協働）を促進する
- 学校の地域への開放を重視する
- 自己決定学習とグループ学習を促す
- 行動志向の学習を優先する
- プロジェクトを通じた学習を意識する（教科横断的かつ教科結合的）。多様なグループの中で自律的に行動する能力を育てる
- 教科を結びつけ学際的な学びを進める。持続可能性のテーマは自然科学と社会科学の双方の視点を有するため。
- サービス・ラーニング（責任を通じた学び）を実現する。この教育学的手法は、専門的内容を共同プロジェクトの作業による学習効果として習得することを可能にし、生徒の社会的能力を向上させる。
- 多様な手法を活用する（状況的学習、自己発見学習、遠足、計画ゲーム、シナリオ、未来ワークショップ、異年齢横断型学習など）

（5）ESDを通じた学校の質の発展

　プログラムでは、2007年のガイドラインにおいて、ESD独自の構成要素を整理し、学校自身が、自らの質の評価に必要なものを見極められるよう、セルフチェック・カタログを開発した。これは持続可能性に向けた学校の現状把握とモデルづくりのための項目の設置、実施のための手法や手段の提示、実際のトランスファー21校の学校プログラムの事例などから成り、学校外部からの問い合わせに際しての説明資料にもなりうるものとされている。

（6）普及伝達者「マルチプリケーター」育成プログラム

　トランスファー21における「マルチプリケーター」（Multiprikator）とは、創造的コンピテンシー育成のための知識・手法と並び、参加型学習や民主的な学習プロセスの構築、学校との効果的な協働のあり方、プロジェクト開発など、専門スキルを身につけた、地域の学校内外のESD専門家である[21]。この研修プログラムでは、各州に最低8〜10人のマルチプリケーターのネッ

表4-3　ESD授業展開のためのセルフチェック・カタログ

テーマ設定のチェック	○	△	×
・そのテーマはあなたの地域の主要問題や、地球の主要問題を扱っていますか？			
・そのテーマは長期的な意味を持っていますか？　社会のニーズの変化に対応することができますか？			
・そのテーマは持続可能性の3つの視点の、社会、環境、経済の側面を持っていますか？			
・そのテーマは広範で多様な知識の上に成り立っていますか？			
・ものごとの結果とその副作用が両方テーマに入っていますか？			
・そのテーマの現在と将来の重要性が考慮されていますか？			
・基礎的なことがらと新しい状況が両方考慮されていますか？			

獲得目標のチェック	○	△	×
・子どもたちは持続可能性の理念を、社会の発展の望ましい目標やオルタナティブな見解として、批判的に判断できる。地域の実情に即して分野を横断した認識を持ち、意志決定に際してグローバルな視点を持つことができる。			
・子どもたちは自分の、もしくは他者のビジョンを、持続可能な発展の傾向に照らして判断できる。分野を横断した持続不可能な問題を解決し、その効果を実感できる。			
・子どもたちは不確実性、矛盾、不確かな意思決定のもとでも、持続可能な発展に必要なものを見出せる。			
・子どもたちは、どこでどのくらい自分たちが直接・間接に世界の発展に影響しているかを正しく評価できる。			
・子どもたちは、様々な学問領域から、持続可能な発展を目指す知識を見極め、効果的な意思決定のための情報を集め、行うことができる。			
・子どもたちは、友だちや大人と協力してビジョンをつくり、その実行のためのステップを踏むことができる。			
・子どもたちは、友だちや先生と一緒に、持続可能な発展のための意思決定に向けて行動できる。			

教育学的原則のチェック		○	△	×
ヴィジョン志向	・子どもたちは将来のイメージを持ち表現できるか？ ・そのイメージを相対的に比較できるような枠組みがあるか？			
ネット（網）思考	・子どもたちにそのテーマの多様な視点が示されているか？ ・テーマ間の相互関連性が注目されて、図示されているか？			
参加志向	・子どもたちは授業の組み立てのプロセスに参加できるか？			
行動・反省志向	・子どもたちは実際的なテーマに取組、そこで得られた体験をふり返っているか？			
発見的学習	・子どもたちは知見を自分自身で見つけ、それを使って問題を自主的に解決できるか？			
親しみやすさ	・子どもたちの体験や知見が常に活用されているか？ ・抽象的で複雑な事実関係を扱う時に、具体的な体験が用意されているか？			
専門的学習と、社会的、自律的、手法志向的学習の融合	・子どもたちはある内容に取組む際に、個人的・社会的な能力（コンピテンシー）を獲得できるか？			

トワークを構築し、ESDの理念を各地の学校に浸透・定着させる構造を作り上げることが目指された。第1期（2005〜2007）では半数近くが現職の学校教員で占められていたが、学校外のパートナーの重要性が広くアピールされた第2期（2008〜2009）では参加者74名すべてが環境施設職員、NGO/NPO

表4-4　マルチプリケーター研修の各モジュールのテーマ（第2期：2008-2009）

第1回	持続可能性を学ぶ：研修への導入、持続可能性議論とESD
第2回	責任感による学び：全日制学校への参加
第3回	効果的にオーガナイズし協働する：全日制学校の組織と学習文化コンセプト
第4回	未来をつくる：創造コンピテンシーとESD手法（サマーユニバーシティ）
第5回	学びを自ら組織する：ホリスティックな授業コンセプトとしての自己組織学習
第6回	効果的にアドバイスする：学校アドバイス、持続可能な生徒企業を例に
第7回	コミュニケーション、プレゼンテーション、広報：全日制学校での職場開拓
第8回	的確な司会：対話と会議を効果的に導く
第9回	プロジェクト開発：持続可能な発展テーマでの協働促進をマネジメントする
第10回	過去と未来を見つめる：学習プロセス、移転、ネットワーキング

職員、学生などとなった。研修自体は、2泊3日ほどかけて1テーマについて学ぶモジュールの組み合わせで、1年半〜2年で修了認定を受けるシステムとなっている。認定にはモジュール各回への出席（1回16時間）と在宅E-ラーニング（1回4時間、Blackboardを利用）の参加が課せられる（第2期は合計200時間）。これによりマルチプリケーターのデータベースに登録され、各地の学校や教育施設で活動する。加えて欧州単位互換制度（ECTS）の14クレジット（60クレジットで大学1年間分の単位）が付与される。第2期では**表4-4**のテーマで10モジュールが開催された。

4　学校ESD実践の事例

　現行の小学校の学習指導要領で明確に持続可能性に言及しているのはハンブルク州とノルトライン・ヴェストファーレン州の2州である。以下、この2州の「トランスファー21」プログラム実施事例により、学校におけるESD実践とそれに伴う地域での展開を見ていく。

（1）ハンブルク州：学校と授業の恒常的改善プロセス構築のためのESDコンセプト

　ハンブルク州学習指導要領では、教育全体にわたる9つの課題領域の中に「グローバル学習」と「環境教育」が含まれ、ここで持続可能な発展を目指す教育を行うものとされている。ハンブルク州はすでに学校における省エネプロジェクト「フィフティ・フィフティ」[22]の発祥の地として有名で、

第 4 章　ドイツにおける ESD の取組

ESD担当機関である「教師育成と学校発展のための州立研究所」が主体となり、持続可能性監査[23]を活用し、教職員も含めたエコマネジメントを州内学校に普及させることを目指している。

〈プロセス〉

　州立研究所は学校に対し、ESD実践校を募集、少額の補助金も用意したが、州内学校の状況もプロセス構築手段もバラバラなため、まずは学校の現況やニーズを把握することから始めた。集まった学校の教師や生徒による合同会議を開催し、学校ESD活動のコーディネート事務局を立ち上げ、チェックリストによる自己評価作成ワークショップを行った。ここで持続可能性に関するテーマであれば、選定は各学校に自由に任せられるものの、活動領域は、学校生活と参画、リソース、授業、コンピテンシー、途上国とのパートナーシップ、理想像、学校マネジメント、スタッフ研修のいずれかと設定されている。

〈授業での展開〉

　テーマの一例として「エネルギー利用と気候保全」では以下のような授業展開がなされた。

- 目標設定：持続可能な発展のために——未来のエネルギー消費と気候保全
- 導入の問い：今のエネルギー利用は持続可能か。5つの理由（化石燃料の限界、地球温暖化、エネルギー損失、原発問題、分配の不均衡）から考える
- ワークショップとまとめ：解決策を考え、発表する（省エネ、合理的利用、再生可能エネルギーが解答として導かれることが多いが、誘導しない）

〈州内におけるESD実践の効果〉

　テーマを自由に設定する柔軟性がポジティブに学校に受け入れられ、他校の活動と接点を持てるようになった。何より、学校を発展させたいという学校側のニーズが高まり、フィフティ・フィフティやヨーロッパ環境スクールなどの既存の活動への参加が増えた。新しい教育プランでESDを通常教科の一部に組み込む事項が掲載されたほか、ハンブルグ州の気候保全コンセプト

(2007〜2012）策定[24]による環境意識形成の政策メニュー化[25]も要因となり、州内の参加校は47校と、全学校の約13％になった。

〈実施校における自己評価と参考アドバイス〉
- 各学校の独自のペースを尊重し、プログラムはできるだけ柔軟にした方が良い。
- 学校外パートナーや教育行政機関との連携が重要である。
- 柔軟で幅広い取組が前提だが、場合によってはテーマを絞る方が効果的な場合もある。
- 一定の監査サイクルを終えた学校が、さらに次のステップに発展できるようサポートをする必要がある。
- 州コーディネート事務局の役割は非常に重要。これなしに、州内の学校ESDが進んでいくことは非常に考えづらい。
- プログラムはオープンでわかりやすくなくてはならない。また臨機応変なアドバイス体制も必要。
- 参加する学校にとってのメリットを明確に伝える必要がある。

(2) ノルトライン・ヴェストファーレン州：持続可能な生徒企業ネットワーク

ノルトライン・ヴェストファーレン州学習指導要領では、教科の一つである「実科教育」(Sachunterricht) において、教育全体の課題としての持続可能性を学ぶ目標を掲げており、特に「空間、環境、交通」のテーマで「環境保護と持続可能性」を重点領域に指定している。また課外活動として、州内ではすでに90年代から、自律的な学習と行動を促し、経済の基礎知識を実践的に補足するものとして「生徒企業」活動[26]が積極的に取組まれており、多くの学校で、生活に密着した経済活動が行われている。「生徒企業」活動は問題解決における参加や創造の能力育成を促進するものとして、ESD的な重要な意義を持つ。しかしこのためには、教員をサポートする有能な人材と、生徒の行動変容を促すための意思決定への参加が必須である。ノルトライン・ヴェストファーレン州では、すでに「生徒企業」を行っている州内の学校の

第4章　ドイツにおけるESDの取組

ESD的意義をより向上させ、学校に持続可能性コンセプトを定着させる活動を行っている。

〈州内におけるESD実践の効果〉
- 学校間をつなぐ「授業モジュールでの『生徒企業』の活用」合同会議
- 学校間をつなぐ「『生徒企業』における生徒の能力開発」合同会議
- 優れた「生徒企業」活動の表彰

〈実施校における自己評価と参考アドバイス〉
- 生徒自身による合同会議は、市民やメディアの注目を集めるのに有効であった。
- できれば他のEU諸国とも連携し、国際ネットワークづくりに発展させたい。
- 過度な展開は教員の負担を増すだけ、各学校の事情を尊重しなくてはならない。
- プロジェクトのプロセスは全参加者の合意と共同決定によって進められるべき。

5　ESD推進の支援体制

（1）国家レベルのESD推進体制「国連の10年」（UN-Dekade）

　ドイツユネスコ委員会およびその参加のプロジェクト官房（ボン市）と事務局（ベルリン市）を中心として、「国連の10年」（UN-Dekade）組織が構成されている（**図4-6**）。ユネスコ委員会から任命された最高意思決定機関である「10年プロジェクト国内委員会」（Nationalkommittee）は、ベルリン自由大学デ・ハーン教授を委員長とし、連邦議会、各州教育行政担当者、企業の代表、有識者、連邦環境財団、NGO、各州高校生など生徒代表者約30人の参加によって運営されている。ESDの実施計画の立案の他、ポータルサイトの内容の審議やESDオフィシャルプロジェクトの認定審査なども行う。

　オフィシャルプロジェクト認定の流れとしては、まず申請用紙をプロジェクト事務局に提出するが、成果物や写真、DVDなども提出する必要がある。

図4-6 「国連の10年」(UN-Dekade) 組織構成

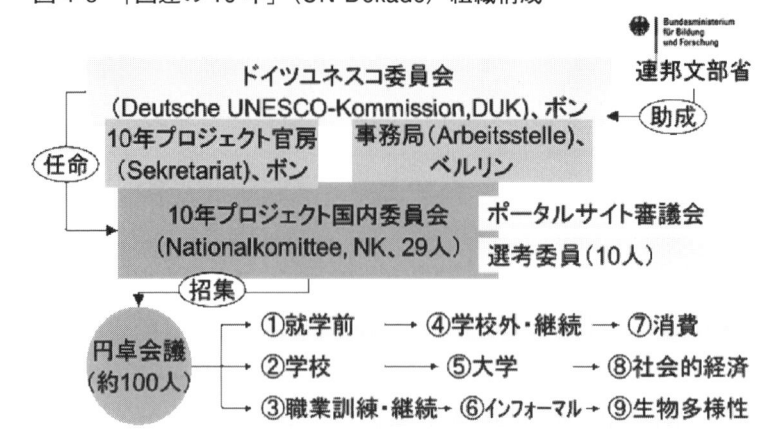

図4-7 オフィシャルプロジェクト認定表彰式で授与される旗

締め切りはないが、選考委員が年4回選考し、年2回の円卓会議のうちのいずれかで表彰される（図4-7）。認定されると、証書、印鑑、旗、ポスターの授与と、ロゴ使用権（文書や封筒等に印刷できる）が与えられるが、賞金などはない。認定は2年間有効で、再申請が可だが、前回と比較して発展的な活動が認められないと再認定されない。現在1,000を超えるプロジェクトが認定されており、ポータルサイトではそのデータベースも公開されている。

(2) 各州レベルのESD支援体制

既述のように、ドイツでは、法的拘束力を持つ州文部省の学習指導要領に

基づき、学校がそれぞれカリキュラム開発・評価を行うという関係にあるが、国家教育スタンダードの構築の提唱以来、各州指導要領が国家的に標準化されていく動きも散見される[27]。そしてこの学習指導要領策定機関である文部省もしくはその下位組織、あるいは州立研究所[28]は、同時に、「トランスファー21」プログラムに参加している州のESD担当窓口ともなっていることが多い。小学校学習指導要領で持続可能性に明確に言及しているのは2州にとどまっていることから、文化連邦主義を超えたESDの概念の全国的な共有化・標準化がすぐに実現するとは考えづらいが、グローバルな教育動向に対応したナショナル・スタンダード構築の動きによって学習指導要領が影響を受け始めている今、今後はこの流れに乗ったESD普及策がとられるであろうと予想される。

　ESD担当窓口となっている機関は、それぞれ独自のウェブサイトで、ESDを基礎とした学校プログラム開発に関する教材開発やアドバイス体制を整備するとともに、各州に配置されたマルチプリケーターの派遣・紹介を行っている。ここで州内のESD校ネットワークが構築されていることも多い。これらの機関はこれまでも、「ユネスコ・スクール」や「ヨーロッパ環境スクール」「アジェンダ21スクール」などの、国際的な教育イニシアティブや学校ネットワークを担当していた場合も多く、この点でのノウハウについて豊富な経験が蓄積されていると言える。

6　おわりに

　ドイツの学校ESD政策では、分権による各州の独自性を尊重しつつ、いかにして国際教育イニシアティブに国として積極的にコミットしていくかという点に配慮がなされており、具体的なナショナル・カリキュラムの開発ではなく、周辺サポート的なアプローチに徹する姿勢が見られている。その背景には、ESD概念自体を、PISAショック等外的要因によって露呈した教育の地域間・経済間格差にアプローチする教育改革の理論の一環に位置づけよう

とするドイツ的文脈があった。90年代後半からの教育政策の流れである、アウトプット志向といった中央集権的・管理的側面と、学校の特色やプログラムづくりといった分権的・構成的側面のバランスの模索の上に構築されようとしている。さらに今回は言及できなかったが、EU政策の動向を鑑みた「ESD指標」開発も、ドイツ語圏諸国（ドイツ、スイス、オーストリア）の協働体制によって進められており、ESDによる成績評価が射程に入り始めた。他方で学校独自の文化を積み上げていくための主体的な関わり方が、学校種を問わず求められ、また生徒個人のコンピテンシーの育成に対するESDの意義と可能性が模索されている。このように、マルチレベルでの総合的なとりくみとして、学校ESD推進策を注視していく必要がある。

注
（1）Sekretariät UN-Dekade beim Vorsitzende des Nationalkomitees Arbeitsstelle. 2005. *Nationaler Aktionplan für Deutschland Bonn,* Berlin.および Sekretariät UN-Dekade beim Vorsitzenden des NationalkomiteesArbeitsstelle. 2008. *Nationaler Aktionplan für Deutschland.* Bonn. Berlin.
（2）BNE-Portal. 2009. *Ausgezeichnete Projekte.* 参照日：2009年8月20日、参照先：UN-Dekade Bildung für nachhaltige Entwicklung: http://www.bne-potal.de/coremedia/generator/unesco/de/05_UN_Dekade_Deutschland/Die_20UN-Dekade_20in_20Deutschland.html
（3）生徒の能力・適性に応じて、基幹学校（卒業後に就職して職業訓練を受ける者が主として進む。5年制）、実科学校（卒業後に職業教育学校に進む者や中級の職につく者が主として進む。6年制）、ギムナジウム（大学進学希望者が主として進む。9年制）が設けられている。文部科学省「平成19年版教育指標の国際比較」2007年。
（4）学校種に応じて時間割や教育プログラムを比較的詳細に規定するもので、教授プラン（Lehrplan）や枠組みプラン（Rahmenplan）と呼ばれる。学習指導要領に近いもの。
（5）Tagesschau. ,2006, 6 3,. Hochschulpolitik - eine bittere Pille für den Bund. Retrieved 7 24, 2009, from tagesschau.de: http://www.tagesschau.de/inland/meldung129908.html
（6）原田信之「教育スタンダードによるカリキュラム政策の展開—ドイツにおけるPISAショックと教育改革—」（『九州情報大学研究論集』第8巻第1号、

第 4 章　ドイツにおける ESD の取組

2006年）。
（7）Radke, F. O., 2003, Die Erziehungswissenschaft der OECD-Aussichten auf die neue Performanz-Kultur. Zeitschrift der Erziehnugswissenschaft, 14. Jahrgang, Heft 27, 109.
（8）Klieme, E., 2004, 12 12,. The role of educational monitoring, assessment, and standards in school reform, New policy strategies in the German speaking countries. Retrieved 3 18, 2010, from 21世紀COE基礎学力研究開発センター国際シンポジウム Educational Policy and Reform in a Global Age: Cross-Cultural Perspectives: http://www.p.u-tokyo.ac.jp/coe/sympo_j.htm
（9）ライチェン　S.・サルガニク　H.『キー・コンピテンシー　国際標準の学力を目指して』（明石書店、2006年）。
（10）Weinert, F. E., 2001. Vergleichende Leistungsmessung in Schulen - eine umstrittene Selbstverständlichkeit. In F. E. Weinert, Leistungsmessungen in Schulen, p.27,. Beltz Verlag.
（11）BLK., 1998,. Orientierungsrahmen Bildung für nachhaltige Entwicklung. BLK-Heft 69.
（12）Haan, d. G. & Harenberg, D., 1999,. Gutachten zum Programm "Bildung für eine nachhaltige Entwicklung". BLK-Heft 72.
（13）Haan d. G., 2008. Gestaltungskompetenz als Kompetenzkonzept. In G. d. Inka Bormann, Kompetenzen der Bildung für nachhaltige Entwicklung (pp.23-43) . VS Verlag für Sozialwissenschaften.
（14）BLK., 2003,. Orientierungshilfen für die Erstellung einer Präambel und Empfehlungen / Richtlinien zur Bildung für eine nachhaltige Entwicklung in allgemeinbildunden Schulen. BLK Programm "21"
（15）DeutscheUNESCO-Kommission., 2003,. Hamburger Erklärung der Deutschen UNESCO-Kommission zur Dekade der Vereinten Nationen "Bildung für nachhaltige.
（16）Deutsche UNESCO-Kommission e.V.; Nationalkomitee UN-Dekade;. 2005, 2008,. Nationaler Aktionplan für Deutschland. Bonn, Berlin: Arbeitstelle beim Vorsitzenden des Nationalkomitees, Freie Universität Berlin.
（17）KMK; DUK;., 2007, Empfehlung der Ständigen Konferenz der Kultusminister der Länder in der Bundesrepublik Deutschland（KMK）und der Deutsche UNESCO-Kommission（DUK）vom 15. 06. 2007 zur "Bildung für nachhaltige Entwicklung in der Schule". KMK und DUK.
（18）Transfer-21., 2006a,. Die Orientierungshilfe "Bildung für nachhaltige Entwicklung für die Sekundarstufe I - Begründung, Kompetenzen, Lernangebote". Berlin: Transfer-21 AG "Qualität und Kompetenzen".

(19) Transfer-21., 2006b, Die Orientierungshilfe "Qualitätsentwicklung von BNE-Schulen - Qualitätsfelder, Leitsätze、Kriterien". Berlin: Transfer-21 AG "Qualität und Kompetenzen".
(20) Transfer-21., 2007, Die Orientierungshilfe Schulprogramm "Bildung für nachhaltige Entwciklung - Grundlagen, Bausteine, Beispiele". Berlin: Transfer-21 AG "Qualität und Kompetenzen".
(21) 高雄綾子「ドイツにおけるESDコーディネーターの育成と展開」『日本環境教育学会　第20回大会（東京）研究発表要旨集』2009年）。
(22) 公立学校で生徒や教職員が協力して省エネ活動を行い、節減できた光熱水費を全て自治体の財政に戻すのではなく、半分はその学校に還元するしくみ。（全国地球温暖化防止活動推進センター HP：http://www.jccca.org/content/view/1343/672/（参照日2010/02/27））
(23) すでに90年代から、エコ監査や持続可能性監査の学校での実践が蓄積されてきたが、より環境教育や授業実践への適用を視野に入れた「持続可能性監査のための学校指標（Schulische Indikatoren für Nachhaltigkeit, SINa）」プロジェクトが2001年から2004年まで実施され、より簡便で学校の自己評価に役立つ成果がもたらされている（Tilman Langner, 2009, Klimadetektive in der Schule: Eine Handreichung-Klassenstufen 5-10 Umweltbüro Nord）。
(24) Stadt Hamburg., 2007, Klimaschutz Hamburg 2007-2012.
(25) 州では、すべての学校の㎡あたりのエネルギー使用量を200kWh以下にする「200を超えない学校プロジェクト」や、省エネ官民パートナーシップへの学校の参加促進を進めている。
(26) 生徒が行う事業・経済活動で、教育的目的を持った学校プロジェクト。顧問として教員がつき、学校は実施にあたるサポートを行う。生徒企業の事例を集めたウェブサイトで紹介されているのは、旅行業、自転車修理業、ウェブサイトコンテンツ制作業、カフェ、レストラン、再生可能エネルギー売電業などである（高雄綾子「公教育制度におけるESDの意義の考察―ドイツの「ESDコンピテンシー・モデル」をめぐる議論と評価から―」『環境教育』第20巻第1号、2010年、43～44ページ）。
(27) ベルリン州、ブランデンブルク州、ブレーメン州、メクレンブルク・フォアポンメルン州のドイツ北部4州が共同で策定した教育プランはその象徴で、カリキュラム開発のための新たな協力の枠組みがつくられた（原田　2006）。
(28) 州立研究所とは、必ずしもすべての州に設置されているわけではないが、学校や教員に関する研究を行っている機関で、文部省とは密接な関係にあり、多くは教育プランも策定している。

第5章　スウェーデンにおけるESDの取組と展開

1　はじめに

　スウェーデンは、環境教育そしてESDの推進に関して国際的なイニシアティブをとり、積極的な提言や取組をしてきた国である。古くは「環境教育」が初めて国際的に議論された1972年の国連人間環境会議の開催国である。近年では2002年に日本政府と日本のNGOによって共同提案された「持続可能な開発のための教育の国連10年」を積極的に支持し、その後のフォローアップとしてUNESCOと共同でESD関連のコンサルテーションや国際ワークショップを開催している。他方で国内に目を向けると、1960年代から、環境政策の一部や個別政策としてではなく、「教育政策」において環境や持続可能な開発の重要性を規定することで環境教育ならびにESDの振興を図ってきた興味深い経験を持っている。

　本章では、まずスウェーデンの現代的な環境教育の歴史を概観し、スウェーデンがいかに環境教育およびESD政策の策定を進め、環境教育とESDを制度化して教育実践の推進に結び付けてきたかを論じる。そして、幼児教育から大学にいたるまでの学校教育におけるいくつかの実践事例を取り上げる。さらに、近年にみられる大学を中心としたESD研究の展開および国際協力を通じたESDの普及の取組も紹介する。これら政策史の整理ないし分析とケーススタディーを通じて、スウェーデンの環境教育およびESDの経験を通じたレッスンを提示するとともに直面する課題と今後の展望にも言及する。

第 2 部　各国における ESD の取組と展開

2　スウェーデンの環境教育とESDの歴史

　スウェーデンの現代的な環境教育をめぐる議論は1960年代にはじまり、その後約40年間に亘って環境教育、そしてESD政策の策定、教育実践が進められてきた。Breiting and Wickenberg[1]は同国の環境教育史を(1)環境教育の導入期、(2)環境教育発展期、(3)ESDへの展開期に分けて論じている。ここでは、Breiting and Wickenbergに従い、3期にわけてその政策史を概観する。

(1) 第1期：スウェーデンにおける環境教育の導入期（1960年代〜1980年代）

　1960年代初頭から半ばにかけ、他の先進国同様にスウェーデンも工業化や都市化に伴う大気汚染や水質汚染、さらには国境を越えた酸性化などの公害問題に直面していた。この状況下で1962年に出版されたレイチェル・カーソンの著書『沈黙の海』はスウェーデン社会と人々に衝撃を与え、大規模な環境論議が巻き起こった。1967年には福祉国家の直面する新たな社会課題である環境問題の解決を目的として、自然保護庁（Naturvårdsverket）が設立された。

①学校教育における環境教育
　初期の学校教育における環境教育は、主に中央政府及び行政のイニシアティブにより進められた。1968年から71年にかけて、学校庁（旧Skolöverstyrelsen、現Skolverket）は学校における環境保全活動の推進可能性を探る調査プロジェクト「SMIL（Skolans Miljövårdsfostran—学校における環境保護の推進）」を実施した。この過程において、1969年の学習指導要領（Läroplan för grundskolan, Lgr 69）では、環境知識の習得ないし環境保全に関する学習に関する事項が盛り込まれた[2]。

第 5 章　スウェーデンにおける ESD の取組と展開

②市民活動を通じた環境教育

　中央政府のイニシアティブによる環境政策や環境教育政策の策定の一方で、当時の国内では市民による自然保護・保全活動も活発に行われており、これらの団体による草の根レベルでの教育・啓蒙活動も環境教育の普及に貢献した。例えば、1965年に自然保全活動家により創設されたKeep Sweden Tidy協会（Håll Sverige Rent）の活動メンバーの多くは学校の教師であり、教育実践に影響を与えた。また国内最大の自然保全NGOであるスウェーデン自然保全協会（Svenska Naturskyddsföreningen）も、自然、森林、野外教育を主とする環境教育活動を展開した。

（2）第 2 期：環境教育発展期（1980年代後半から1990年代半ば）

　1980年代後半から1990年代半ばにかけて、国内外において環境と持続可能な開発をめぐる議論が展開された。国内では1986年には環境省が創設され、初の環境大臣が誕生した。1988年の総選挙においては環境党（Miljöpartiet）が台頭し、初の議席を獲得した。国際動向としては、1992年にはリオデジャネイロにて地球サミットが開催され、アジェンダ21が採択された。

①学校法と学習指導要領における環境教育・ESD

　学校における環境教育については、1990年12月10日に行われた学校法（Skollagen）の一部改正において、第 1 条第 2 項に環境の尊重を謳う文言が盛り込まれた[3]。

> 「学校活動は民主主義の価値観に基づき構成される。すべての学校教育関係者はそれぞれの人々が持つ個々人の尊厳と私たち共有の環境を尊重するよう促さなければならない」（学校法第 1 条第 2 項）

　背景には、後に首相となる当時の教育大臣、ヨーラン・パーション（Göran Persson）のイニシアティブがあったとされる。この改正後、政府は学習指

導要領改訂委員会の設置を指名した。その一つの明確な使命は環境教育の推進であった。結果として、1994年に改訂された学習指導要領では下記のように環境の尊重、そして持続可能な社会づくりが主張された。環境教育からESDへとシフトし始めたのである。

> 「環境の学習は、生徒が自分の身近な環境に対して責任を負い、包括的かつ地球規模の環境課題に対する個々の姿勢（態度）を身につけることを可能にする。その場合の学習環境は、社会の機能および我々の生活様式や働き方がどのように持続可能な開発を導くかについて説明しなければならない」（1994年基礎学校、就学前学級および余暇活動センター学習指導要領）

②ローカルアジェンダ21と環境NGO

　中央政府が環境教育そしてESD政策を策定する一方で、1990年初頭までの自治体レベルでの環境教育振興の動きは緩慢であった[4]。この状況は1992年の地球サミットにおけるアジェンダ21の採択により変化した。スウェーデンの全ての地方自治体（コミューン）[5]は、1992年から1996年の5年間で各々の方法によりローカルアジェンダ21の制定に取組んだ。ローカルアジェンダ21は教育の重要性を明記しており、コミューンの環境教育推進を後押しした。教育現場での環境教育実践を奨励したのは先にも紹介したスウェーデン自然保護協会やKeep Sweden Tidy基金、WWF、そして学校として環境教育を専門とする自然学校（Naturskolan）[6]であった。彼らは教員を対象とする現職研修や教員向けテキストの作成などに尽力するとともに自治体とも協働し、地域や学校における環境教育普及をサポートした。

（3）第3期：ESDへの展開期（1990年代後半から2000年代）

　1990年代後半、当時の首相ヨーラン・パーションは「緑の福祉国家」のスローガンにより、国家政策として環境への取組、持続可能な社会づくりを牽引した。環境教育は社会科学の観点も含めた新たなESDへと展開し始めた。地球的諸課題、時間軸、利害関係、健康、貧困、移民、ジェンダーなど自然

第 5 章　スウェーデンにおける ESD の取組と展開

環境だけでなく社会課題を解決する力の養成が目標とされた[7]。2000年代に入ると、スウェーデンは国際協力を通じたESDの普及および国連など国際会議でのイニシアティブをとることで、国際的なプレゼンスを高めていった。国際協力の一例としては、バルト海沿岸地域諸国間でのESDネットワーク構築の牽引があげられる。2000年3月にストックホルムのハーガ宮殿にバルト海沿岸地域11カ国の教育大臣が集い、持続可能な発展の実現にむけた教育の役割について議論された。その結果として「ハーガ宣言」が採択され、ESDに関する教育計画である「バルト海沿岸諸国教育アジェンダ21（略称、教育アジェンダ21）」の策定が合意された。教育アジェンダ21作りをリードしたのはスウェーデンとリトアニアであった[8]。

国連レベルでは、2002年のヨハネスブルグ・サミットの際に、パーション首相がその演説において「ESDの国際会議の開催国となる」と宣言した。これを受け、2003年5月には政府が「ESD委員会」を任命し、教育制度がいかに持続可能な発展を推進できるかについて評価、分析を行った。その過程において2004年5月には国際コンサルテーション「私たちの世界を変える学び（Learning to change our world）」をヨーテボリで開催した。同委員会は、2004年11月に『持続可能な発展のための学び（Att lära för hållbar utveckling）』と題する報告書を提出した[9]。その他にも2000年代半ば以降、国際的なESD研究センターの創設や発展途上国との国際教育協力におけるESDなど、ESDの国際的普及をめざした取組が進めている（詳しくは4節を参照）。

（4）分析：スウェーデンESD政策の推進要因

スウェーデンの環境教育発展の歴史をひも解くと、初期の段階から中央政府の強力な政治主導によるイニシアティブにより教育政策において環境教育およびESDの重要性を規定してきたことがわかる。高橋は、環境教育の推進もしくは振興における環境教育の「制度化」そして「環境教育政策策定」の必要性を指摘している[10]。これをスウェーデンの文脈に当てはめると、同

国ではまさに1960年代以降、各時代のニーズに応じた「環境教育政策」を策定し、効率的かつ効果的な環境教育を推進する制度を築き上げてきたといえよう。さらに1990年代半ばからは、環境のみならず経済や社会の全ての要素を含んだ「持続可能な開発のための教育政策（ESD政策）」[11]を策定し、ESDの制度化を進めている。特に1990年代後半以降の環境教育ないしESD政策策定過程の背景には、2人のキーパーソンが存在する。一人は、教育大臣を経て1996年より10年間首相を務めたヨーラン・パーションである。もう一人は、文教政策専門の政治家としてESD政策を推進したカール・リンドベリ（Carl Lindberg）である。リンドベリは、政府のESD委員会の委員長等を歴任した。政治家の強いリーダーシップと文部科学省の政務次官を10年間務めたその存在は国内そして国際的なスウェーデンのESD推進の一要因であったと考えられる。

　他方、中央政府の策定したフレームワークに基づき行われる環境教育およびESDの実践においては、市民活動の果たしてきた役割が大きいといえる。第1期の自然保護・保全団体による教育・啓蒙活動、そして第2期においては、環境NGOや環境教育NGOと自治体や学校との協働を通じて、各地のニーズに見合った教育が実践されてきたのである。次項ではスウェーデン国内の学校教育機関における環境教育・ESD実践事例をみてみよう。

3　教育機関における実践事例

　スウェーデンの学校教育制度は日本同様に幼児教育、9年制の義務教育、非義務教育に大別される。幼児教育は就学前学校（Förskola）[12]、義務教育は基礎学校（Grundskola）で実施される。非義務教育については、後期中等教育は高校（Gynmasieskola）、高等教育は大学（総合大学Universitetおよび専科大学Högskola）で行われる[13]。以下では、各教育機関の活動根拠および仕組みを簡単に解説するとともに、いくつかの具体例を取り上げる。

第 5 章　スウェーデンにおける ESD の取組と展開

（1）就学前学校〜高校

　就学前学校、基礎学校、高校と成人教育機関における教育活動は全て学校法（Skollagen）に準拠している。各学校機関の活動は、学習指導要領に則り計画される。学校教育サービス実施主体は主にコミューンであり、コミューンは学校法及び学習指導要領に則り、地域の実情や環境に見合った「学校計画（Skolplan）」を策定する。各学校における具体的教育活動については学校長ないし各担当教師の責任で実施される。すなわち、目標を達成するための教材選びや授業の進め方の大部分は教師の裁量に任されている。このため各学校では、コミューンの学校計画に基づき、地域の環境や文化、歴史に合わせた多様な環境教育やESDが実践されている。実施に際しては、地域のNGOとの協力やその他リソースを活用するケースが多くみられる。ここでは一例として①就学前学校、②基礎学校における実践事例、を紹介する[14]。

①就学前学校―ニューネスハムン市のブレッダールス就学前学校

　スウェーデンの首都ストックホルムの南部に位置する港町、ニューネスハムン市（Nynäshamn）の学校計画（2010〜2012年）は、「民主主義と基本的価値観」、「知識と学習」、「健康とライフスタイル」を3つの重点項目と定めている。特に「健康とライフスタイル」では、地域の健全な環境と人々の健康を維持し、持続可能な社会発展を促進することを目標としている[15]。市のオスモ地区（Ösmo）にあるブレッダールス就学前学校（Breddals förskola）は、自然と環境に関する活動を重視している。同校は2006年よりグリーンフラッグ（Grön Flagg）認証取得を目指した活動を開始した[16]。重点項目として選んだテーマは「エコロジー」と「健康」。エコロジーでは、野菜の栽培、鶏の雛の孵化（生命の誕生）の観察、リサイクル、ミミズのコンポスト作りを行った。幼児を対象としていることから、自然との出会いや楽しみも重視し、保護者も招いての野菜の収穫祭等も行っている。これらの活動の結果、グリーンフラッグの認証を取得し、その証として学校には緑の

第2部　各国におけるESDの取組と展開

旗が掲げられている。

②基礎学校─ファール自然学校

　スウェーデン中北部、ダーラナ地方のファールン市（Falun）は16世紀から17世紀にかけて大銅山で栄えた街であり、街並みと銅山跡が世界遺産として登録されている。ファールン市の学校計画では、目標の一つとして、「市内全ての学校活動で持続可能な地域発展を実現するための取組を実践すること」を掲げている[17]。ESD推進にあたっては、同市のファール自然学校が中心となり、コミューンおよび学校と協力し活動を展開している。ファール自然学校は、市内すべての4、5、7学年の子どもたちを対象としてこの地域の歴史を活用した野外教育プログラムを実施している。4学年では自然学校内施設において、かつて地域の産業であった農業を体験する。5学年では銅山発掘の歴史をもとに演劇を創作し、演じる。7学年では、厳しい冬の鉱山跡を訪ね、鉱山での労働体験を行う。これらのプログラムは、自然学校と地元の技術センター、そして演劇を学ぶ高校生などの協力を得て実施されている。

（2）大学の取組

　高等教育活動は高等教育法（Högskolelagen）に準拠する[18]。詳細な活動規則は高等教育規則（Högskoleförordningen）で定められている。高等教育法第1条第5項は、高等教育機関における持続可能な開発の促進を定めている。

　　「高等教育機関は、現代と将来世代がより健全な環境、経済、社会福祉
　　および正義を保証するための持続可能な開発を促進しなければならない。」
　　（高等教育法第1条第5項）

　スウェーデンの大学は高等教育法をESD推進のフレームワークとして活用し、持続可能な開発に関するプログラムおよびコースを提供してきた。一つ

第5章　スウェーデンにおけるESDの取組と展開

の特徴は、環境学やサステイナビリティ学を独立プログラムとして新設するだけでなく、既存の全ての学部へのESD導入に取組んでいることである。一例として、ヨーテボリ大学（Göteborgs universitet）とシャルマシュ工科大学（Chalmers Tekniska Högskola）の取組を紹介する。両校は同じヨーテボリに位置しており、2001年にから環境およびサステイナビリティに関する教育と研究活動のための「ヨーテボリ環境科学センター（Göteborgs Miljövetenskapliga Centrum, GMV）」を設立し、ESDの推進や持続可能な開発に関する研究ネットワーク構築、情報発信等を進めている[19]。

①ヨーテボリ大学

　ヨーテボリ大学は国立の総合大学である。同学本部は、ESDプロジェクトとして、環境認証制度の取得や、全科目を対象とした持続可能性評価を進めている。各学部も多様な取組を推進している。例えば、経営・経済・法学部のうち法学部では、環境法科目を必修化し、持続可能な開発の基礎概念、環境法、実践形式の模擬環境裁判等を学ぶコースを提供している。また教育学部では、教員養成課程の１学年の必修科目として、持続可能な開発の概念とその教授法を学ぶコースを提供している。同コースでは学生が実際に子どもたちに持続可能な開発に関する授業を実践することを想定した教材づくりが行われている。

②シャルマシュ工科大学

　シャルマシュ工科大学は財団立の工科大学である。同学では、2006年から2009年の４年間、大規模なESDプロジェクトを実施した。全ての新入生を対象としたオリエンテーションでの持続可能な開発に関する講義の提供、学士課程での持続可能な開発関連科目の必修化、環境・サステイナビリティ関連の選択科目の充実に取組んできた。修士課程のプログラムも、44プログラム中５つは環境・サステイナビリティ関連のプログラムである。持続可能な開発関連の科目では、環境科学等の講義の他に、少人数グループごとに特定テ

ーマに関するレポートやプレゼンテーション課題が与えられる。将来エンジニアとして課題に直面した際に、科学技術ないし自然科学の知識やスキルと同時に、議論や民主的合意形成が課題解決の重要な手法であることを学ぶよう設計されている。

　以上のようにスウェーデンでは就学前学校から大学にいたるまで、多様な環境教育ならびにESDが実施されている。就学前学校から高校までは、各学校や教員がコミューンの学校計画に基づき地域のニーズに見合った実践を展開している。大学においては、高等教育法に従い、大学組織全体、すなわちマネジメントから教育実践までの全ての活動が持続可能な開発を目標として実施されるよう取組を進めている。

4　ESD研究と国際協力

　そもそものESDの目標である持続可能な社会を実現するためには、一国だけではなく、世界の国々において持続可能な社会づくりを導く教育を実践する必要がある。スウェーデンではその認識から、主に大学が中心となりESDに関する研究活動ないし国際協力を通じたESDの普及に取組んでいる。

（1）国際的ESD研究

①ESD研究所とESD大学院

　2007年、ウプサラ大学（Uppsala Universitet）とオーレブロー大学（Örebro大学）が中心となり、ESD研究所（Institute for Research on Education and Sustainable Development, IRESD）が創設された。IRESDは、スウェーデン東部の4大学（同2校とストックホルム大学、メーラダーレン大学）の教育学部が共同でESD研究を進めるESDの専門研究機関である。本部はウプサラ大学内にあり、現在スウェーデン各地の大学から約20名のESD研究者が集まりESDに関する研究プロジェクトに携わっている[20]。加えて2009年には

第5章　スウェーデンにおけるESDの取組と展開

ESD研究に特化した独立大学院として、ESD大学院（The Graduate School on Education and Sustainable Development, GRESD）を開始した。GRESDは国立研究機関であり、現在15名の博士課程研究員がESDに関する研究に取組んでいる。研究所はウプサラ大学教育学部の附属であるが、学生はスウェーデン各地の8つのパートナー大学から集まっている。また専門や所属も多様であり、学際的なアプローチの研究が行われている[21]。

②ユネスコESDワークショップとヨーテボリリコメンデーション

3節の大学の事例でも紹介したヨーテボリ大学とシャルマシュ工科大学は、2004年に国連ESDコンサルテーションの事務局を務めた。その後、2005から2007年にかけては、高等教育、学校教育、幼児教育、ノンフォーマル教育のテーマごとに4回に亘るユネスコのESDワークショップを実施した。これら4回のワークショップの成果として、2008年11月にはファイナルワークショップ「ESDの共通ブループリントに向けたビジョンと準備（Visions and Preparations for a Common Blueprint on Education for Sustainable Development）」を開催し、「ESDに関するヨーテボリリコメンデーション（The Gothenburg Recommendations on Education for Sustainable Development）」を提起した[22]。シャルマシュ工科大学ならびにヨーテボリ大学のESDに関する教育、研究活動は国際的にも高い評価を得ており、その実績から2006年にはシャルマシュ、2007年にはヨーテボリ大学の教授が国連ユネスコのESD委員会の委員長に任命されている[23]。

（2）国際協力

①バルト海沿岸地域

「教育アジェンダ21」（2節を参照）で定めた目標を達成しESDを推進するために、バルト海沿岸地域では各種地域ネットワーク型のプロジェクトを実施している[24]。一例として高等教育レベルにおいては、「バルト海地域大学プログラム（Baltic University Programme, BUP）」によるESD普及が進

められている[25]。BUPの主な目的は、地域の持続可能な開発に関するコースを開発、提供することである。1991年にウプサラ大学のイニシアティブにより活動を開始して以来約20年の活動実績を誇り、着実に発展を遂げてきたESDの地域間協力モデルである。2008年には、14カ国220の大学ないし高等教育機関がネットワークに加盟し、9,492名の学生がコースを受講した[26]。活動資金の半分以上は、スウェーデンの各政府機関（教育省、国際開発協力庁、環境保護庁等）とウプサラ大学からの出資であり、同国が地域間でのESD推進を牽引する姿勢が窺われる。

②国際教育協力におけるESD

ゴットランド島にあるゴットランド大学は、2008年１月にスウェーデン国際開発協力庁と共同で「スウェーデンESD国際センター（The Swedish International Centre of Education for Sustainable Development, SWEDESD）」を創設した[27]。SWEDESの目的は、発展途上国との国際教育協力におけるESDの推進である。具体的には、スウェーデン国際開発協力庁のドナー受け入れ国に対して持続可能な開発分野における教育と学びを支援している。途上国側主要パートナー機関としては、インドの環境教育センター（Centre for Environment Education, CEE）と南アフリカの南アフリカ開発コミュニティ（the Southern African Development Communit）および地域環境教育プログラム（Regional Environmental Education Programme）などがある。2012年までの５年間を準備期間と設定して戦略策定を進めており、今後はESD推進のために、政策決定者、政府関係者、フォーマル教育やノンフォーマル教育のリーダーおよび教師、そしてNGOと協力し、ESDの政策形成、教育実践推進のための研修の提供など体系的な協力を展開していくとみられる。

　ESD研究や国際協力を通じたESDの普及は、スウェーデンが国内で蓄積してきた政策形成や教育実践に基づいている。自らの経験を世界に向けて発信するとともに、他国でのESD普及支援を通じてグローバルな持続可能な社会

づくりを導くことを企図していると考えられる。

5 おわりに

スウェーデンは、1960年代から主に教育政策形成の文脈において環境教育政策およびESD政策の策定を進めてきた。国の学校法や高等教育法、学習指導要領、そしてコミューンの学校計画などをフレームワークとして、学校や大学が教育実践、研究活動、国際プロジェクトを展開している。1990年代以降スウェーデンのESD政策の策定ないしフレームワーク作りを牽引してきたカール・リンドベリは、2000年から2010年におけるスウェーデンの経験を振り返り、今後の各国におけるESD推進に向けたレッスンとして次の6点を提示している（**表5-1**）。

(1)から(3)はESD政策形成過程における、中央レベルの政治家および教育行政機関、ならびに地方の政治家のリーダーシップ、(4)は国際協力、(5)は国内および国際会議での合意、そして(6)では大学におけるESDの重要性を指摘している。これらはまさにスウェーデンにおけるESDの推進要因であり、日本をはじめとする各国のESD政策策定や実践の推進に向けた有益なレッスンであると思われる。

表5-1　ESD推進に向けた6つのレッスン

(1) 教育大臣と教育省はESDに関する行動計画を策定するべきである。これにより、政策執行機関に対して明確な役割と責任を課すことができる。全ての関連する法規則はESDの重要性を盛り込まなければならない。
(2) 国会議員は政府とともにESDの重要性について議論すべきである。
(3) 市町村ならび県の特に教育政策に関わる政治家は、ESDの重要性を認識すべきである。
(4) 国際援助ないし国際協力を担当する中央政府と行政機関は、教育協力に関する受け入れ国側との協議の際に持続可能な開発の視点を取り入れるべきである。
(5) 持続可能な開発に関する会議では、常に教育の役割の重要性について議論すべきである。
(6) 大学運営に際しては、その大学組織全体としてESD方針を採択する必要がある。さらに、その方針を組織内の活動に統合しうるかについて、教員および研究者と議論することが重要である。

出展：Lindberg（2010）より筆者翻訳

第 2 部　各国における ESD の取組と展開

　着実にESD普及を進めてきたスウェーデンであるが、2006年に一つのターニングポイントを迎えた。政権交代が行われ、ESD推進を強くサポートしてきた左派政権から右派政権へとシフトし、教育政策の大改革が行われている。2010年8月1日より新学校法が施行され、学習指導要領についても2011年より順次改訂版が施行される。新政策の潮流は「基礎知識（学力）重視」であり、成績評価や学校へのインスペクションの強化が図られている。前政権が強調してきた「持続可能な開発（hållbar utveckling）」という用語への嫌悪感も強く、新教育法政策文書には同語は一切用いられていない。これに対しウプサラ大学のレイフ・オストマン（Leif Östman）は、「政府の政策的サポートは実質なくなった」と指摘する。確かに、現行のスウェーデンの教育政策方針はESD政策の強化には結びつかないように思われる。しかし、1960年代以降、各時代のニーズに応じて策定されてきた環境教育およびESD政策は制度化され、現在においても教育実践普及を支援している。ひとたび策定された環境教育政策は、その後も環境教育の重層構造の一部を支えることになり、継続されていくことになる[28]。また、コミューンや教育実践現場レベルでは約40年間に亘り築き上げられたネットワークや実践の経験が蓄積されている。オストマンも「これまで同様に中央政府の大きな政策や資金面でのサポートを得るのは難しい状況ではある。しかし、現場レベルでのESDの関心は高く、地域のリソースを活用した地域に根差したESDの実践が突然消えてなくなることはないであろう。」と述べている。

　政権交代後も、高等教育レベルでのESDやESD研究、国際協力におけるESDなど新たな実践やプロジェクトが次々に登場している。今後もスウェーデンにおける国内におけるESD実践、そして国際協力を通じてのESD普及活動は着実に継続していくと考えられる。

注

（1）Breiting, Soren and Wickenberg, Per, 2010, "*The progressive development of environmental education in Sweden and Denmark*", Environmental Education Research, 16:1,9-37.
（2）中島博（1994）「学習社会スウェーデンの道標」、近代文藝社、Breiting and Wickenberg（2010）．
（3）学校法は1985年に制定された。全文は以下より英語でダウンロード可能。http://www.sweden.gov.se/sb/d/574/a/21538
（4）Breiting, Soren and Wickenberg, Per,2010, "*The progressive development of environmental education in Sweden and Denmark*", Environmental Education Research, 16:1, 9-37.
（5）コミューン（Kommun）は日本の市町村にあたる基礎自治体であり、2010年10月時点ではその数は290。
（6）スウェーデンの自然学校（Naturskola）は、国内に約90あり、地域の就学前学校から高校までの子どもたちに対する野外教育プログラムと、教員に対する野外教育教授法の研修プログラムを提供している。各自然学校には専従の環境教育指導者やその他スタッフが勤務している。活動の財源は主にコミューンから割り当てられる場合が多く、スタッフは基本的にコミューンの職員（公務員）である。スタッフの数、所属部門（教育局、環境局）や予算は活動自治体の規模ないしコミューンとの協働体制等により異なる。
（7）スウェーデンにおいては、福祉国家そして参加民主主義社会の理念や価値観とESDの理念や目標とが一致する部分が大きかったのではないかと思われる。スウェーデンの学校教育の最も重要な価値観は「民主主義」である。学習環境はオープンであり、子ども一人ひとりの意思や意見を重視するとともに、異なる意見を持つ個人同士が、ある課題解決にむけていかに民主的に合意形成するのかを就学前学校から高等教育まで徹底して学ぶ。Rudsberga and Öhman（2010）は、スウェーデンの学校におけるESD実践の実証分析の結果として、「本研究結果は、ESDは環境教育の発展形としてのみならず民主主義の教育の一形態である理解する道を拓いた」と結論づけている。
（8）佐々木晃子「バルト海沿岸の国々によるESD推進―Baltic 21 Education」（『ビオシティ　特集　環境教育の新しいフレームワーク』no.34、2006b）134〜137ページ。
（9）一連のプロセスに関しては、スウェーデン政府の委員会調査報告書を参照。http://www.sweden.gov.se/content/1/c6/03/41/44/0fe2bc94.pdf（スウェーデン語）
（10）高橋正弘「環境教育政策および環境教育の制度化について」（『現代環境教育入門』2009年）189ページ。

(11) 高橋正弘（前掲書、2009年）203ページ。
(12) Förskola（英訳preschool）は、学校法で定められた学校教育機関の一つである。学校庁の管轄であり、学習指導要領に則った教育サービスを提供する。日本では幼稚園に近いが、自治体の所管であり、1歳児から対象としていることから、本書では「就学前学校」と表記することとした。
(13) 他にも、基礎学校入学前の就学前学級（förskoleklass）やサーミ学校（Sameskola）、特別学校（Specialskola）や各種成人教育機関などがある。
(14) ①、②ならびに学校におけるその他の具体事例に関しては、佐々木（2011）を参照。
(15) ニューネスハムン市の学校計画は以下を参照。
http://www.nynashamn.se/download/18.4f9412f312985b5cda08000848/Skolplan2010-2012.pdf（スウェーデン語）
(16) 国際環境教育基金による学校を対象とした国際環境認証制度「エコスクール」のスウェーデンでの名称。スウェーデンではKeep Sweden Tidy基金により運営され、グリーンフラッグと称される。活動運営と学習過程における民主的な環境活動を促進している。7つのプロセスを経て認証された学校には緑の旗＝グリーンフラッグが掲げられる。詳細は以下を参照。国際環境基金：http://www.eco-schools.org/, Keep Sweden Tidy: www.keepswedentidy.org, FeeJapan: http://www.feejapan.org/eco-schools/
(17) 「地域の発展のための学校」：学校の目標の一つは地域の発展への貢献である……ファールン市の基本目標は持続可能な発展である。これは、健康プログラム、発展プログラム、環境プログラムの3つを柱として実現される。持続可能な開発を実現するための取り組みは、ファールン市内の全ての学校活動において積極的に実践される（ファールン市学校計画2008～2011年より筆者要訳）。
(18) 高等教育法および規則に関する詳細は以下を参照。
http://www.hsv.se/lawsandregulations/theswedishhighereducationact.4.5161b99123700c42b07ffe3956.html
(19) GMV、ヨーテボリ大学およびシャルマシュ工科大学の事例についての詳細は佐々木（2008）、GMVウェブサイトを参照。https://www.chalmers.se/gmv/EN/education
(20) IRESDについては下記を参照。http://www.did.uu.se/iresd/english/events.html
(21) GRESDについては下記を参照。
http://www.did.uu.se/gresd/index_eng.lasso?-session=ACCESS:723067CB1d9160D2FDOYFF963DC3
(22) ヨーテボリリコメンデーションは下記よりダウンロード可能。http://www.

chalmers.se/gmv/EN/projects/education-for/gothenburg
(23) ユネスコESD委員会参照。http://www.unesco.org/en/esd/networks/working-group-of-unesco-chairs/sweden/
(24) Baltic21のフレームワーク詳細については、佐々木（2006b）を参照。
(25) BUPの活動詳細については下記を参照。http://www.balticuniv.uu.se/index.php/statistics
(26) BUP Annual Report 2008より。
(27) SWEDESDについては以下を参照。
http://mainweb.hgo.se/ext/swedesd.nsf/dokument/E39C21E737DF6AEEC12573E700413BDB!OpenDocument
(28) 高橋正弘「環境教育政策および環境教育の制度化について」（『現代環境教育入門』2009年）189～205ページ。

主要参考文献

佐々木晃子『環境教育の政策過程に関する研究―日本とスウェーデンの国際比較―』東京大学新領域創成科学研究科環境学専攻国際環境協力コース　修士論文、2006a。

佐々木晃子「バルト海沿岸の国々によるESD推進―Baltic 21 Education」（『ビオシティ　特集　環境教育の新しいフレームワーク』no.34、2006b）134～137ページ。

佐々木晃子「大学」（関東弁護士会連合会　公害対策・環境保全委員会『スウェーデン環境教育（ESD）調査報告書―持続可能な社会を目指して―』2008年）。

佐々木晃子「スウェーデンの教育制度」（『欧州環境教育の最前線』2011年。

高橋正弘「環境教育政策および環境教育の制度化について」（『現代環境教育入門』2009）189～205ページ。

Rudsberga, Karin and Öhman, Johan, 2010, "*Pluralism in practice - experiences from Swedish evaluation, school development and research*", Environmental Education Research, 16:1, 95-111.

Breiting, Soren and Wickenberg, Per, 2010, "*The progressive development of environmental education in Sweden and Denmark*", Environmental Education Research, 16:1, 9-37.

BUP Annual Report 2008.

Carl Lindberg, 2010, '*Structural solutions for ESD in Sweden*', "Tomorrow Today" UNESCO.

第 2 部　各国における ESD の取組と展開

視察・インタビューメモ
2010年 5 月 4 日〜 6 日　ファール自然学校視察メモ
2010年 5 月11日　ニューネスハムン・ブレッダールス就学前学校視察メモ
2010年11月 1 日　ウプサラ大学教育学部/ESD研究所 Prof. Leif Östmanインタビューメモ
2010年11月12日　Mr. Carl Lindbergインタビューメモ

第6章　中国におけるESDの取組と展開

1　はじめに

　周知のとおり、1980年代の改革・開放政策後における中国の経済発展は目覚しく、金融危機による減速が見られながらも2010年のGDP成長率は10.3％と[1]、依然として高い経済成長率を維持している。経済発展は確かに人民の生活水準の向上をもたらしたが、同時に資源・環境問題や格差問題など、環境・社会・経済の各側面に歪みを残している。こうした状況を背景に中国は「持続可能な発展」を国家発展戦略の一つに定め、具体的な政策策定や施策を実施している。中国のESDの起点はこの発展戦略のなかに見出される。1994年に発表された持続可能な発展のための行動計画『中国21世紀アジェンダ─中国21世紀人口、環境及び発展白書』（原文：中国21世紀議程─中国21世紀人口、環境与発展白皮書、本章では中国語の原文を（　）内で示す）には、教育が計画全体に関わる重要事項であることが記されている。これ以降、1970年代より国務院環境保護指導班（国務院環境保護領導小組、現環境保護部）及び国家教育委員会（現教育部）のもとで実施されてきた環境教育はESDへと方向づけられ、2003年には「小中高校生環境教育特定課題教育大綱」（中小学生環境教育専題教育大綱）が発布され、ESDが実質的に基礎教育課程に組み込まれることとなった。また、1998年には北京市を中心にユネスコ「環境、人口及び持続可能な発展のための教育」（環境人口与可持続発展教育、Education for Environment, Population and Sustainable Development, 以下EPD教育と略称）プロジェクトが実施され、これは2005年からの「国連持続可能な開発のための教育の10年」（Decade of Education for Sustainable

Development、以下DESDと略称）の開始を受けてその名称と内容をESDへと転換し、全国的な普及に力を入れている。

　本章は、中国におけるESDの取組を、以上の基礎教育課程のESD及びユネスコESDプロジェクトという二つの主流からとらえ、それぞれの実施経緯や内容をまとめ、最後にこれらに共通して見えてくる特徴を整理する。

2　基礎教育課程におけるESD

（1）環境教育からESDへ

　中国におけるESDとして先ず挙げられるのが、基礎教育課程におけるESDの取組であり、1970年代に始まった環境教育の流れを汲んだものである。

　中国の環境教育は、1973年に北京市で開催された第一回全国環境保護会議に端を発する。同会議では、後の「中華人民共和国環境保護法」の雛形となる「環境の保護と改善に関する若干の決定」（関于保護和改善環境的若干決定）が制定され、教育への言及が行われた。当時の環境教育は、政府幹部の環境意識の向上を目指す宣伝教育や環境分野における科学技術専門員の育成を意味し、それらは環境保護部門によって推進されていた。その後、1987年の「九年制義務教育全日制小中学教学計画（試行草案）」（九年義務教育全日制小学、初中教学計画（試行草案））において環境教育の導入が求められたのを機に教育部門が参入し、環境教育をテーマにしたシンポジウムの開催、教員養成や教材開発などが行われていった。しかし、ここでの環境教育も、環境汚染とは何か、技術的にそれをいかに解決し、またいかに被害を避けるかを教える知識中心・教え込み式の環境保護宣伝教育に止まっていた[2]。

　こうした環境教育からESDへの転換が見られるようになったのは、1992年の「環境と開発のための国連会議」以降のことである。同会議及びその成果文書である『アジェンダ21』は従来の環境教育を反省的にとらえ直し[3]、さらに『中国21世紀アジェンダ』は「持続可能な発展のための環境教育」としての自覚を高める契機となった。『全国環境宣伝教育行動綱要（1996〜

2010)』には、環境教育が「全民族の思想・道徳的素質と科学・文化的素質（環境意識を含む）を高める基本的手段の一つ」であること、また課外活動など多様な教育方法を用いることなどが記されており、わずかながら従来の環境教育との違いを見て取ることができる。

（２）「小中高校緑色教育行動」プロジェクト

　環境教育からESDへの転換を具体的な実践として明確にしたのが、1997年から始まった「小中高校緑色教育行動」（中小学緑色教育行動）プロジェクトである。それは、国家教育委員会、WWF及びブリティッシュ・ペトロリアム（BP）社による協同プロジェクトであり、その目的は「フォーマルな教育体系のカリキュラムに持続可能な発展のための教育を効果的に取り入れることにより、個人や団体の社会的政策決定に参加する能力を高め、中国の生態、社会、経済的な持続可能な発展の実現を促進する」[4]ことに置かれた。

　プロジェクトは、北京師範大学、華東師範大学、西南師範大学に環境教育センター（後にESDセンターと改称）を設置し、在職の教科研究員・校長・教員の研修、カリキュラム・教材開発、小学校での試験的実践に重点を置いた第一期（1997～2000）、新しい基礎教育課程にESDの理念・内容・方法を取り入れ、『小中高校環境教育実施ガイドライン（試行）』（中小学環境教育実施指南（試行））の開発を進めた第二期（2000～2003）、ガイドラインの全国的実施に努めた第三期（2004～2007）と、段階的に展開された。最終的にプロジェクトの拠点は全国22の大学や研究機関に設置され、理論・実践研究や研修を行う大学の専門教員160人をそろえ、合わせて57冊の教材を開発、研修に参加した教員は3000人、授業を受けた児童・生徒はおよそ500万人に及び[5]、全国的な広がりを見せた。

　「小中高校緑色教育行動」では、依然として「環境教育」という表記が多く用いられているが、それは従来の環境教育とは大きく異なり、知識の教授だけでなく、価値観の教育や実践能力・問題解決能力の育成に重点を置いている。この新しい教育、すなわちESDは、児童・生徒の全面発達を目指す素

質教育を柱にした基礎教育改革と方向性を共有しており、これによりESDは基礎教育課程に取り入れられることとなる。

（3）『小中高校環境教育実施ガイドライン（試行）』

　ESDの内容は、2003年に配布された『小中高校環境教育実施ガイドライン（試行）』から明らかにすることができる。ガイドラインは、「小中高校緑色教育行動」の経験のうえに編纂された、「ESDの理念、内容、方法、評価を中国の基礎教育において中国化させた成果の具体的な体現」[6]であり、それにはESDを実践するための具体的な方法が記されている。

　ガイドラインは全体目標を次のように定めている；児童・生徒が家庭、コミュニティ、国家そして全世界が直面している環境問題に関心を払い、個人、社会、自然の相互依存の関係を正しく認識するよう導くこと；児童・生徒が人と環境が調和的に付き合うために必要な知識と技能を獲得し、環境に有益となる感情、態度、価値観を身につけるよう助けること；児童・生徒が持続可能な発展に向けた政策決定と行動に積極的に参加し、社会的実践能力と責任感を具えた公民となるよう励ますこと、である。

　全体目標に示されているように、ESDでは知識や価値観、実践能力の全体を身につけることが目指されており、これらは全体目標の下に「感情・態度・価値観」「プロセスと方法」「知識・能力」という具体目標として置かれ、それぞれ学年毎の学習内容が設定されている。要約すると、「感情・態度・価値観」は、自然・他者・多様性を尊重する心の育成、環境をめぐる権利・義務意識の向上、資源をめぐる平等と公正の観念の確立、環境に対する責任感の涵養を、「プロセスと方法」は、環境に対する観察力と問題発見能力、問題解決方法を設計・実施・評価する力、情報収集・処理能力やコミュニケーション能力の育成を、「知識・能力」は、自然環境と生態系、人と環境との関係、環境破壊と生態系破壊、環境問題が人々にもたらす影響、人口問題、持続可能な生活様式、技術の発展と環境への影響、経済発展と環境の関係、環境に関する政策・法律、環境保護・環境建設への参加についての理解を主

な学習内容としている。

　これらの学習内容は、自然科学系や社会科学系だけでなく、文学や芸術を含むすべての教科に浸透させる形式を主軸に、総合実践活動、あるいは地方・学校カリキュラムの枠内での専門授業や選択授業を活用して実践に移される。なお、ガイドラインと同年に公布された「小中高校生環境教育特定課題教育大綱」によると、地方・学校カリキュラムの枠内で、小学校１年から高校２年まで毎学年４時間、環境教育をテーマとする授業を実施することが求められている。この他、環境に関する学校規則や評価システムの作成、政策決定と管理、環境保護・環境建設活動への参加など、学校管理や学校生活における実践も想定されている。そしてこれらの実践は、教師や児童・生徒、学校、コミュニティの状況に基づいて、児童・生徒の自主性に配慮した、問題解決型を主とする多様な教育方法をとることが期待される。

　このようにESDで求められるのは、単独教科からのアプローチではなく、学校全体の取組となる。ガイドラインは、実施にあたり、学校内外の環境教育専門員、教員、コミュニティの代表などから成る指導班を作り、校長主導のもとで全校の環境教育を計画・管理していくことを求めている。また、政府や企業、環境保護機関、社会組織との連携や、教師の環境教育研修への参加など、学校外の教育資源を積極的に活用していくことを奨励している。

　ガイドラインは、中国で初めて公布された環境教育に関する国家レベルの指導文書であり、約２億人もの児童・生徒に行き渡ることが想定されている。ガイドラインの作成と普及に貢献した「小中高校緑色教育行動」が終了したことによる懸念も否めないが、各レベルの教育機関によるフォローも進められており、今後の展開が注目される。

3　ユネスコESDプロジェクト

（１）EPD教育からESDへ

　中国におけるESDのもう一つの主流をなしているのが、ユネスコEPD教

育プロジェクトを源流とするESDプロジェクトである。

　EPD教育プロジェクトとは、『アジェンダ21』の第36章「教育、意識啓発、研修の推進」のタスク・マネージャーとして使命を受けたユネスコが、持続可能な開発のための市民意識の向上や教育の推進を目的に、1994年より開始した国際的なプロジェクトである。1995年、ユネスコ・アジア太平洋地域中央事務局（PROAP）は北京でEPD教育に関する会議を開催し、中国、インド、韓国、北朝鮮、モンゴル、フィリピン、スリランカ、タイの代表者により、各国におけるEPD教育の実施と同地域における協力が合意された。中国では、ユネスコ中国国内委員会の委託のもと、上海教育科学研究院による予備調査及び北京市における試験的実践を経て、1998年より北京教育科学研究院の主導のもとで実施されてきた。

　プロジェクトでは、その目的は、「多くの小中高校、大学の教育従事者のEPD教育の実施に対する認識と能力を高め、教育・教授の分野において素質教育の新しい育成モデルを打ち立てること；青少年が在学期間中に環境、人口、持続可能な発展に関する科学的知識を身につけ、環境、人口、持続可能な発展に関する科学的意識とそれに関連する能力を形成すること；国家の現代化建設のため、主体精神とそれに相応する能力、並びに持続可能な発展思想とそれに相応する能力を備えた新世代の公民を育成すること」[7]に置かれ、主体教育思想と持続可能な発展思想を基本理念とする実践が進められた。主体教育とは、個人の生涯にわたる発展と経済社会の発展に必要となる主体精神を培う教育であり、これに「現代人の利益と需要を満たし、かつ次世代の利益と需要を損なわない」[8]という持続可能な発展思想を併せることで、主体精神は建設的な方向に発揮され、経済社会の持続可能な発展が促進されることが期待された。

　こうした実践は、具体的には「学習過程における生徒の主体性を重んじること／環境、人口、持続可能な発展の内容を中心に教科を統合し、また各教科に思想を浸透させること／グループやクラス討論、探究活動を取り入れること／児童・生徒の科学的・革新的精神と能力、またあらゆる面の発展を促

すこと」（主体探求－総合浸透－合作活動－創新発展）、及び「テーマ学習における生徒の主体性を重んじること／環境保護、人口・保健、社会の持続可能な発展といった問題に関心を向け、その解決に向けて取組むこと／児童・生徒、教師、保護者、社会がそれぞれ協力して実践に取組むこと／生徒の革新的精神と能力、またあらゆる面での発展を促すこと」（主体探求―関注社会―合作体験―創新発展）という「16字の原則」に則ったものとなる。なお実践は、小中高校の国家・地方・学校カリキュラムにおいて、各教科にEPD教育を浸透させ、あるいは総合実践活動や専門・選択授業の時間を活用して行われる。

　プロジェクトは、関連分野の専門家から成る全国指導委員会を筆頭に、全国工作委員会、地区指導委員会、地区工作委員会と段階的な組織体制をとり、国、省・市、区・県の各レベルでの教員研修の開催をはじめ、優秀実践事例や研究論文の選出、児童・生徒の絵画コンクールや優秀調査報告の選出などを通じて実践を奨励してきた。また、地方カリキュラム及び学校カリキュラムの教材開発の指導も大きな成果である。このような組織的な取組のもと、北京市を中心に開始されたプロジェクトは14の省・市・自治区にまで広がりを見せている（2008年時点）。EPD教育プロジェクトは、2005年からのDESDの開始を受け、ESDプロジェクトと改称されたが、これはEPD教育の理論や実践経験を基盤とした、また組織体制も引き継いだものとなっている。

（2）ESD概念の広がりと深まり

　先述のとおり、ユネスコのESDプロジェクトはEPD教育プロジェクトを基盤としているが、そこには概念の広がりと深まりが見られる。

　先ず、教育内容の広がりがある。EPD教育は、環境や人口・健康問題など、課題が限定的であったが、ESDでは、公民の責任と権利、調和のとれた社会、ジェンダーの平等、優れた伝統文化、世界の先進文化、民族精神、国際理解、循環型経済、省エネルギーと排出抑制、新農村建設、都市発展、グリーン消費、企業の社会的責任、資源とエネルギー、環境汚染と予防、気候変化、生

物多様性、災害予防と救治など(9)、社会、経済、環境の領域にわたる課題が扱われる。次に、概念の深まりとして指摘できるのが、「ESDの本質は価値観の教育である」(10)ことが明確に打ち出されたことである。ここで言う価値観とは、現世代と将来世代の尊重、差異と多様性の尊重、環境の尊重、地球資源の尊重を核としたものであり、主体精神や持続可能な発展思想の涵養に加え、その育成が重視される。また、EPD教育とは、持続可能な発展に向けた環境教育及び人口教育を意味していたが、ESDは、持続可能な発展において教育は重要な作用を果たすという強い認識にたち、教育観念や内容、方法の変革・革新を含むものとなっている。

　これらの概念の広がりや深まりは、『国連持続可能な開発のための教育の10年（2005～2014年）国際実施計画』（以下、DESD国際実施計画と略称）に拠るところが多いが、中国における基礎教育改革の動きや、持続可能な発展戦略の進展の影響も大きい。近年の経済・社会の発展に伴い、中国の教育は教育の質をはじめ、教育管理機能、教育評価制度、教員構成など、教育の現代化に向けた改革が求められており、ESDは、その理念を学校管理やカリキュラム、教育活動に取り入れることで、基礎教育を経済・社会発展の要求に応えるものにすることが期待されている。また、中国政府は持続可能な発展戦略を進める中で、人を基本とし、全体的で調和のとれた持続可能な（以人為本、全体、協調、可持続）発展を目指すという「科学的発展観」（科学発展観）という指導思想を打ち出した。ESDは、「国家の教育システムが科学的発展観を全面的に実行することの一つの体現かつ手段であり、教育システムが我が国の持続可能な発展への要求に応え、社会主義と調和のとれた社会の建設に従事することの体現かつ有効な策略」(11)であるととらえられている。

　EPD教育プロジェクトにおいても、素質教育や主体教育と結び付けた理論構築や実践が見られたが、ESDプロジェクトでは基礎教育改革との関連性がより強調され、さらに科学的発展観という指導思想が積極的に取り入れられている。これは、国際的な教育理論や実践を、中国の国情と教育の実情に

第 6 章　中国における ESD の取組と展開

合ったものにする、「本土化」「中国化」の成果であり、これにより中国のESDは国家の発展戦略と教育システムの中での存在価値を高めている。

（3）「北京市における小中高校持続可能な発展のための教育指導綱要（試行）」

　EPD教育／ESDプロジェクトは北京市を中心に展開されてきたため、同市はプロジェクト参加校も多く、豊かな経験を積んできている。これを背景に、2007年、北京市は「北京市における小中高校持続可能な発展のための教育指導綱要（試行）」（北京市中小学可持続発展教育指導綱要（試行））を公布し、ESDの推進における政策的保障を提供している。以下、この指導綱要からESDの内容をみていく。

　指導綱要は、「ESDの必要性」「ESDの指導思想、目標、基本原則」「ESDの主要内容」「ESDの主要手段」「ESDの保障措置」から構成される。「ESDの必要性」では、ESDの実施は社会、文化、経済、環境の持続可能な発展を促進するだけでなく、そこには教育の刷新、素質教育の実施、基礎教育の質の向上、そして首都における教育の現代化という現実的意義と戦略的意義があるということが記されている。そして、科学的発展観を指導思想とし、首都の教育が社会、文化、環境、経済の持続可能な発展に従事するという観念を打ち立て；ESDを小中高校の教育・教授過程に取り込み、青少年の持続可能な発展の意識と能力を培い；本市の基礎教育現代化の過程を推進する、という「ESDの指導思想」のもと、次のような「目標」が定められている；小中高校生の生命の尊重、他者の尊重、社会の尊重、自然の尊重という持続可能な発展の価値観と責任感、行動様式を培うこと；小中高校生の環境を愛し、資源を大事にし、生物多様性を保護するという意識と価値観を樹立し、環境保護、資源節約、生物多様性の発展の促進のための科学的な生活様式や行動習慣を次第に形成するよう助けること；小中高校生の中華の優れた伝統文化に対する責任感を発揚し、小中高校生が文化多様性を尊重し、多様な民族、国家、地区の文化を理解・尊重し、人類共有の文化遺産を大事にし、各民族、国家、地区の人々と友好的に付き合うための文化的素養を身につけること；

第2部　各国におけるESDの取組と展開

小中高校生が人を基本とした全面的で調和のとれた持続可能な発展という科学的発展観を次第に樹立し、社会、文化、環境、経済の持続可能な発展の実際の問題に関心をもち、解決するという責任意識と初歩的能力を形成するよう育成すること、である。また、「基本原則」には、小中高校のESDは持続可能な発展の価値観を主に、当地における経済社会の持続可能な発展の必要を出発点に、持続可能な発展の基本理念と行動規範を学校カリキュラムと教学活動の全過程に取り入れること；各レベルの教育行政部門、学校、家庭、コミュニティ、企業、NGOなどの社会的勢力の自発性や積極性を発揮し、多様な形式の効果的な協力を展開し、ESDを共に推進すること、とある。

　このように、指導綱要は、ESDを価値観の教育であるととらえ、ESDの実施は、教育の現代化の推進につながるとしており、また科学的発展観を指導思想とするなど、ESDの「中国化」「本土化」を反映している。さらに、指導綱要は、首都北京市の実際に即した「ESD主要内容」を、社会、文化、環境、経済の四つの領域にわたって設定している；生命と安全、公民の権利と責任、調和のとれた社会、中華の優れた伝統文化と世界遺産、文化多様性、環境保護と汚染予防、自然災害と予防、循環型経済とグリーン消費、農村発展と持続可能な都市化、である。「ESDの主要手段」としては、各教科、総合実践活動、地方・学校カリキュラム、課外・校外活動、グループ・団体活動、校舎・校庭の文化建設など、教育の全過程、学校生活の全方面での実施が想定されている。そして、こうした実践に対して、計画と制度制定の強化；ESDの実施能力の強化と課程改革及び素質教育へのESDの取り入れ；理論研究と実践指導の強化；拠点建設の強化、ESDの質評価の強化、世論の導引といった「ESDの保障措置」がとられる。

　指導綱要の公布により、従来プロジェクト参加校にのみ共有されてきたESDの概念がより広く知られるところとなった。ESD実践校の多くは、前述の環境教育の流れを汲むESD及びユネスコEPD教育／ESDプロジェクトの両方に関わっているが、近年、現場においてはこのユネスコが提唱するESDへの理解が深まりつつあり、基礎教育課程におけるESDは環境教育の域を出

ない、ESDの一領域としてとらえられる傾向にある。

4　中国におけるESDの特徴

(1) 国家発展戦略とESD

　基礎教育課程におけるESDとユネスコのESDの両者に共通して見られる特徴の一つに、国家発展戦略との関係が指摘できる(12)。

　教育部は、『小中高校環境教育実施ガイドライン（試行）』の配布にあたり、ESDの実施は、「持続可能な発展戦略を実施し、現代化の進んだ強国を建設するために重要な措置」(13)であると通知している。また、『ユネスコ　環境・人口・持続可能な発展のための教育（EPD）プロジェクト　プロジェクトガイドライン』にも、ESDが「持続可能な発展戦略を全面的にやり遂げるための必要前提条件」(14)であることが明記され、さらに、国家発展のための最高指導思想である科学的発展観が、新たにユネスコESDの指導思想として掲げられた。このように、中国のESDは国家の持続可能な発展戦略のなかに位置づけられており、これはESDの実施における政策的保障となり、全国的展開のための基盤を提供している。また、国家発展戦略を背景に、「持続可能な発展」は中国の人々にとって馴染みのある言葉であり、ESDという新しい教育概念が受け入れやすい環境にある。

　しかし、こうした国家主導型のESDは価値主導型の教育であるESDの本質にそぐわないという見解も否定できない。経済発展を最優先課題とする国家発展戦略のなかで、経済社会構造や発展のあり方を問い直すことには限界があり、ESDの概念が矮小化されることが懸念される(15)。

(2) 基礎教育改革との結合

　「小中高校緑色教育行動」は基礎教育改革に影響を与え、『小中高校環境教育実施ガイドライン（試行）』は新しい基礎教育課程にESDが取り込まれた成果であった。また、ユネスコのEPD教育／ESDプロジェクトの実践経験

を背景に、北京市は「首都における基礎教育改革と発展の実際を結合」[16]させつつ、「北京市における小中高校持続可能な発展のための教育指導綱要（試行）」を制定した。

中国の教育は、1993年の「中国教育改革と発展に関する綱要（試行）」（中国教育改革和発展綱要）において、受験教育（応試教育）から、「児童・生徒の思想道徳、文化・科学的知識、労働技能、身体・心理的素質を全面的に高める」素質教育への転換が図られ、2001年に公布された「基礎教育課程改革綱要（試行）」では、素質教育を全面的に推進すべく、知識偏重の教育から児童・生徒の自発性を育む教育への転換が図られた。さらにここでは、培われるべき素質の一つに環境意識が含まれている。

中国のESDは、こうした素質教育を実施するための具体的な方法であり、基礎教育改革を効果的に推進するものとして、基礎教育改革と結合する形で進められている。換言すると、中国の基礎教育改革は、国内の教育事情への対応と、持続可能な発展に向けた教育の役割に対する自覚に基づく教育の再方向づけという動きが相俟って進められたものと解釈することができる。

（3）学校全体の取組

基礎教育課程におけるESD及びユネスコESDは、各教科へのESDの浸透と、ESDを主題にした総合実践活動や専門・選択授業を通じて進められる。また、学校管理や学校生活にもESDが取り入れられ、環境保護活動や学校環境づくりが行われている。実践校の一部には完成度の高いエコスクールも見られ、さらに、ユネスコESDプロジェクトは、近年、「省エネ・排出抑制型モデル学校」（節能減排示範学校）づくりに取組んでいる。このように中国のESDの実践は、学校全体の取組であり、校長が主導する指導班によって計画作成と調整が行われる。

さらに、実践が学校内の域にとどまらず、保護者やコミュニティへの輻射的効果をもたらすことが期待されている。実践能力や問題解決能力の育成が重視されるESDにおいては、児童・生徒が身近な環境から問題を発見・解決

する学習が進められ、こうした学習に保護者やコミュニティの連携が求められるほか、実践校の多くは保護者や近隣住民を対象とした講習会や環境保護活動を実施している。

　持続可能な社会の実現に向けて、知識や技能の獲得、価値観や行動の変革を目指すESDは、限られた時間や閉ざされた空間で実践されるものではなく、『DESD国際実施計画』に記されているように、「ホリスティックかつ学際的な文脈のなかで、一般社会を巻き込む形で行われなければならない」[17]。中国のESDに見られる、コミュニティに開かれた学校全体の取組は、こうした理念を体現した実践として評価できる。

5　おわりに

　本章では、中国におけるESDの取組を、環境教育の流れを汲んだ基礎教育課程のESDと、EPD教育を基盤にするユネスコESDプロジェクトという二つの主流からとらえ、これらの実施経緯や概念を整理し、両者の共通点を中国のESDの特徴としてまとめた。

　中国でのESDの展開を鳥瞰すると、全国的な広がりの兆しをとらえることができる。「小中高校緑色教育行動」は、21の省・市・自治区に研修のための拠点を設置し、その実践校は23の省・市・自治区に広がり、『小中高校環境教育実施ガイドライン（試行）』普及のための基盤を築き、またユネスコESDプロジェクトは、全国レベルでの研修を実施し、14の省・市・自治区の約1000校が実践に参加している。中国の学齢人口の規模からすると、これらの展開はまだ僅かなものであり、地域による格差、特に農村部における認識の低さや取組の遅れが指摘されている[18]。しかし、基礎教育課程のESDとユネスコESDプロジェクトは共にESDの性質に拠りながら、「地域に関連した、文化的に適切」[19]な実践を、また素質教育や基礎教育改革と結び付けた実践を推奨していることから、今後さらなる広がりを見せるだろう。

　また、地域格差の問題のほか、理論及び実践上の課題も残されている。本

第 2 部　各国における ESD の取組と展開

章では、環境教育からESDへ、EPD教育からESDへの転換を記してきたが、依然として概念の混乱が見られる。『小中高校環境教育実施ガイドライン(試行)』のように、実質的にESDであっても環境教育という名称を用いていること、課題の扱い易さから環境をテーマにした実践が多いことなどがその理由として挙げられるが、より本質的な問題として学習の深まりが十分でないことが指摘されよう。環境問題の原因について考える学習はあるが、社会構造やそれを支える価値観にまで迫る学習は少なく、また、多様な課題を扱っていても、課題間の構造的なつながりをとらえる学習はほとんど見られない。学習の深まりは、既存の教育との違いを明確にするESDの特徴の一つである。中国の政治的背景を考慮しつつ、今後、変革を担うESDとして、理論研究や実践が増えていくことを期待したい。

注
（1）国家統計局編『中国統計摘要（2011）』。
（2）中国における環境教育の展開及び概念の変遷については張偉・田青（2002）に詳しい（『整合与拡展―从環境教育到可持続発展教育』学苑出版社）。
（3）黄宇・張蘭生「中国的環境教育及其概念変遷」『日中における持続可能な社会のための環境教育システムに関する研究』（平成11～13年度科学研究費補助金（研究基盤(B)(2)）研究成果報告書・小澤紀美子代表、2002年）23ページ。
（4）"青少年愛水行動"項目協調小組編著『学校中的可持続発展教育"青少年愛水行動"項目実践』（人民教育出版社、2008年）31ページ。
（5）"青少年愛水行動"項目協調小組編著、同上書、中小学緑色教育行動項目辦公室「中小学緑色教育行動―可貴的嘗試与探索」（『基礎教育課程』総第33期、2006年）55～57ページ。
（6）李清「可持続発展教育在中国的実践―記"中国中小学緑色教育行動"(EEI)」（『環境教育』6期、2006年）6ページ。
（7）聯合国教科文組織・環境人口与可持続発展教育全国工作委員会『聯合国教科文組織　環境人口与可持続発展教育（EPD）項目　項目指南』（2002年、序文（「致読者」）より）。
（8）聯合国教科文組織・環境人口与可持続発展教育全国工作委員会、同上書、51ページ。
（9）史根東「中国可持続発展教育的創新特色―紀念中国可持続発展教育項目10周年」（『教育研究』第12期、2008年）82ページ。

(10) 羅潔・銭麗霞『可持続発展教育実施指南①　在我們的学校引入可持続発展教育』（教育科学出版社、2008年）15ページ。
(11) 銭麗霞・李政「可持続発展教育区域推進的政策与策略分析」(『教育科学研究』2008年) 21ページ。
(12) 国家発展戦略とESDの関係については植村広美 (2010) においても指摘されており、「持続可能な発展」戦略を実現する手段としてのESDの展開経緯をまとめている(「中国における国家発展戦略としてのESD」中山修一ほか編『持続可能な社会と地理教育実践』古今書院、229〜238ページ)。
(13) 教基〔2003〕16号「教育部関于印発『中小学環境教育実施指南（試行）』的通知」。
(14) 聯合国教科文組織・環境人口与可持続発展教育全国工作委員会、前掲書、序文(「致読者」より)。
(15) 国家発展戦略を背景にした中国のESDの問題については、拙著論文において発展観という視点から論じている。(「中国の持続可能な発展のための教育(ESD)の概念における『発展観』の検討」『国立教育政策研究所　紀要』第137集、181〜197ページ)。
(16) 羅潔「可持続発展教育区域推進的理論基礎与実践構想」(『教育科学研究』2008年5期) 20ページ。
(17) UNESCO, 2005, *United Nations Decade of Education for Sustainable Development(2005-2014):International Implementation Scheme*, p.29.
(18) 例えば、孫潤秀「落実《十年計画》建設節約型学校—農村中小学教育工作者開展可持続発展教育現状調研」(『内蒙古師範大学学報（教育科学版）』第23巻第2期、2010年) 21〜24ページ。
(19) UNESCO, op.cit., p.30.

第7章　インドにおけるESDの取組と展開

1　はじめに

　2000年、世界銀行は開発者の視点ではない世界の現実を提示することを目的とする「Voices of the Poor」を発行した。世界の60ヶ国で約6万人の貧困者に対して行ったPPA調査によって集められたさまざまな声とともに、貧困の撲滅、貧困の緩和が各国政府及び国際援助機関の主要な目標でありながら、援助が貧困層に届かない理由が述べられている[1]。

　「貧困、それは耐えがたい苦痛である。貧しい人々は、わずかな食料しか持たないにもかかわらず長時間にわたって働かなければならないという肉体的苦痛、誰かに依存するという屈辱と無力さによる精神的苦痛、限られた資金を病気になった家族の命を救うために使うか、子供に食料を与えるために使うかという選択を強いられることによる道徳的な苦痛に苦しんでいる」。世界銀行では、貧しい人々の経験から導かれたパターンには、場所や社会集団による貧困の特殊性と同時に、国を越えた貧困の経験の共通性〔飢餓、剥奪、無力感、尊厳の侵害、社会的孤立、脆弱性、資源の欠如、連帯、政府の汚職、サービス提供者による怠惰、ジェンダー格差〕といった根本的な問題があるとしている[2]。とりわけインドではこのような根本的な問題が顕著にみられる。

　インドは、マハトマ・ガンジーの指導のもと、1947年イギリスの植民地支配から独立を勝ち取った。1991年の新経済政策経済自由化により著しく経済成長を遂げ、近年GDPに占めるサービス業（貿易、通信、金融、行政）の躍進は目覚ましく、BRICsといわれるまでに経済成長を続けている。しかし、

貧困者数の割合は低下したものの、2010年時点で約12億人の人口が2050年には16億人に増加すると推計されており、人口増加率は依然として高いため、結果的に貧困人口のボリュームは増加し、現在インドの貧困者は世界の約30％を占める[3]。経済成長目覚しいインドも、人口の約64％が農業を生業とし、国土の約55％が農地として使用される農業国であり、独立直後からインドの経済成長のための最優先課題は食糧需給の問題であるということに依然として変わりはない[4]。

インドは、しばしば"多様性の国"と表現されるが、他のアジア諸国と異なり、インドは、一度として軍隊によるクーデターもなく、軍が政治の実権を握ることはなかった。政権交代は定期的な選挙によって行われてきたこのインドの民主主義はなぜ可能であったのか、長崎は、この地域から発信されたセン A.の「エンタイトルメント」の概念に注目し、「貧しいものは、それを声にする力を持たない」ということにその内実を見ている[5]。

アジアのNGO大国のひとつとして、アジア地域でのESD展開における連携への期待が高まる中で、依然として、経済的貧困問題への取組を最優先せざるを得ない現状があるのだということを、常に意識に留め置きたい。

2　インドにおける環境問題の特質

先に述べたように、経済成長目覚しいインドも、やはり農業国であり、独立直後からインドの最優先課題は食糧需給の問題であった。インドは全体的に、アジア・モンスーン（季節風）がもたらす降水量により農業生産が左右されるという脆弱性があるため、古くから灌漑に取組み、開発の柱としてダム建設がさかんにおこなわれ、インドの環境問題には常に農業生産と水利用が大きく影響していた[6]。

1967年にスタートした「緑の革命」は、気候変動によるダメージを軽減し、収穫率を大幅に高め、約10年間を経て食糧自給達成に導いたことはよく知られている。1960年代半ばまでは年間数100万トンから1,000万トンの穀物輸入

が恒常化する食糧輸入国であったが、高収量品種の小麦の導入によって、1970年代後半には、ほぼ食糧自給を達成し、死亡率も1970年〜75年の15.9％から、1975〜80年の13.9％へと2％も低下した。しかし、「緑の革命」は、大量の水需給や化学肥料を必要としたことから、過度の灌漑による塩害や土壌汚染などの生態系への悪影響が生じたり、富裕農民と貧困農民との格差を拡大するなどの弊害が指摘されたことも周知のとおりである[7]。しかし、「緑の革命」の指導者であったモンコンブ・スワミナタン博士は、「マハトマ・ガンジーが『腹をすかせた者にとって、パンこそが神であり、身にまとうものを持たぬ者には、一片の布こそが神である』と嘆いたこの貧しい、英国の植民地だった農業社会で『もっと食べ物を、仕事を、収入を』と緑の革命を緊急に始める必要があった」と、「21世紀危機警告委員会シンポジウム」のインタビューの中で語っている[8]。

　経済成長著しいと言えども、依然としてインドはアジア・モンスーンという気候条件に左右される農業の脆弱性に加え、世界で第2番目に多い人口、高い人口増加率、慢性的飢餓・絶対的貧困という問題を抱えつづけている。開発途上国において、このような「絶対貧困・人口爆発・環境破壊」のトリレンマの構造の中で捉える貧困状況を、満田は、単なる貧困とは区別して、「人間貧困と生存権の剥奪状況」[9]と呼んでいる。

　さらにインドでは、これらの貧困問題と複雑に絡み合う社会的・文化的背景として、以下の3点が顕著である。

　一つは、カースト制度である。インドは4つのカーストとカーストに入れない差別され抑圧され続けている人々のグループ階層がある。カーストに入れない、いわゆるアウト・カーストのグループは、「指定カースト」とよばれるSC（Scheduled Castes）が全体の16％、「指定部族」とよばれるST（Scheduled Tribe）が全体の約8％を占める。4つのカーストの中のトップカーストは全体の約18％で、この18％の人々がインドの資源をはじめあらゆる権力を掌握しているといわれている[10]。

　二つ目は、インドの約85％を占めるヒンドゥー教徒であり、それらがカー

表7-1　Poverty Line Diet

Dal：	1 cup cooked
Milk：	1/3 cup
Edible oil：	2 teaspoonfuls
Vegetables：	1potato、1small brinjal、1onion、1/2tomato
Dried chillies：	1 teaspoon
Tea Leaves：	1 teaspoon （enough fortwo cups of tea）
Eggs：	1 every 5 days
Fresh furuit：	1 piece per week

Source：CEE、2004

ストとの結びつきが強いという点である。インドは1947年に独立し民主主義となったが、司法・律法・行政のそれぞれの分野にも産業と同様に階層が存在し、どのカテゴリーにおいてもカーストや宗教のカテゴリーエリートの権力は非常に強い。インド経済におけるメインセクターは、農業・工業・IT・金融に4別できるが、それぞれに階層があり、すべてのカテゴリーの底辺は、SC指定カーストとST指定部族のなかでもほとんど教育を受けていない文字の読めない人々が担っている。現在インドは約10％程度を市場開放しているが、世界経済市場、グローバライゼーションの恩恵を受けているのも、国内天然資源を占有しているのもすべて、国民の約18％にあたる一部のカテゴリーエリートのみである[11]。

　三つ目に、インドではジェンダーの不平等が顕著である。これらの社会的・文化的背景をふまえ、インドの社会開発では特に抑圧されている人々にとっての「アウェアネス」が特に重要であるという認識がある。抑圧されてきた人々の特徴として、その状況が社会的に不当なものであるという意識を持たないことや、その状況を完全に受け入れしまっていることが挙げられるが、そのような人々がまず、現状に対する問題意識を持つことが問題解決への第一歩である[12]。成人識字率のデータでは、全体が61.0％だが、そのうち男性だけでは73.4％、女性は47.8％と、他の途上国に比べて格差が大きい[13]。このような複雑な諸問題を抱え、インドは人間開発指数でみれば世界第128位と低く、国際貧困線以下の貧困比率でみると34.7％となっており、ミレニ

アム開発目標の達成も危ぶまれている[14]。

　経済的貧困というものが、どのような生活を強いられるのか、そのリアリティの理解を促すべく、CEE（Centre for Environmental Education、環境教育センター）では、**表7-1**のようなPoverty Line Dietを示している。インドの貧困線の1日9ルピーから、これらの最低限の食料を得た後に、残るのは1日2Rsで、その他の生活必需品をこの2Rsで満たさねばならない。

3　インドにおけるESDの原点としての農村開発

　開発途上国における農村開発の原点は第二次世界大戦前のインドにある[15]、といわれる。タゴールもガンジーと共に、インドの独立には農村の再建が不可欠であり、農村での教育の重要性を訴え続けてきた。1913年、アジアではじめてノーベル文学賞を受賞したラビンドラナート・タゴールは、「人間と自然を同位の愛の関係」と捉え、人間と自然との調和を真に求めていたと言われている。その詩歌のなかにどれほど自然を愛していたか十二分にくみ取ることができる[16]。

　ガンジーが「チャルカ」（糸紡ぎ機・carka）によって木綿衣服の作製、着用の方法を国全体に推し進めるという方法を行ったのに対し、タゴールは画一的な方法ではなく、個人の意思を尊重した多様な方法を採るべきであると反対した。タゴールはインド固有のものを尊重し、1902年にはすでに農民に「チャルカ」をすすめながらも、新取の気性をもってさまざまなものを取り入れ、西洋の科学技術も積極的に取り入れようとしていた[17]。このように科学と機会と技術を積極的に肯定したタゴールであったが、タゴールにとって自然からの疎外は、環境汚染であり、今から80年から90年近くも前にすでに現代文明の自然破壊・環境破壊を警告し始めていた。科学と機会と技術を取り入れようとしつつも、それが権力や利益中心の経済と結びつき、自然の域を犯すことに対しては厳しく批判したのである[18]。

　タゴールは、ガンジーと同じくインド独立には農村の再建が不可欠である

と考えていた。タゴールと、ガンジーの共通点は、(1)農村再建、農民大衆の生活の向上とインドの独立には農民大衆の力が必要、(2)独立達成のための民主主義と平和主義の調和、(3)カーストの差別撤廃及び宗教の違いを超えた同じ人間としての相互尊重と調和、(4)インドの再建独立のためには伝統的手工業の尊重及び大衆化が必要、という4つを訴えたことである。そして、両者ともに農村と農民に心を配り、農業を通じての教育を実践した[19]。

タゴールは農民の教育促進のため、1901年ベンガル州西部の片田舎シャンティニケタン（Shantiniketan）に教育機関「タゴール学園」を創設した。「タゴール学園」では、さまざまな自然に密接に関連した祭典（ウッツォブ・utsab）が行われた。自然の中の喜びと自然への愛に根ざした歓びの祭典として、農村各地から農民たちを招き、(1)春の祭り、(2)植樹祭、(3)雨期吉祥祭、(4)鋤入れ式祭、(5)秋の祭典、という五大祭典を祝っている[20]。これらの祭典は、農村再建とインド独立のための自立の精神を養うものとして行われていたが、インドにおける農村地域からのESDの原型のひとつであるともいえる。

また、タゴールは「タゴール学園」とともに「農村開発研究所」を設立し、農村問題の研究にも取組、1914年から「農村地域再建（復興）運動」を推進した。これは、実験農場で農業技術を試しながら、農村への普及と農産物の販路開拓を進める農業開発であった。さらに、農村に美術工芸を導入し、農村文化の向上を図るなど、社会開発としての先駆的な事例を数々遺してきた。「タゴール学園」は1921年には国際大学となり、1922年にはスリニケトンに「農村再建部」が創設されている。農村再建のため農民たちがここに来て農業や副業の知識や技術を習得して農村に帰り、それを広めるというしくみであった[21]。

「サティヤーグラハ」（真理の把持）にもとづく非暴力（アヒンサー）と不服従による、インド独立運動に生涯をかけたマハトマ・ガンジー[22]もまた、農村再建計画に取組んだ。自助理念と教育による農民の自覚と自発性を重視

第7章　インドにおけるESDの取組と展開

したマハトマ・ガンジーは、グジャラート州アーメダバード郊外に「サティヤグラハ・アシュラム」（農民道場）をつくり農民の意識改革をすすめ、「サルボダヤ」をめざす「サルボダヤ・アシュラム運動」を展開した[23]。この道場に入るには、真理をつかむために、人を愛する（非暴力・アヒンサー）、盗まない、不倫をしない、物に固執しない（不所有）、肉体労働を進んで行う、欲望を抑える、人を恐れない、あらゆる宗教の尊重、スワデジ（自給）、カースト差別の否定等11の誓いを立てるものとされた。ガンジーの精神は、自分自身の不幸を克服するには、人を攻撃するのではなく、自分が変わる（自立／スワラジ）ことから始めなければならないというもので、「外国製品ボイコット運動」（スワデジ）では、自ら「チャルカ」（糸紡ぎ機・carka）をまわすなど、この思想には常に実践が伴っていた[24]。

　マハトマ・ガンジーにとって、教育の目的は、「個々の人間が地域社会の役に立つような人間になることであって、個々の人間の立身出世ではない。彼の提唱する新しい教育を受けた若者が「村にとどまり村人の役に立ち、村人達の作ったもので生活することに満足」し、「彼の渾見の力と彼の獲得した知識を通じて周りの人々を導き、より多くの若者を育てる」ようになることを期待している」[25]。このように、ガンジーにとっての農村開発は、担い手育成による地域の持続可能性の創出であった点が特徴である。

　ガンジーにとってインドの独立は、単に政治的主権をインド人の手に取り戻すことではなく、インドが内包する諸問題、すなわち階層社会の格差、イギリス経済への依存、ヒンドゥー教徒とイスラム教徒の対立、不可触民制度などに取組まなければならないと考えていた。このような中で、教育はインドが真の独立を遂げていくために、人々の中に倫理観と自国や自文化への誇りを育て、経済的自立に寄与するべきものであるとガンジーは考えたのであった。ゆえに、ガンジーにとって教育は、「自分の生き方・価値観を作りあげる過程であり、人格形成の後、地域のために役立つ技術や知識を獲得する過程」である。まず人格形成を基礎として、自分の地域生活の中で身体と知性を発達させることをねらいとし、そのための方法として以下のような3点

に重点を置いた[26]。

1 自分の考えを表現できるようにすることに重点を置いた。
2 生活のすべての場面が学びの場であるという考え。
3 自らの生活環境から学習をスタートさせる。(自己の環境についての知識や日々の暮らしに役立つことを学ぶのであれば、貧しい家庭や忙しい子どもも参加するメリットを感じやすい。)

　タゴールやガンジーのこうした取組は、1964年以降にマドラス州で実施された「フィルカ開発計画」に影響を与えた。村民の自立・自助の精神を基本に、25から30の村落を一つのフィルカ(firkka)としてまとめ、道路建設や保健衛生の改善、パンチャヤート(農村自治機関)や協同組合の組織化、農業技術の改善、地域産業の振興などを目的とするものであった。しかしこれらも、依然として中央政府の主導型ではあった[27]。現在、タゴールやガンジーの思想を受け継ぐアシュラムやNGOはインド全土にひろがり、グジャラート州のSEWA[28]などをはじめとして、オルタナティブな開発の担い手となっている。

4　インドの環境保全への政策的取組

　タゴール R. やガンジーなど、思想的な背景によってインドにおける環境保護への取組の歴史は古く、独立後のインド憲法にも環境保全の重要性がうたわれているものの[29]、インドが現実に直面していたのは貧困問題であり、インドが一貫して取組んできたのは開発問題であった。独立当初から1970年代にかけて、中央政府ではほとんど環境問題を政策に反映させることはなかった[30]。しかし、植民地期あるいはそれ以前からインドでは森林伐採がすすみ、1970年代に森林をめぐって「チプコ運動」が起こるなど、環境問題への注目は高まっていた[31]。1970年代、農村の女性たちが森林の伐採阻止の

第7章　インドにおけるESDの取組と展開

図7-1　インド・グジャラート州の先住民族「ダンギ部族」の農村

ために、樹木に体をくくりつけて、自分たちの生存のために自発的に立ち上がった「チプコ運動」として知られる運動の特徴は、インド中央政府が人々の生存に不可欠な森林資源を破壊し、その共有財産への権利を侵害したことへの抵抗運動であり、反植民地運動に見られた伝統的な非暴力不服従のガンジー的運動のスタイルをとっているのだと指摘される[32]。また、エコフェミニズムの主唱者の一人であるヴァンダナ・シヴァは、開発とその背景にある西欧的近代科学に問題があるとし、西欧起源の近代科学対インドの文化伝統、家父長的原理対女性原理という二項対立のフレームワークでインドの開発過程における自然・生体破壊を把握した[33]。これらの「新伝統主義」と呼ばれる西欧的近代科学批判やエコフェミニズムによる特徴は、植民地化以前の自然保全的な文化や共同体による資源利用の規制が破壊されたことに、森林や自然・生態の劣化の最大の原因をもとめているところにある[34]。

　その後、「新伝統主義」に対して、(1)植民地化以前にも、土着の政権によって森林破壊は進んでいた、(2)伝統社会における資源管理が資源保全的に機能していたかどうか疑問が残る、(3)村落共同体にも支配的カーストなどによって不平等があった、(4)家畜や人口増加が環境にもたらす影響を考慮していない、(5)エコフェミニズムはエリート・バラモンの伝統であり、ヴェーダ的ヒンドゥー的な過去を理想化しすぎている、などなど、現実に森林に居住する人々の日常ではないという側面からの批判点もある[35]。

　1972年のストックホルム会議以降、国際的に地球環境問題への関心が高まる中でも、インドにとっての最重要課題は貧困削減であった。ようやく環境

151

第2部　各国における ESD の取組と展開

表 7-2　5 カ年計画にみられる環境保全の位置づけ

第 4 次 5 カ年計画 （1969〜1974）	・「環境問題を総合的に評価したときに、初めて調和のとれた発展が可能となる」と規定されたが、具体目標はない。
第 6 次 5 カ年計画 （1980〜1985）	・環境資源の管理が国の経済計画のなかに組み入れる。 ・「スラム環境改善計画」（MSP=Environmental Improvement of Slums Programmes）推進。 ・1981 年「アメニティ」（≒BHN　Basic Human Needs）部門の調査項目に家屋・生活消費財・衛生設備を導入。
第 7 次 5 カ年計画 （1985〜1990 年）	・環境資源の保護と持続可能性の問題が、他の多くの開発問題と同等に重要であると位置づけられた。 ・「住宅・都市開発・飲料水の供給および衛生」に関する改革推進
第 8 次 5 カ年計画 （1990〜1995 年）	・第 7 次 5 カ年計画に引き続き、環境資源の保護と持続可能性の問題が、他の多くの開発問題と同等に重要であると位置づけられた。 ・「1992 年環境と開発に関する国家保全戦略と政策、MOEF、GOI」と「1992 年汚染防止の政策」
第 9 次 5 カ年計画 （1997 年〜2002 年）	・環境と経済を開発計画に統合するという総合的なアプローチが採られた。 ・第 8 次 5 カ年計画時に採択された「1992 年環境と開発に関する国家保全戦略と政策、MOEF、GOI」と「1992 年染防止の政策」が実施された。
第 10 次 5 カ年計画 （2002〜2007 年）	・はじめて経済成長と環境保全の両立がその分野に入れられた。 　(a)　保健・医療や教育などの社会福祉の向上 　(b)　農業生産性の向上 　(c)　指定カーストや少数民族の社会経済的地位の改善 　(d)　経済成長と環境保全の両立
第 11 次 5 カ年計画 （2007〜2012 年）	・経済成長・社会正義・生産性・雇用確保と、それを支えるインフラセクターの拡充 ・省エネ・エネルギー効率化、新・再生可能エネルギーへの取組 ・国家気候変動行動計画（National Action Plan on Climate Change: NAPCC）における太陽エネルギー利用推進

Source：GOI 各年次報告より筆者まとめ

改善をめざした方針が、目標として 5 カ年計画の中に盛り込まれたのは1980年にはじまる第 6 次 5 カ年計画が最初であり、全インドの環境基準を決定する機関として、「森林環境省」（Ministry of Environment and Forestry）が設置されたのは1985年のことである。そして、「経済開発と環境保全の両立」が明記されたのは2002年のヨハネスブルグ・サミット以降のことである。2006年「森林環境省」は「National Environmental Policy 2006」を発表した。政府としてのこれまでのさまざまな環境に関する政策を包括的に反映し、「人間が開発の中心」であること、環境保護は人々の「ウェル・ビーイング」がその目的であることなどがうたわれている。「森林環境省」は毎年「National

第 7 章　インドにおける ESD の取組と展開

Environmental Policy」を発表しているが、開発とのかかわりでその方針が明確に示されたのは2006年版が初めてのことであった[36]。

5　インドの環境教育の現状

インドのフォーマル教育に焦点をあてると、第一次５カ年計画時に既に「教育は国家的努力の一部であり、教育を国民生活のほかの諸側面と関連づけ、その関連を強化し、実施が予定されているさまざまな教育プログラムに優先権を与える」とされている。その後も教育を重視する方針が繰り返し述べられているが、インドにおいて教育はこのような国家発展の重要な手段、人材資源開発の側面からとらえられている[37]。インド政府は、１年から８年生までを基礎教育としている。１年から５年までが小学校（６〜10歳：前期初等段階）で、６年から８年までが中学校（11〜13歳＝後期初等段階）である。９年から12年は高等学校（14〜17歳）に相当する。大学は18歳から、大学院は22歳以上である。独立後、インド憲法第45条で初等段階の無償義務教育を憲法施行後10年間（1960年までに）で実現すると定められているが、60年近くたった今でも程遠い状況で、小学校終了率でさえ、半数に満たな

写真 7-2　インドの小学生（授業風景）

図 7-3　インド政府による小学３年生の環境教育のテキスト

い。基礎教育終了率では25％しかない状態である。

　この原因としてあげられるのが、学校そのものの不足、貧弱な施設や設備、一定の質的水準を満たす教員の不足などの行政的条件整備に関する問題に加え、制服や教材などの経費を負担できない、労働に従事しなければならないなど、貧困が大きな原因となっている。具体的には、教育投資が国家予算のわずか2.7％にしかすぎないことから、学校不足や、学校のトイレや水道などの基本的な設備の不十分なことなどのハード面の不適切が挙げられる。また、地方においては、児童50人に対して教師が1人しかおらず、教室もせまく児童が集中する環境が整っていないことが指摘されている。貧困家庭では、ノートや鉛筆などを買うことができず、学校が遠方にある場合には交通費や寄宿舎の費用が支払えないこと、とりわけ農村地域では、職能性の高い教員は都市部へ流出することや、子どものニーズに合わない教育内容など、さまざまなドロップアウトの要因が挙げられる[38]。甲斐田は、インドが、教育の権利を保障した「子どもの権利条約」にも批准し、中央政府によって義務教育を保障しているにもかかわらず、貧困によって教育へのアクセスが著しく妨げられている現状を指摘している[39]。

　環境教育に焦点をあてると、タゴール R.やガンジーの思想的な影響を受けたインドでは、政策的な展開に先立ち、1960年代半ばにはすでに環境教育の取組が試みられていた。1975年には学校教育のカリキュラムに取り入れられ、1985年に初めて「森林環境省」が設立された翌1986年には正式に中央政府の教育政策として環境教育が取り入れられた[40]。現在では、インド中央政府の方針によって、小学校から高等学校まで、学校教育のカリキュラムの中に「環境教育」が組み込まれている。学校教育においては、NCERT（National Council of Education Research and Training、全国教育・訓練評議会）は、シラバスやテキスト、本、教材を作成するのに重要な役割を果たしてきた。総合大学の教育においては、大学認可委員会（UGC）が、シラバスを決定する。また、非公的な教育があり、そこでは成人教育、農村の青年教育、子どもの活動とクラブ、エコ開発キャンプなどを通して、政府とNGOが重要

第 7 章　インドにおける ESD の取組と展開

表 7-3　インドにおける環境教育

年齢区分	環境教育のねらい
初等教育 （6-10 歳）	・現実生活の環境と保護についての気づきであるをねらいとし、その目標は、環境に対して子どもたちを目覚めさせることである。
低学年の中等教育 （11-16 歳）	・実生活の環境についてより学ぶこと、環境保護、持続可能な発展である。その目的は、問題を見極める技能を高めること。
高学年の中等教育 （17-18 歳）	・環境保護、知識の獲得、問題を見極めること、そして行動技能である。
単科大学教育 （19-21 歳）	・環境保護と実生活の環境についての経験に基づいた持続可能な開発についての知識の習得。
総合大学教育 （19-24 歳）	・環境学（社会科学）、環境科学（物理・自然科学）、環境工学、教員研修プログラム、環境保護とマネージメント、環境健康、社会生態学など専門的に学べる学科が設置されている。

Source：Shaw.R. 2006 を参考に Government of India、NCERT にもとづいて筆者作成

な役割を果たしている。

　インドでは、学校における環境教育の教科書はNCERTに設置されている「Textbook Development Committee」の指導のもとで、各州毎に学年別の「環境教育」という教科書が作成されている。州の言語のものも英語の教材もあり、各学校で使用するタイプを決定している。内容構成は各州でおおむね共通しており、教科書の全体的な内容は、自然環境から幅広い生活環境、社会環境など、さまざまな項目が広く浅く網羅されており、地域の人々の生活特性が反映された内容ではない。Shaw R.も、環境教育の重要な課題として、知識と実践との間のギャップを指摘している。過去30年〜40年にわたって、環境問題についての知識の基盤に意義深い発展がなされた。しかしながらこの知識が応用される時には、なお重大なギャップが残っている[41]。

　しかし、「学校教育」では厳密な意味においては、知識と実践との間のギャップを埋めることはできない。代わりに、家族やコミュニティや自己学習を含む「学習」に重点がおかれる必要がある。主軸となるのは、「行動しながら学ぶこと」であり、その過程において、プロアクティブ（潜在的行動）の段階が、実生活のシナリオの中に取り上げられるべきである。そのような時においてこそ、環境教育はその目的と目標を達成することができるのである[42]。このような学校教育と日常生活でのギャップを埋める取組として、CSE（Centre for Science and Environment、環境科学センター）では、「Green

図7-4　CSEによる環境教育プログラムテキスト

Schools Programme」というワークブック型のマニュアルを作成し、環境教育を日常生活での行動につなげていく試みを行っている。「Green Schools Programme」では、自分たちの通う校舎や住まいを例にして、実際に水やエネルギーがどのようにどれくらい使用されているのかを測ったり、それらを節約したり、ゴミを少なくしたり、リサイクルするなど、さまざまな体験行動を促すような工夫が施されている。このような学校教育の副教材として使用できるようなワークブック型のテキストが近年数多く開発されるようになってきた。

　一方で、インドの農村地域では、水の確保が農作物と飢餓の問題に直結する地域が多いことから、「ウォーター・ハーベスティング」と呼ばれる伝統的な開発手法が常にクローズアップされている。「ウォーター・ハーベスティング」とは、もともとは「井戸」、「雨水貯水槽」のことを意味していたが[43]、伝統的な知恵と工夫を凝らした灌漑のためのあらゆる装置や、そのための活動を総称する言葉として、さらに、荒地に食物を植えたり、森の木の世話をすることも広い意味で「ウォーター・ハーベスティング」と呼ばれている。一般的に、天水に頼って作物を育てる天水農業に対し、灌漑で水を供給しておこなわれる農業を灌漑農業と呼ぶため、灌漑という言葉には人為的、人工的な印象が強いが、インドのような気候と地形の自然条件の下で、自然と共存するための知恵としての、伝統的な自然環境への働きかけであり、環境教育やESDの主要なテーマとしての位置づけられることも少なくない。

　CSE（環境科学センター）では、都市部の学校教育やインフォーマル教育に取組む一方で、農村地域の伝統的な知恵を、開発と環境の両立のための英知として伝えていくことにも注力を訴えかけている（**図7-5**）。

第 7 章　インドにおける ESD の取組と展開

インドのCEE（Centre for Environmental Education、環境教育センター）は、中央政府の縦割り行政では実践困難な部分に注力しつつ、インド全体の環境教育を牽引するリーダー的なNGOである。「国連・持続可能な開発のための10年」をインド国内でファシリテートする機関としてDESDのウェブサイト（英語）を立ち上げ、国内外のさまざまな環境教育に取組む機関や団体とのネットワークの拡充にも努めている。CSE（環境科学センター）と同様に、農村部の流域開発におけるウォーター・ハーベスティングなどをテーマとする参加型開発体験プログラムを展開するなど、伝統的な資源管理システムにも注目している。

CEEは2009年、「TOWARDS A NEW DEVELOPMENT PARADIGM」と題するDESDの中間報告書を出し、この冒頭、紀元前1200年に書かれた*Atharva Veda*の母なる大地にささげる歌[44]を引用し、マハトマ・ガンジーの思想を想起し、インドにおけるESDの取組を振り返るとともに新たな開発への道標を示している。

図 7-5　CSE 発行のインド環境報告書 No.4 「DYING WISDOM」

図 7-6　CEE 発行の ESD 中間報告書「TOWARDS A NEW DEVELOPMENT PARADIGM」

インドにおけるESD前半をふりかえり、学校外教育や社会教育など、ESDが政府によって行き届かない部分への教育的な関与や、NGOなど市民社会組織がESDにおいて果たした大きな役割を評価している。そして、新たな開

発パラダイムに向けて、ESDが消費やライフスタイルへの包括的な展開を行うことや、既存のEFA（万人のための教育）、MDGs（ミレニアム開発目標）などの既存のイニシアティブとの統合的な取組が重要であることなどが強調されている点が日本と比して特徴的である。

また、エネルギー消費の問題は、先進国のような二酸化炭素排出量の削減に向けた取組のみでなく、貧困と環境と人口のトリレンマを抱えるなかで、依然として電気や水道などのインフラを使用することができない貧困層の人々の、"権利としての開発"をどのように満たしていくのかという相反する問題と常に同時に横たわっていることを浮き彫りにしている。

2010年12月、ESD-Jは、「アジアと日本を結ぶ国際公開フォーラム・ESDに取組むアジアネットワーク構築〜2014年ESDの10年最終年に向けて国際社会、政府、NGOができること〜」を開催し、ESDネットワークの可能性についての検討に関する議論を行った。CEEのプログラム・コーディネーター、ラメッシュ・サヴァリア氏は、この基調講演で、インドにおけるESDをはじめ、村落開発、識字教育におけるESDの実践の中で、市民社会会組織が大きな役割を果たしその基盤を形成したことを大きく評価した。その一方で、ESDが小学校教育中心となっており、大規模なESDの取組においては本来対象とすべきターゲットが入っていないことを指摘している。そのターゲットとは、生産と消費やライフスタイルを変革するパワーやそのための教育の投資力を持つ、産業界、計画立案者、意思決定者、職業訓練及び高等教育、マスコミ、富裕層およびアッパーミドルクラスである。

そして日本のNGOに対する期待等について、日本とインドのNGO間における、協働学習などをベースにしたESD活動や仕組みづくりの事例の共有、文書化、また、インド国内におけるESDセンターの設立の支援などをあげた。

6　おわりに

他の国々と異なり、インドの既存の環境教育において、ESDにおいて、そ

して何より開発の歩みにおいて、特徴的な展開の一つは貧しい農村地域に見られる。そこでは、生きていくこと、食べることの問題としての水の確保が、農村開発の現実に直面する課題の中心となっており、この取組の中で、この取組について、この取組を通じて、同時に状況に応じて学んでいくという、開発も教育も環境教育もさまざまなアプローチも同時に統合せざるを得ない状況を抱えているのがインドである。

　CEEのサヴァリア氏が、Choice Education vs Survival Educationの問題であり、Survival Educationを余儀なくされる人々にどのようなESDモデルを展開していけるのかが、これからのDESD中間年を迎え、今後のESD展開のうえでのおける大きな課題であると指摘するように、自然資源をふんだんに享受してきた富裕層の責任と、搾取されてきた貧困層の開発の権利、それらをめぐる不平等や偏見をも注意深く配慮していく必要があるだろう。

　かつてタゴールやガンジーが、農民たちが自分自身の内に尊厳を見出し、自分の村を愛し、自分たちとの関係性の再構築を通じて、農村開発と農民教育を同時に行ってきたプロセス、そこでの取組こそが、それをESDであると意識するかしないかに関わらず、インドにおけるESDそのものと言えるのである。開発と環境、富裕層と貧困層、権利と責任の利害が対立する中で、これら先人たちの歴史的な遺産が、インドのNEW DEVELOPMENT PARADIGMを統合的で包括的で横断的な取組へと導くことが期待される。

注
（1）安田利枝「南アジアの地方分権化と参加型開発―流水管理におけるインドのNGO、MYRADAの経験から―」(『嘉悦大学研究論集』Vol.44、No.1、2001年) 63～79ページ。
（2）Narayanほか著Deepa Narayan, 2000, Voices of the Poor, Vol. 1. World Bank. PPA (Participatory Poverty Assessment、参加型貧困アセスメント) という用語は、"Applying Beneficiary Assessment Techniques to Poverty Policy Issue (参加型貧困アセスメント：受益者アセスメント手法の貧困政策課題への適用)" と題した短い論文の中で、1992年12月に世界銀行のローレンス・サルメンによって作り出されたものである。この論文は、"Participatory

Poverty Assessment : Incorporating Poor People's Perspectives into Poverty Assessment Work（参加型貧困アセスメント：貧しい人々の視点の貧困アセスメントへの適用）"（1993.4.13）として議論を深めた後に、1995年に出版された（Salmen　1995）。世界銀行における初期のPPAは、社会科学者による小さなグループによって計画され、実施されてきた調査手法。
（3）2010年国連人口統計。
（4）Agricultural Statistics At a Glance, 2003.
（5）長崎暢子「南アジア研究の課題と方法」（長崎暢子編『現代南アジア(1)地域研究への招待』東京大学出版会、2002年）3〜24ページ。
（6）北田裕道「インド農業における水事情と課題について」(財）日本水土総合研究所編『ARDEC』第38号、2008年）30〜34ページ。
（7）真実一美『開発と環境　インド先住民族、もう一つの選択肢を求めて』（世界思想社、2001年）。
（8）毎日新聞21世紀危機警告委員会編『環境の世紀へ』（毎日新聞社、1997年）10〜16ページ。
（9）満田久義『環境社会学への招待：グローバルな展開』（朝日新聞社、2005年）。
（10）SC（Scheduled Castes）「指定カースト」とは、アウト・カーストの行政用語。ガンジーは「ハリジャン（神の子)」と呼んだ。解放運動に関与している人々はみずから「ダリット」と呼ぶことが多い。一方、先住民族の行政用語はSC（Scheduled Tribe）「指定部族」（指定トライブ）。（斉藤千宏『NGO大国インド　悠久の国の市民ネットワーク事情』明石書店、1997年）272ページ。
（11）Dabhi, Jimmy, 2006, The Age of Development, Indian Social Institute, India, New Delhi.
（12）Dabhi, Jimmy, 2006, *Ibid*.
（13）UNDP, 2007/08, Fighting climate change: Human solidarity in a divided world.
（14）UNDP, 2007/08 *Ibid*. UNDPのHDRは毎年発行されていたが、2007年度および2008年度版は合併されている。UNDPの編集者によると、テーマとして扱った気候変動がグローバルな課題として単年度で扱うべきではないという点と、コストの両面から発行以来、初めて合併号となった。
（15）恩田守雄『開発社会学：理論と実践』（ミネルヴァ書房、2001年）4ページ。
（16）我妻和男『タゴール　詩・思想・生涯』（麗澤大学出版会、2006年）75〜82ページ。
（17）我妻和男『同書』（2006年）262〜263ページ。
（18）我妻和男『同書』（2006年）238ページ。
（19）我妻和男『同書』（2006年）75〜82ページ。ラビンドラナート・タゴール（Rabindranath Tagore：1861〜1941）コルカタ出身。思想家・教育者・農村

改革者・文学者・音楽家・画家としてどの分野においてもすぐれた才能を発揮し、1913年にアジアで初めてのノーベル文学賞を受賞した。1901年タゴール学園を創設し、1921年にはタゴール国際大学が設立された。
(20) 我妻和男『同書』(2006年) 236～238ページ。(1)春の祭り bosanta utsab 自然の生命あふれる春の訪れを喜び祝い踊る。(2)植樹祭 brksarapan 荒涼とした土地に緑を育ててきた精神に従い、植樹を行い緑を大切にする。(3)雨期吉祥祭 borsa mangal utsab 夏の酷暑に生命を失っていた動植物が、雨期の到来によって生き返るこの自然を祝う祭り。(4)鋤入れ式祭 halakarsan 農民重視の象徴(5)秋の祭典 saradotsan 訪れた秋にささげられる詩歌や芸術の祭り。
(21) 我妻和男『同書』(2006年) 148～159ページ、195～197ページ。自然の中で、自然を教師とし友として、知性の発達とともに豊かな感性を育てる全人教育を施そうとした。「教育には、内発と愛情と歓びが肝要であるという考え」は学園創設以来生涯変わることがなった。
(22) マハトマ・ガンジー (Mahatoma Gandhi:1869～1948)「マハトマ」は"偉大な"という形容詞で広く人々に尊敬される人に与えられる称号。タゴールがこの称号をガンジーに贈ったといわれている。本名モハンダース・カラムチャンド・ガンジー。
(23) Sarvodayaとは、「すべての人の福祉・福利」を意味することば。
(24) 西川潤編『アジアの内発的発展』(藤原書店、2001年) 316～318ページ (傍点は筆者)。
(25) 米岡雅子「内発的発展と教育」(西川潤編『アジアの内発的発展』藤原書店、2001年) 105～120ページ。
(26) 米岡雅子「同書」99～101ページ。ガンジーは人間の三要素を人肉体・知性・精神と捉えていた。
(27)「フィルカ開発計画」(The Firkka Development Scheme)。
(28) ガンジー主義を受け継いだ組織として、1972年、インド・グジャラート州・アーメダバードにSEWA：Self-Employed Women's Association（自営女性労働者協会）が設立された。母体は1917年にガンジーによって創立された繊維労働者組合（TLA：Itxtile Labour Association）で、真実と非暴力によって社会変革を推進するというガンジー主義を標榜している。創立者は、TLAで働いていたイラ・バット（Ela Bhatt）。SEWAは、低カーストで社会から差別され、教育を受ける機会を持たず、非識字者であり、生存のための長時間労働を強いられ、法廷賃金よりもかなり低い賃金を受けざるを得ない弱い立場にある女性たちのエンパワーメントを目的とする。
(29) 1950年に制定されたインド憲法では、環境保護について次のように言及している。インド憲法48条Aでは、「国は、環境の保護、改善、森林と野生動物の保護に努めなければならない」と規定。Part 5 Fundamental Duties第51条A(g)

第 2 部　各国における ESD の取組と展開

では、国民に対し森林、湖沼、河川、野生動物を含め環境資源の保護と改善を義務づけている。第49条と第51条A（f）の基本原則では、文化遺産も環境全体の一部として保護することの重要性を認識している。
(30) 長崎暢子「南アジア研究の課題と方法」（長崎暢子編『現代南アジア(1)地域研究への招待』東京大学出版会、2002年）3～24ページ。
(31) 柳澤悠「インド環境研究の動向　植民地前の資源管理、森林・灌漑・農業の変動」（『公共研究』Vol.2、No.1、千葉大学、2005年）318～326ページ。エリオット, J., (2003) によれば、「チプコ」は「チプカーナー」、すなわち「抱きつく、張り付く、くっつける」という動詞の命令形である。
(32) 満田久義『環境社会学への招待：グローバルな展開』（朝日新聞社、2005年）54ページ。
(33) 柳澤悠「前掲書」（2005年）。Vandana Shiva　ヴァンダナ・シヴァ　1952年インド生まれ。科学哲学博士号。草の根レベルの環境運動を支援する研究者のネットワーク、科学技術エコロジー財団（Reseach Foundation for Science, Technology and Natural Resource Policy）設立。森林・林業、農業、水資源開発、生物多様性の保全など、天然資源の利用にかかわる問題に取組んでいる。
(34) 柳澤悠「第3章　村落共同利用地の減少と村落社会構造の変容」（柳澤悠編『現代南アジア4　開発と環境』東京大学出版会、2002年）。
(35) 柳澤悠「前掲書」（2005年）。
(36) Government of India, 2006
(37) 窪田新一「アジア諸国の社会・教育・生活と文化」（天野正治ほか監修『国際理解教育と教育実践』第1巻、エムティ出版、1994年）226～234ページ。
(38) 甲斐田万智子「権利と行動の主体としての子ども―インドの子どもたちとNGOの取り組み」（江原裕美編『内発的発展と教育―人間主体の社会変革とNGOの地平』新評論、2003年）。
(39) 甲斐田万智子「権利と行動の主体としての子ども―インドの子どもたちとNGOの取り組み」『同書』（2003年）308～315ページ。甲斐田は、インドが、教育の権利を保障した「子どもの権利条約」にも批准し、中央政府によって義務教育を保障しているにもかかわらず、貧困によって教育へのアクセスが著しく妨げられている現状を指摘している。「不適切な教育が子どもを学校から引き離すという悪循環が生まれ、それが世代から世代へと受け継がれていく。このおそまつな公教育の状況が、児童労働が無くならない大きな原因として挙げられる。」
(40) Kartikeya V. Sarabhai, Meena Raghunathan, Kalyani Kandula, 2001, *Status Report: India, Environmental Education in the Asia-Pacific Region*, IGES, pp.127-144.
(41) Shaw Rajib「インドにおける環境教育教材―プロアクティヴ・アクションに

第7章　インドにおけるESDの取組と展開

よる環境教育を中心に」（谷口文章編集『国際シンポジウム「環境倫理にもとづいた環境教育の国際ガイドラインの構築に向けて』（アジア太平洋地球変動研究ネットワーク（APN）、兵庫県、甲南大学環境総合研究所共催により、2006年1月28日〜30日に開催された国際シンポジウムの記録）甲南大学環境総合研究所発行、2006年）39〜40ページ。

(42) Shaw. R. 2006 *Opcit.*
(43) Agarwal, Anil, Narain, Sunita, ed., 1997, State of India's Environment A Citizens' Report 4, Dying Wisdom, CSE:Centre for Science and Development, New Delhi, India, p.145
(44) *O Mother Earth! You are the world for us and we are your children; let us speak in one accord; let us come together so that we live in peace and harmony* (*Atharva Veda*)

第8章　ニュージーランドにおけるESDの取組と展開

1　はじめに

　本章は、「ニュージーランドにおける持続可能な未来にむけた環境教育」と題して、ニュージーランドにおける環境問題の特性と所在、持続可能な社会の構築にむけた取組、学校教育における環境教育と持続可能性のための教育（Education for Sustainability, EfS）の取組、について考察を深めるものである。ニュージーランドの学校教育は、1984年ロンギ労働党政権（ロジャーノミクス）、つづく1989年パルマー労働党政権による教育行財政制度の抜本的な改革がなされた。1990年ボルジャー国民党政権においては、直面する厳しい経済状況を踏まえ、福祉国家型政策から経済的競争力の強化を重視する政策への転換を図り、教育システム全般にわたる改革に着手している。事実、⑴経済競争力の強化を目指す教育システムの改革（例：義務教育年限の延長など）、⑵学校理事会の充実と学校校長への権限移譲の推進、⑶教育課程の弾力化、⑷高等教育改革、⑸マオリ文化の尊重とマオリに対する教育機会の保障、などの分野に重きをおいて具体的な施策を展開してきている。一方、1990年代後半からは、環境と持続可能性に関する議論が活発になり1995年の「環境戦略2010」の発表以来、教育分野における貢献（1998年国家環境教育戦略の策定、1999年「環境教育ガイドライン」の発表、など）についての議論と施策が講じられてきている。1998年国家環境教育戦略、1999年環境教育ガイドラインでは、持続可能性に関する概念の提示のみならず、⑴マオリ文化の尊重（自然と文化のリンク、関係論的世界観）、⑵参加型・体験型学習、⑶主体者意識の醸成、⑷多様な価値観の尊重と合意形成、⑸個人的・

集団的行動に基づく地域改善、(6)未来志向型の教育（ビジョンと未来の共有、行動、参加、対話、意思決定）、などの質的側面が重視された環境教育プログラムの重要性が指摘されている。2002～03年には、このような政治的、社会的、経済的、文化的、環境的な持続可能性も踏まえたうえで、「持続可能性のための教育（Education for Sustainability, EfS）」という概念が構築されてきている。

2　ニュージーランドにおける「持続可能性」に関する議論

(1) 近年に見られる「持続可能性」に関する議論

近年の当該国においては、環境的側面（農業の近代化、生物多様性減少、観光客増加による環境負荷の増大、都市化やライフスタイルの変化など）、経済的側面（財政破綻による経済的競争力の強化にむけた取組など）、社会文化的側面（マオリ復権運動や移民政策）においては著しい変化が見られる。1997年に国会環境委員会 (Parliamentary Commissioner for the Environment, PCE) によって「持続可能な開発」に関する議論と戦略策定の重要性が指摘されて以来、多様な分野・領域における関係者を巻き込んだ政策議論が続けられてきている。2002年には「未来の創造（Creating our Future)」というタイトルの政策文書シリーズ[1]が国会環境委員会（PCE）によって発表され、「持続可能な開発」に関する議論をまとめている。さらに、2009年には、持続可能なニュージーランド委員会（Sustainable Aotearoa New Zealand, SANZ）は、ニュージーランドユネスコ国内委員会との連携のもとで、「ニュージーランドにおける強い持続可能性（Strong Sustainability for New Zealand）」[2]を発表し、人類の存続において、社会的、経済的、技術的な発展の基礎としての生態学的な側面を重視した戦略を提示している。

第8章　ニュージーランドにおけるESDの取組と展開

（2）「持続可能性」に関する共通の基盤—「生態学的保全」と「関係の全体性」

これらの「持続可能な開発」に関する政策文書において共通して言えることは、持続可能な開発を、環境的側面、社会的側面、経済的側面のバランスに配慮するようなモデル（Triple Bottom Line Model）としての位置づけではなく、生物圏（Biosphere）、社会圏（Sociosphere）、経済圏（Econosphere）が順に内包されていくようなモデル（Strong Sustainability Model）が適切であると述べている点にある（**図8-1**）。さらに、経済の安定化においては、生態系の上に循環される生産と消費の構造（Steady State Economy Diagram）を提示し（**図8-2**）、企業による生産構造を重視した従来の経済モデルに対する代替的な概念を提示している点にその特徴があると言えよう。

持続可能なニュージーランド委員会（SANZ）の発表した「ニュージーランドにおける強い持続可能性（Strong Sustainability for New Zealand）」では、「強い持続可能性（Strong Sustainability）」の概念と、達成にむけた主要条件を**表8-1**のように定義をし、生態学的な基盤に基づいた社会的・経済的発展の重要性を指摘している。また、これらの政策の転換の背景には、パラダイムの転換の重要性があるとし、「生態学的保全」と「関係の全体性」に配

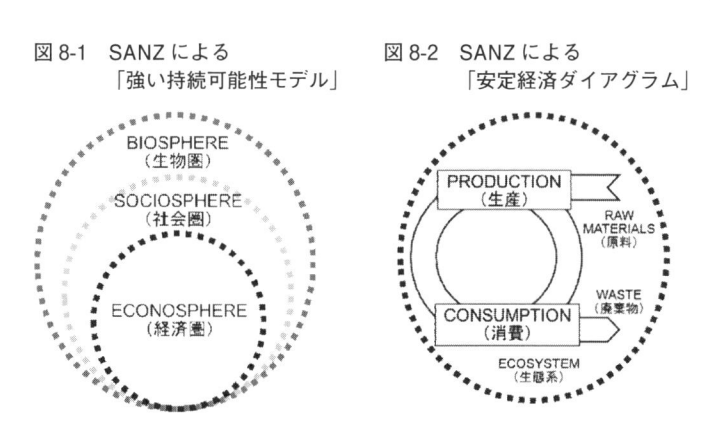

図8-1　SANZによる「強い持続可能性モデル」

図8-2　SANZによる「安定経済ダイアグラム」

出典：図8-1、8-2ともにSANZ（2009）Strong Sustainability for New Zealandに基づき筆者作成

表8-1 「強い持続可能性（Strong Sustainability)」に関する概念と達成にむけた主要な条件（要約）

■強い持続可能性（Strong Sustainability）に関する概念
・「強い持続可能性」は、社会的、経済的、技術的なあらゆる側面における人類の発展において、前提条件と基盤をなすものである。
・「強い持続可能性」は、生物圏のすべての生態系を統合的に保存することである。
・生態学的保全（Ecological Integrity）は、その安定状態・多様性・復元における攪乱と再構築からの回復を可能にする一生態系の能力を意味する。
・強い持続可能な人間社会は、生態学的保全を有する生態系の一部として生存と発展をする。
・「倫理」、「価値」、「世界観」は「強い持続可能性」に直接的に影響をもたらす。なぜならば、人々は、生物圏の生態系に自らが統合されていることを知り、それらの生態系の保全を望むからである。

■達成のための主要な条件（社会的倫理と価値観）
・我々は、幸福の"非物質的な価値"においてその重要性をおく。
・我々は、地域社会において認識されている経済的成長と成功の間に見られるつながりを取り除く。
・国内外のすべての人々の深い相互依存性を確信する。この相互依存性に関する倫理観は、相互の尊重、公平さ、協力、感謝、思いやり、寛容さ、謙虚さ、勇敢さ、助け合い、慈善、自信、信頼、親切さ、誠実さ、忠実さ、資源の尊重ある利用、などの地域社会の価値観を支えるものである。
・我々は、環境的負荷の削減と人々の協力の増進とが関連づけられた地域社会の価値観の重要性を確信する。
・我々は、人間社会と政治経済が、生物圏と自然の統合的・相互依存的な要素であることを知ることにより、自然の本質を価値づける。
・我々は、自然に対する畏敬の念を有しており、また、生物圏におけるすべての生態系の保全に関する影響に責任があることを知っている。

Source：SANZ（2009）Strong Sustainability for New Zealand に基づき筆者作成

図8-3 ニュージーランドの「強い持続可能性」の構築にむけたパラダイム転換概念図

関係性	←関係性の欠如				関係の全体性→→	
人類インパクト	←破壊大→	←破壊中→	←破壊小→	分岐点（THRESHOLD）	←回復的→	←代替的→
パラダイム		←現代社会→			←新→	
段階	【持続不可能性】	【脆弱な持続可能性】			【強い持続可能性】	
特徴	・最優先課題としての経済成長 ・一方向性（成長・計画・思考）	・影響の削減（reduce、reuse、recycle） ・環境・経済・社会のバランス（triple bottom line）、環境負荷ベース（footprint base）、緩和（mitigate）、適応（adapt）、対応（react）、修正（modify）、責任（responsibility）			・生態系中心（eco-system-centric） ・関係性（connect） ・再構築（re-design） ・フィードバック（circular feedback） ・鼓舞（inspire） ・賞賛（celebrate）	

Source：SANZ（2009）Strong Sustainability for New Zealand に基づき筆者作成

慮をした、**図8-3**ようなパラダイムの転換図を提示している。これらの政策におけるパラダイムの転換は、1991年の資源管理法（Resource Management Act, RMA）[3]の制定や、1980年代後半に見られる観光振興（文

化・自然・経済・社会的側面の両立）にむけた関連施策に、その特徴を見ることができる。当該国で見られる地理的特性・生物多様性は、現在の貴重な経済資源として認識されており、これらの資源（景観資源や生物資源）の保護・保全の取組は、国家施策において重要な位置を占めている。今日では、自然環境保全を目的としたエコツーリズムから、より社会文化的、経済的側面の持続可能性にも配慮し、多文化共生との関連づけがなされたサステイナブル・ツーリズム[4]へとその取組の移行が見られる。

3 学校教育における環境教育とESD—国内実施戦略と関連施策

（1）国家環境教育戦略（1998）の策定

グローバル化と当該国における環境負荷の増大に伴い、ニュージーランド政府環境省（Ministry for the Environment、当時）は、1995年に「環境戦略2010（Environment 2010 Strategy）」[5]を発表した。1998年には、環境戦略文書（1995）に基づき、国家環境教育戦略（A National Strategy for Environmental Education）[6]が初めて公表された。本環境教育戦略は、1980年の世界保全戦略（IUCNとWWFによる）、1992年の地球サミット（UNCED）におけるアジェンダ21における指摘、1997年のUNESCO会合におけるテサロニキ宣言等を踏まえたものとなっており、学校教育のみならず、地域の様々な主体との連携による地域社会における環境教育活動の重要性が強調されている。また、本環境教育戦略文書は、(1)実践者の経験の共有、(2)現在の活動と理想的活動の間にあるギャップの明確化、(3)資源教材の保存、(4)関連活動の効果に関する改善、(5)優先事項の明確化、(6)活動のための関連資源の提供、を促す機会として位置づけられており、政府による方針や政策を述べるだけでなく、より実践を重視したものとなっている。本環境教育戦略では、政府における環境教育の推進にむけた6つの戦略的優先事項：(1)環境教育活動の統合・調整を奨励する、(2)環境教育の知見の移転と政策の実施において環境教育の効果を評価・改善する、(3)環境教育の実施・展開におけ

るマオリの能力の維持・向上、(4)学校の教育課程において環境教育の目的を内在化させる、(5)職業教育と訓練において環境教育を推進する、(6)環境に配慮した意思決定ができるように関連する情報と理解を個人・地域社会に提供する、を提示し、その具体的な展開に向けた施策と各省の役割分担を提示している。さらに、特筆すべき点として、マオリの伝統的知恵（*matauranga Maori*）が、地域の資源管理と意思決定、環境教育における価値と実践に貢献しうるものとして認識されており、当該国における環境教育の実施においてマオリ文化の尊重とマオリの環境教育活動への巻き込みの重要性が指摘されている。

（2）学校における環境教育ガイドライン（1999）の発表

1999年には、教育省によって環境教育活動のより具体的な展開にむけた「ニュージーランドの学校における環境教育ガイドライン（Guidelines for Environmental Education in New Zealand Schools）」[7]が発表された。このガイドラインは、学校教育のカリキュラムに追加することを強調するものではなく、現存するナショナル・カリキュラムにおいて機会を明確化し、「環境についての教育（Education about the Environment）」、「環境の中での教育（Education within Environment）」、「環境のための教育（Education for the Environment）」を計画・実施することを支援することを目的としており、学校における教育課程（カリキュラム）に織り込み、学校理事会（Board of Trustees）において決定した各学校の教育活動において継続されるものであることを強調している。本ガイドラインでは、「教育は人々に、持続可能な開発に必要とされている環境的・倫理的な認識、価値、態度、技能、行動を提供することが可能である」とし、この実施のためには、物理的・生物学的環境のみならず、社会経済的環境や人間開発をもその教育の範疇において取り扱うべきであると指摘している。環境教育の主要概念として、(1)相互依存性（interdependence）、(2)持続可能性（sustainability）、(3)生物多様性（biodiversity）、(4)行動における個人的・社会的責任（personal and social

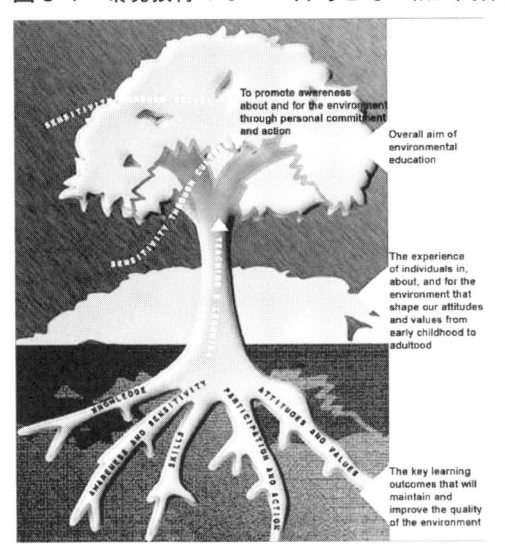

第8章　ニュージーランドにおけるESDの取組と展開

図8-4　環境教育の5つの目的とその相互関係性

responsibility for action）、を提示 [8] するとともに、環境教育の目的として、5つの目的：(1)気づきと感受性（awareness and sensitivity）、(2)知識・理解（knowledge and understanding）とインパクト（impact）、(3)態度と価値（attitudes and values）、(4)技能（skills）、(5)参加と行動に基づく責任感（a sense of responsibility through participation and action）、を挙げ（**図**8-4の根の部分）、教授と学習活動における相互関係性の重要性を**図**8-4のように提示している。

　さらに、本環境教育ガイドラインでは、環境教育の3領域：(1)「環境の中での教育（Education in the Environment）」[9]、(2)「環境についての教育（Education about the Environment）」[10]、(3)「環境のための教育（Education for the Environment）」[11]、を提示し、その3領域に相互依存関係があることを強調している。そして、当該国の学校における環境教育の展開において、ナショナル・カリキュラムの学習領域 [12]・技能 [13] の獲得において、環境教育がそれらの学習を深化させる機会になりえると述べている。

171

(3)「持続可能性のための教育(EfS)」の概念提示(2004)

2004年には、国会環境委員会(PCE)から「持続可能性のための教育(Education for Sustainability, EfS)」に関する政府文書「See Change」が発行され、環境的側面を基盤とし、社会文化的側面、経済的側面の発展の同時達成に配慮をした教育施策を提示された。本文書においては、「持続可能性のための教育」に議論において、環境教育の貢献は高いと指摘しつつも、「環境主義(Environmentalism)」から「持続可能な開発(Sustainable Development)」へと概念が移行していくなかで(図8-5)、直面する課題解決の発想から、より現実的な成果(positive outcomes)の創出にむけて、能動的(proactive)で、未来志向性の強い(forward-looking)特徴を有したものであると述べている。また、環境教育よりもより、人間に焦点をおいた取組として認識されており、人権や社会的公正、参加と対話、意思決定に配慮される必要性が指摘されている。さらに、環境教育は、「持続可能性のための教育(EfS)」の実施において、環境的知識と価値観の醸成において不可欠な部分を有しているものの、より社会・経済・文化的側面における幅広い関心との関連づけが必要であると述べている。そして、「持続可能性のための教育(EfS)」の主要な原則として、(1)価値ベース(a strong values base)、(2)批判的思考と反省的学習(critical thinking and reflective learning)、(3)未来志向(future-focused)、(4)参加(participation)、を提示し、課題解決の思考からより、未来の構築にむけた参加・対話と行動の焦点が置かれている。

図8-5 ニュージーランドにおける環境教育概念の歴史的進展 [14]

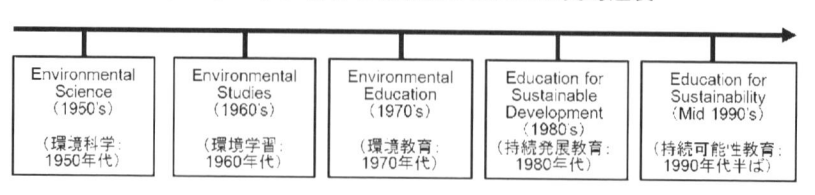

Environmental Science (1950's)	Environmental Studies (1960's)	Environmental Education (1970's)	Education for Sustainable Development (1980s)	Education for Sustainability (Mid 1990's)
(環境科学: 1950年代)	(環境学習: 1960年代)	(環境教育: 1970年代)	(持続発展教育: 1980年代)	(持続可能'性教育: 1990年代半ば)

(4)「国連持続可能な開発のための教育の10年(DESD)」への貢献(2009)

　当該国は、2005年３月に「国連持続可能な開発のための教育の10年(DESD)」への国内プログラムの開始を始めている。しかしながら、具体的施策に関しては、「国連持続可能な開発のための教育の10年(DESD)」の開始以前から議論がなされており、資源管理法の策定(1991)、国家環境戦略(1995)、国会環境委員会(PCE)による「持続可能な開発」に関する議論の開始(1997)、国家環境教育戦略の策定(1998)、学校における環境教育ガイドライン(1999)、国会環境委員会(PCE)による政策文書シリーズ(未来の創造、Creating our Future)の発表(2002)、持続可能性のための教育(EfS)の概念提示と教育関連施策の提示(2004)といった一連の流れのなかで、ESDの取組として関連づけがなされてきている。とりわけ、「国連持続可能な開発のための教育の10年(DESD)」の中間年である2009年には、持続可能なニュージーランド委員会(SANZ)が、ニュージーランドユネスコ国内委員会との連携のもとで、「ニュージーランドにおける強い持続可能性(Strong Sustainability for New Zealand)」(前述)を発表し、生態系の基盤の上での、社会文化的側面、経済的側面の持続可能性について明記している点で、環境教育と持続可能性のための教育(EfS)の方向性がより明確になったといえよう。生態系を基礎とし、社会文化的・経済的側面に配慮した取組は、当該国の長年にわたる環境教育の実践にその知見が構築されており、今後の当該国における持続可能性のための教育(EfS)に、一貫して環境教育の側面が色濃く反映されることとなるだろう。

4　学校における「環境教育(EE)」と「持続可能性のための教育(EfS)」

(1)学校における環境教育—その取組と展開

　当該国の学校教育における環境教育の取組については、2008年世界自然保

第2部　各国における ESD の取組と展開

表8-2　環境教育/持続可能性のための教育の現況レビュー（抜粋・概要）

- **学校教職員の専門家育成**：［現況］－教職員の専門家育成については、地域協議会（regional councils）、NGOs、学校支援 EfS アドバイザーによってなされている。取組は主として、資源教材、会合での講演、ワークショップの開催、学校におけるファシリテーションやアドバイスの実施などがある。2006年の環境教育/EfS における専門家育成のトピックの半数以上が、廃棄物や水などの領域に関するものであった。
- **教師前教育**：［現況］－環境教育/EfS の教師前教育の機会の脆弱性
- **EE/EfS のカリキュラムの現状**：［現況］－2007年の新カリキュラムでは、持続可能性に関して重要性が向上されることが予想される。環境や持続可能性に関する重要性の増加に伴い、地域社会のニーズや関心に合わせたカリキュラムの自主編成能力の向上が期待されている。その一方では、環境教育/EfS が、教科としてないため、学校や教師自身の関心によっている点がある。
- **EE/EfS に向けた学校全体アプローチ**：［現況］－環境学校（EnviroSchool）への参加校の増加にともない、学校全体アプローチ（Whole School Approach）としての取組が見られる。環境学校の報奨制度は環境教育/EfS も対する学校全体のアプローチの改善に寄与している。
- **教育レビュー局（ERO）の報告**：［現況］－教育レビュー局は2006年の報告をうけて、環境教育/EfS の報告が非常に低いことを指摘している。
- **学校・地域社会の相互作用**：［現況］－2006年の調査においては、多くの学校・地域の相互作用が見られていることが明らかになった。学校との主要な相互作用の主体には、保護者、地域協議会、NGO、EfS 学校アドバイザーなどがある。これらの主体は、学校と直接連携をもつ場合のみならず、学校から離れて連携をもつ組織もある。本調査結果から、学校・地域の相互作用においては、地域グループによる学校への専門的知識の提供と、地域社会に巻き込まれることによる学校の便益の両方がある。
- **ニュージーランドにおける EE/EfS の研究と評価**：［現況］－当該国の学校における環境教育/EfS の学習・教授に関する研究の増加が見られる。近年の研究能力を有した実践者は、学校教育における環境教育・EfS の研究・評価活動を増加させる潜在性を有している。重要な研究成果や評価活動は、広く関係者に共有されるべきものであり、その取組から学ぶ必要がある。現在では、まだ、マオリ概念と関連づけた環境教育/EfS の研究はほとんどなされていない。
- **「国連持続可能な開発のための教育の10年（DESD）」への提言活動**：［現況］－DESD には価値ある目標と目的を有している。学校では、この目標・目的にむけて、実質的な行動を行う必要がある。DESD における国際的支援は、当該国の環境教育/EfS を育む機会となる。

注：Bolstad, R., Eames, C. & Robertson, M., 2008a, 2008b を基に筆者要約

護基金（WWF）によって、「ニュージーランドにおける環境教育の動向（The State of Environmental Education in New Zealand）」[15][16]が報告されている。とりわけ、本報告文書では、各点についての現況レビューと、今後の提案について指摘している（表8-2、表8-3）。

（2）学校における持続可能性のための教育—その取組と展開

学校が「持続可能性のための教育（EfS）」に関わる理由として、教育省は初等教育と中等教育において個々にその理由を指摘している。初等教育段

表 8-3　環境教育/持続可能性のための教育の提案事項（抜粋・概要）

- **学校教職員の専門家育成**：[提案] －自治体（特に地域協議会）と NGO は、環境教育/EfS の専門家育成の重要な資源であることを認識すべきである。これらの組織（地域協議会や NGO）は、学校教職員のニーズに基づいて、環境教育/EfS の教授内容と教授方法の伝達にむけてバランスを考慮する必要がある。
- **教師前教育**：[提案] －教師前教育における環境教育/EfS の重要性の認識と学習機会の提供。国際的研究や実践事例、関連資料の共有。
- **EE/EfS のカリキュラムの現状**：[提案] －学校のリーダーシップや運営などの意思決定において、環境教育/EfS における専門家育成の強化を図る。カリキュラムにおける主テーマとしての「持続可能性」の取り扱い。環境教育ガイドラインの改訂にともなう学校カリキュラムとの関連づけ、環境教育/EfS の実施が価値と資質能力の向上にどう対応うるかについての研究の実施。
- **EE/EfS に向けた学校全体アプローチ**：[提案] －環境学校のような学校全体アプローチに対する取組を支援する。短期的・長期的な学校全体アプローチに関する研究の推進。学校全体アプローチの推進にむけた阻害要因の研究。
- **教育レビュー局（ERO）の報告**：[提案] －教育省は、国家の関心事項として環境教育/EfS を取扱い、教育レビュー局の報告において、環境教育/EfS の活動をより見えやすくするように改善する。
- **学校・地域社会の相互作用**：[提案] －環境教育/EfS において、保護者と環境地域グループは学校と相互連携をすべき。学校と教師は、環境教育/EfS の展開において、地域の環境課題に関わり専門的知見を得るために、地域社会と相互連携をすべき。学校と地域組織が、新しい情報にアクセスできる資源を共有すべき。学校・地域社会の双方が便益を受ける研究を実施すべき。学校・地域社会の相互連携から環境に対していい影響をもたらす研究をすべき。
- **ニュージーランドにおける EE/EfS の研究と評価**：[提案] －当該国の多くの環境教育/EfS の実践者が、学位研究課程や、研究者との連携による研究や評価に関わることを推進すべき。環境教育/EfS に関する研究・評価の成果発信の機会を増やすべき。環境教育/EfS に関する研究・評価の成果発信にむけたデータベースの構築をすべき。
- **「国連持続可能な開発のための教育の10年（DESD）」への提言活動**：[提案] －持続可能なニュージーランド委員会や、ニュージーランドユネスコ国内委員会を巻き込んだ新しいパートナーシップが支援されるべきであり、戦略的計画の策定と実施にむけて早急に対応すべきである。環境教育/EfS で実施される取組はすべてのレベルの提言活動によって支援・強調されるべきである。環境教育/EfS においてなされた達成と努力は DESD の文脈において認識されるべきである。

注：Bolstad, R., Eames, C. & Robertson, M., 2008a, 2008b を基に筆者要約

階[17] では、(1)土地と環境とがリンクされた学習者を育てることができること、(2)学習領域と主要な資質能力、価値観に意義ある関係性を見出すことができること、(3)かかわる学習者と学校が、当該国における社会、文化、経済、環境的側面において貢献をもたらすことができること、(4)生徒に対して地域社会における真の学習に関わる機会を提供し、行動を可能にすること、(5)持続可能な未来にむけた創造的思考と批判的思考を育む本格的な学習を活用していること、と述べている。一方、中等教育段階[18] では、(1)協同作業による計画の策定や適切な行動を可能にすること、(2)教師と生徒の学習に関係性を見出すことができること、(3)達成された基準は中等教育資格試験（NCEA）のクレジット獲得に貢献もたらすこと、(4)持続可能性におけるキャリア構築

第 2 部　各国における ESD の取組と展開

表8-4　サステイナブル・スクールの創出にむけた4つの領域（概要）

- **人々**（People）－多様性ある地域社会における人々との協同作業を通して、個々人が自信を持ち、関係性を有し、積極的に巻き込み、生涯を通じた学習者になること。
- **プログラム**（Programmes）－人々と環境の相互作用について学習し、より持続可能な未来の構築にむけて態度と行動を育むプログラム。生徒の行動を通して、学校と地域社会をどのように持続的にしているかを発見的にしていくこと。
- **実践**（Practices）－持続可能な実践は、学生と教職員が未来にむけて地域社会を活性化させることにより、学校文化の一部になること。
- **場**（Place）－学生と地域社会が地球の負荷削減と将来世代にむけた取組を自発的・共同的に行う場所を創造すること。

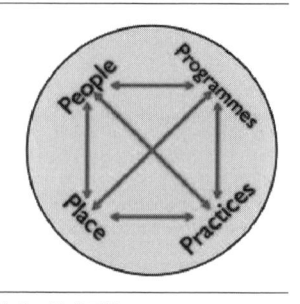

Source: Ministry of Education, 2010, EfS in primary schools を基に筆者要約

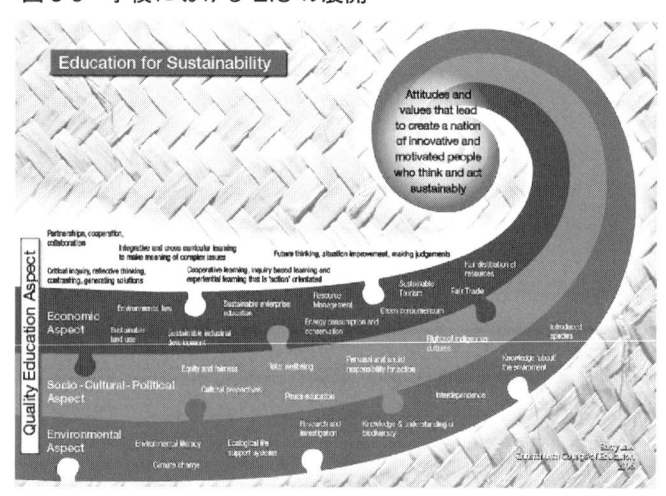

図8-6　学校における EfS の展開 [19]

にむけて、革新的な学習者に環境技術とリンクした学習方法を提供していること、(5)持続可能な未来にむけた創造的思考と批判的思考を育む本格的な状況を活用していること、と述べている。さらに、EfSの実施校（サステイナブル・スクール）では、人々、プログラム、実践、場、の4つが重要であると述べ（**表8-4**）、その有機的な連携が創造的な学校の創出に資すると指摘している。

さらに、学校におけるEfSの展開において、**図8-6**のような概略図を提示

第8章 ニュージーランドにおける ESD の取組と展開

表8-5　NZ サステイナブル・スクール～EfS の側面に見られる相互関係性

・Context or topic （文脈・トピック）	・Concept of EfS as an understanding for students to develop ［EfS の概念］	・Sustainability issue ［持続可能性の諸課題］	・The vision for action - what students might do that targets the sustainability issue ［行動にむけたビジョン］
・Insects、The Bush、 ・Birds、Endangered animals （虫・灌木・鳥・希少動物）	・Diversity（多様性） *We are learning about how livings things work together to meet their needs*	・*Loss of biodiversity and habitats for a range of species*	・*Butterfly gardens*、*Skink gardens*、*Native plantings*、*Bird Forests*、*Pa Harakeke*
・Water、Waterways、Rivers、The water cycle （水・水路・水の循環）	・Interdependence（相互依存性） *We are learning about connections between land use and waterways*	・*Erosion of land increasing sediment in waterways*	・*Stream side plantings*、*Stormwater drain campaign*
・Waste、Litter、Rubbish、Recycling、Shopping、Christmas （廃棄物・ごみ・リサイクル・ショッピング・クリスマス）	・Equity（平等性）（有限性） *We are learning about finite resources*	・*Increasing amounts of waste that natural systems cannot process*	・*Packaging audit of school to establish what 'waste' comes into the school* *Create waste system to manage biodegradable organic matter in the school*
・Transportation ・（交通）	・Responsibility for action （行動にむけた責任） *We are learning to make informed decisions and take action*	・*Reliance on a non-renewable resource with large energy and waste outputs*	・*Creating a 'walking school bus' for students to get to and from school safely* *Renovation of the school bike sheds for safe and easy storage of bikes for staff and students*
・Fair trade ・（公正取引）	・Responsibility for action （行動にむけた責任） *We are learning to make informed decisions and take action*	・*Ensuring food is produced and sold in ways that the earth can sustain and people gain a fair price for their goods*	・*Creating a school garden or orchard* *Working with a community garden to process fruit for local sale*

出典：http://efs.tki.org.nz/EfS-in-the-curriculum/What-is-education-for-sustainability/EfS-Swirl

第 2 部　各国における ESD の取組と展開

している。経済的側面、社会文化的側面、環境的側面に配慮をし、さまざまな学習を通して、価値観の醸成と態度の向上をしていく意図が込められている。図に見られる、シダの若芽（コル）は、マオリ文化において「生命の象徴」、「自然との調和」を意味しており、教育課程に基礎にマオリ文化と生態学的な基盤をおいている点に当該国のEfSの特徴がみられる。これらの、ナショナル・カリキュラムにおける、「自然との調和」の概念は、環境教育/EfSが、クロス・カリキュラムとして、どの教科にも内在化できる潜在性と可能性を表現しているとも言えよう。表8-5では、当該国サステイナブル・スクールにおける相互関係性を提示しており、EfSの主要概念として、(1)多様性（diversity）、(2)相互依存性（interdependence）、(3)平等性（equity）、(4)行動にむけた責任（responsibility for action）、を挙げている。学習活動におけるトピック例とEfS概念の関係性としては、虫・灌木・鳥・希少動物などを通した「多様性」に対する理解や、水・水路・水の循環を通した「相互依存性」の理解、廃棄物などの例をとおしての「平等性」や「有限性」の理解、交通や公正取引などをとおした「行動にむけた責任」、を育むものとして位置付けている。

5　学校教育における環境教育とEfS—環境教育実践校の組織的支援にむけた主要なネットワーク

　本節では、当該国の学校教育における環境教育/EfSの展開において組織的支援ネットワークの事例を紹介する。以下に示すように、全国規模の環境学校（EnviroSchools）、国際的ネットワークとしてのUNESCO-ASPnetほか、地域テーマに関連づけられたネットワーク（Aukland地域におけるゴミ課題に関する環境教育/EfS活動であるWasteWiseSchoolなど）がある。

（1）エンバイロ・スクール（EnviroSchools）[20]

　1993年に環境学校（EnviroSchools）が設立されて以来、登録校は715校（2010

第8章　ニュージーランドにおける ESD の取組と展開

表8-6　エンバイロ・スクールの学校数・地域数の経年変化

年：	1993	1998-2001	2002-2003	2003-2006	2007-2009	2010
学校数：	3	12	120	419	680	715
地域数：	1	2	10	12	13	15
段階的目的：	試行プロジェクト	枠組み開発	基礎・パートナーシップ構築	能力向上	深化・拡大	コミュニティ統合強化

出典：EnviroSchools（2010）の発表資料より筆者作成

年11月現在）に達している（**表8-6**）。1993年の試行プロジェクトの開始以来、段階的な目的に基づき学校数と地域数を増加させてきている。実施目的は、(1)学生のエンパワーメント（empowered students）、(2)持続可能性にむけた学び（learning for sustainability）、(3)マオリの視点（Maori perspective）、(4)人々と文化の多様性（diversity of people and cultures）、(5)持続可能な地域社会（sustainable communities）、を挙げている（EnviroSchools　2010）[21]。学校全体アプローチ（whole school）を採用しており、行動に基づく学習サイクル（現況把握、代替案の提示、行動、変化の振り返り）に基づき学習プログラムを構築している。具体的なプログラムの展開例としては、探究学習・問題解決学習における学習プロセス（関心の喚起、理解の深化、参加する態度や問題解決能力の育成、問題解決方策の検討、行動にむけた取組のデザイン）、協同プロセス（進捗のモニタリング、活動の維持、伝統的知見と新技術とのリンク、児童生徒の関心・資質に合わせた役割分担、変化の振り返り、児童生徒による具体的行動の発信、成功の共有と称賛）、のほか、合意形成に関する取組（異なる意見の尊重と共有、合意形成にむけた学習のプロセス、意思決定にむけたシナリオの構築）などにも配慮した取組となっている。

（2）ユネスコ・スクール（UNESCO-ASPnet）

　ユネスコ・スクール（UNESCO-ASPnet）の活動目的には、(1)UNESCO-ASPnetを活用して世界中の学校と生徒間・教師間で交流し情報や体験を分かち合う、(2)地球規模の諸問題に若者が対処できるような新しい教育内容や手法の開発、発展を目指す、と述べられている。参加資格は、就学前教育・

第 2 部　各国における ESD の取組と展開

表8-7　ユネスコ・スクール（UNESCO-ASPnet）における主題領域

- 地球規模の問題に対する国連システムの理解：貧困、飢餓、失業、識字、文化理解、性差、人口問題等の世界的な問題からテーマを選び、自分の地域や国、国際的などの側面から、調査を行う。
- 人権、民主主義の理解と促進：「世界人権宣言」「児童の権利に関する条約」等を出発点として、学生の自らの経験のなかから、他者の権利だけでなく義務や責任（人種差別、偏見、民主主義、相互の尊重、市民の責任、寛容と非暴力紛争等、人権に関連する問題）について意識を広げさせる。
- 異文化理解：他国の学生または両親、自国民、移民集団、大使館、他国の文化センター等と連携を取りながら、異なる習慣、伝統、価値観に対する理解を促進する。
- 環境教育：自分たちが住む地域が直面している環境問題（汚染、エネルギー、森林保護、海洋および大気に関する研究、土壌侵食、天然資源保護、砂漠化、温室効果、持続可能な開発など）を検討し解決の手段を考えるとともに、科学が人類の将来に果たす役割を考える。

出典：http://www.mext.go.jp/unesco/004/005.htm

小学校・中学校・高等学校・技術学校・職業学校、教員養成学校であり、ユネスコの理念に沿った取組を継続的に実施していることが必要である。当該国におけるユネスコ・スクールは現在30校（2010年11月現在）であり、世界人権宣言と子ども権利条約に基づく多文化共生型社会の構築にむけて、学習活動を展開している。ユネスコ・スクールの主題領域をみると（**表8-7**）、人権、民主主義のみならず、異文化理解や環境教育もその主題領域として掲げており、学校によっては、上述するエンバイロ・スクールとユネスコ・スクールに両方に参加している学校も見られる。

6　おわりに

　本章は、「ニュージーランドにおける持続可能な未来にむけた環境教育」と題して、ニュージーランドにおける環境問題の特性と所在、持続可能な社会の構築にむけた取組、学校教育における環境教育と持続可能性のための教育（Education for Sustainability, EfS）の取組、について考察を深めるものであった。持続可能性のための教育（EfS）は、環境教育と別個のものではなく、経年的な環境教育概念の歴史的進展のなかで構築されてきた概念であることを理解する必要があるだろう。ニュージーランド持続可能性委員会（SANZ）の提示した政策文書：「強い持続可能性（Strong Sustainability）」

において指摘されているように、地域の生態系を基礎とし、社会文化的・経済的側面に配慮した取組には、当該国の長年にわたる環境教育の実践にその知見が構築されており、今後の当該国における持続可能性のための教育（EfS）に、一貫して環境教育の側面が色濃く反映されることとなるだろう。

そして、今日の日本における持続可能な開発のための教育（ESD）においても、環境教育の特徴が色濃く反映されているのは、ESDの概念構築に環境教育概念が貢献をもたらしたという見方のみならず、日本の環境教育活動において、「自然豊かな地域がある」という側面においてニュージーランドと同様の特性を有していることも理解しておく必要がある。つまり、日本の豊かな地域の自然は、日本の持続可能性において不可欠な存在であり、社会活動・経済活動がその自然環境に包含されるように捉え（**図8-1**）、地域における自然環境を持続可能性にむけた教育・学習活動における基盤として取り扱うべきであるという示唆を提示していることを意味している。

注
（1）国会環境委員会（PCE）は2002年に、持続可能な開発に関する概念整理、持続可能性に関する指標の開発、バッググラウンドレビュー、関係者へのインタビューに基づく論点整理、戦略計画ワークショップの開催、環境会計枠組み、などについての一連した政策文書を発表している。
（2）SANZ, 2009, Strong Sustainability for New Zealand, Sustainable Aotearoa New Zealand, Nakedize Limited.
（3）資源管理法（Resource Management Act, RMA）：資源（土地、水、大気、生態系など）の継続的な管理を目的とする。本法は、特定の開発行為を評価して規制するのではなく、その開発行為が環境影響を許容できる範囲内に収めることに重点をおいた法律である。当該許可の判断基準の設定と実施判断においては各自治体に任されており、地方分権を重視した法律となっている。
（4）1992年のリオサミットの提言をうけて世界観光機関の協力をうけて1994年に設立した産業・観光版国際認証（GG21）は、環境的側面、社会的側面、経済的側面のバランスに配慮をした観光（サステイナブル・ツーリズム）の振興に努めている。産業・観光版国際認証（GG21）への参加基準としては、(1)持続可能な環境づくりを目指す政策の策定、(2)電気やガソリンなどエネルギー

消費量を削減、(3)二酸化炭素などの温室効果ガス放出量の削減、(4)大気汚染の防止、(5)水消費の抑制、(6)ごみの削減、(7)紙のリサイクルなどの資源保護、(8)多種多様な生き物が存在する環境を保つ、(9)川や海などの水質保全、が挙げられている。最近では、マオリ観光評議会（Maori Tourism Council, MTC）が設立され、マオリの歴史・文化を有している自然資源を野外観光に活用した、観光業が行われるようになってきた。このように、文化的側面をも配慮にいれた観光産業が展開されつつある。

(5) Ministry for the Environment, 1995, Environment 2010 Strategy, Ministry for the Environment, Wellington, New Zealand.
(6) Ministry for the Environment, 1998, Learning to Care for Our Environment, Me Ako kit e Tiaki Taiao, A National Strategy for Environmental Education, Ministry for the Environment, Wellington, New Zealand.
(7) Ministry of Education, 1999, Guidelines for Environmental Education in New Zealand Schools, Ministry for the Education, Wellington, New Zealand.
(8) 当該国の環境施策において、1840年のワイタンギ条約への署名と、1992年の地球サミットと生物多様性国際会合は重要な意味を有しており、1991年の資源管理法、1995年の環境戦略2010、にその概念が反映されたものとなっている。1998年の国家環境教育戦略は、1995年の環境戦略2010を踏まえたものとなっており、環境教育の主要な概念は当該国の歴史的文脈と深い関係があることがうかがえる。
(9) 環境の中での教育：感性学習・直接体験型：自然や人間（社会・文化・経済）の中での直接体験による感性学習。幼年期での比重が高い。フィールド体験などによる直接体験型学習活動。教育者の役割—フィールド体験のオーガナイザー
(10) 環境についての教育：知の移転型・理論型：自然や人間（社会・文化・経済）についての知識・技能学習。学齢期での比重が高い。「知の移転型」アプローチ。講義形式などによる知の移転型学習活動。教育者の役割—非文脈的・体系的な知の移転
(11) 環境のための教育：集団的行動・参加・対話型：自然や人間（社会・文化・経済）のための行動・参加学習。成人期での比重が高い。ワークショップなどの参加型・対話型学習方法の採用。教育者の役割—協同の参加者・追求者
(12) 英語・外国語、算数・数学、理科、科学技術、社会、保健体育、芸術
(13) (1)コミュニケーション・スキル（communication skills）、(2)数量的思考スキル（numeracy skills）、(3)情報スキル（information skills）、(4)問題解決スキル（problem solving skills）、(5)自己管理・競争スキル（self-management & competitive skills）、(6)社会・協同スキル（social and cooperative skills）、(7)身体的スキル（physical skills）、(8)作業・研究スキル

(14) Ministry of Education, 2006, Education for Sustainability, National Coordination Team.
(15) Bolstad, R., Eames, C. & Robertson, M., 2008a, The State of Environmental Education in New Zealand: A Baseline assessment of provision in the formal education sector in 2006, WWF-New Zealand.
(16) Bolstad, R., Eames, C. & Robertson, M., 2008b, The State of Environmental Education in New Zealand: A Baseline assessment of provision in the formal education sector in 2006, Summary of Findings and Recommendations, WWF-New Zealand.
(17) Ministry of Education, 2010, EfS in primary schools, http://efs.tki.org.nz/EfS-in-schools/Primary-schools
(18) Ministry of Education, 2010, EfS in secondary schools, http://efs.tki.org.nz/EfS-in-schools/Secondary-schools.
(19) Ministry of Education, http://efs.tki.org.nz/EfS-in-the-curriculum/What-is-education-for-sustainability/EfS-Swirl.
(20) エンバイロ・スクール（Enviro Schools）の取組、展開については、佐藤真久・日置光久「ニュージーランドにおける「持続可能な開発」関連施策と学校における「持続可能性教育（Efs）」の取り組み」（『環境教育』vol .21、No. 3、日本環境教育学会、2012年）3〜16ページ、に詳しい。
(21) Enviro Schools, 2010, Teaching and Learning for a Sustainable Future, www.enviroschools.org.nz, EnviroSchools.

第３部　ESDの新たな展開に向けて

第9章　開発と教育の歴史的変遷とESD

1　はじめに

　「持続可能な開発のための教育」の概念をめぐり、繰り返し議論されてきたテーマの一つに"Development"「開発／発展」とは何かという問いがある。この問いは、"Development"を「開発」と訳すか、あるいは「発展」と訳すかによっても、さらに双方の日本語が持つ意味合いの系譜をどう見るかによっても、新たな論点が提供されることと相まってこれまで多くの見解が示されてきた。開発経済論のなかでも「開発／発展」は、その目的やアプローチの変遷とともに常に論じられてきた中心的なキーワードである。しかし、マイケル・トダロらが述べているように、開発という言葉は人によって異なることを意味するため、最初にその意味に関する実際的な定義、あるいは中心となる見解をもつことが重要であろう[1]。本章では、ESDの新たな展開に向けて、既存の「開発／発展」に関する概念の変遷をふまえ、これらを「教育」との関わりの視点から再考する[2]。

2　Development／開発／発展とはなにか

　「開発」という言葉が社会科学に登場したのは18世紀の終わりから19世紀のはじめ、国家の概念が確立したころのことである[3]。「開発／発展」という言葉を最初に使ったのはドイツの哲学者ヘーゲル（Georg Wilhelm Friedrich Hegel, 1770～1831）が、イエナ大学の講義「歴史哲学」の中で、封建社会における身分制のタテ割り社会体制を壊して登場する市民社会の自

己発展、歴史の進歩を"die Entwicklung"という言葉で表現したと言われる[4]。「縮まっている」「包まっている」を意味する動詞の"wicken"と、否定を表す接頭語"ent"からなる語で、封建社会の中で縮まっていた市民社会が自ら発展を始めた状況を指すという[5]。ドイツ語の"entwicklung"は、英語では"development"、日本語では「開発」あるいは「発展」と訳される。日本語で「開発する」と言うときには、目的語を必要とする他動詞として使われる。一方「発展する」は自動詞であり、"development"、"entwicklung"の本来の「自己発展」の意味をより多く含んでいるのは「発展」の方であろう。一方、"development countries"と言うとき、外務省が採用している訳語は「開発途上国」であり、また、第二次世界大戦後から現在も受け継がれている日本の開発計画である「全国総合開発計画」という名にもあらわれているように、「開発」には「上からの開発」という意味が含まれている。江原も、"development"の訳語としての日本語は、「自発的自然的プロセス」としての「発展」、「外生的意図的プロセス」としての「開発」の二通りがあると指摘している[6]。

また、ウォーラーステインによれば、現代的な意味における「開発」は、経済発展とそれに伴う社会的変化をさし、主として1945年以降の概念と考えられる[7]。第2次世界大戦後、国連をはじめさまざまな国際機関が次々に設立され、世界的な開発政策が打ち出された。「戦後の開発思想は、何よりもまず、共産主義、中央集権計画経済に対抗して、自由主義と市場経済を両輪とする資本主義経済を発達させること、そのために政府がこれをバックアップする経済成長推進思想として発足した」[8]ものであり、戦後のあゆみのなかで「長年にわたって、専門家、国際機関、NGOの仕事を通じて蓄積されてきた」[9]概念であり、「経済開発」「人間開発」「社会開発」という一連の流れが示すように、近年の新たな「開発」が求められるようになった背景から「開発」にも自発的発展の意味が付与して使用されることがある。

ゆえに、いま私たちは、"Development"の訳語が「開発」か「発展」かといった二者択一を迫られているのではなく、また「開発／発展」の「開発」

が外発的であり、「発展」が内発的であるといった見方でもなく、あるいは「もうひとつの開発」の概念をここで定義づけるのでもなく、「開発」も「発展」もともにダイナミックな概念であり、人々をより豊かにするための行為としてこれらの言葉を使用したい。「開発の理論は静止しているものではない。数年前まで通用したものでも、もはや正しくないかもしれない。常に変化しているものを、普遍のものとして取り扱わないように注意しなければならない」からである[10]。

3　開発アプローチの変遷と教育

　そもそも「開発」に関する議論は、先進国においても開発途上国においても経済問題は基本的に同質の問題であるという、いわゆるモノ・エコノミクスの考え方に対して、根本的に異質であるという前提の下で、主に経済学における開発経済論のなかで展開されてきた[11]。

　開発経済論では、開発・発展・成長概念や理念、経済開発・経済成長モデルなど、開発途上国の開発を中心とする研究がなされ、「経済開発」「人間開発」「社会開発」という開発アプローチの変遷が物語るように、開発の目的が経済的な量的概念から生活の質的概念へと移り変わっていることがわかる。これには、貧困概念が必ずしも経済的な要因だけで説明づけられるものではないという認識の変化と、それに伴い、そもそも何のための開発かという目的の変化が見られる。開発経済論における「教育開発」も、開発の資本や資源としての人材教育から、人間の豊かさそのものの創出が目的化されるようになってきた。

　このような開発理論やそのアプローチの変遷と、それと相互に試行錯誤を深めてきた教育開発の変遷をたどることで、持続可能な開発の概念の登場と共に、それらはESDの側からのアプローチや理念とそのねらいにおいて共有のものであることがわかる。本章では、開発経済論における開発アプローチの変遷とそのキーワードを便宜上以下の**表9-1**のように区分して説明する。

表9-1　開発アプローチとキーワードの変遷

時代区分	開発アプローチ	開発キーワード
1950～60年代	「経済開発」	・構造派アプローチ ・物的資本・経済成長
1970年代	経済開発を補う意味での「社会開発」	・ベーシック・ヒューマン・ニーズ、人的資本 ・内発的発展・自力更生・自助
1980年代		・内発的外向型発展 ・持続可能な開発
1990年代	「持続可能な開発」 「人間開発」 新しい意味での「社会開発」	・ケイパビリティ（潜在的能力） ・市民参加・ウェル・ビーイング ・エンパワーメント・WID・GAD ・社会関係資本
2000年以降	「人間中心の開発」 「持続可能な人間開発」	・国連ミレニアム開発目標 ・人間の安全保障・グッドガバナンス ・（人間開発の新指標）

注：筆者作成

（1）1950～60年代：構造派アプローチ・物的資本による経済開発

　1950年代から60年代、「南北問題」が広く人々に意識されるようになり、ヌルクセ　R.の「貧困の悪循環」に代表されるように、開発には資本が最も大切な成長要因であるとの経済成長理論にもとづいて、国連を中心とする国際的な経済開発支援の時代が始まった[12]。

　1961年国連は、1960年代を「国連開発の十年」として、1970年までに国民所得の成長率を年率5％にまで引き上げることを目標とする「国連開発の10年・国際経済協力のための計画」[13]を採択した。計画書では「人的要因の重要性」についても言及し、「技能を受けたマンパワー不足」の解決に向けて次々に教育計画が打ち出されたが、1960年代のマンパワー育成という考え方は、人間そのものではなく、経済成長のための生産性の手段として人間を位置づけていた理論であった[14]。

　1962年には、「中立国経済会議」が開催された[15]。この会議では、国際貿易、第1次産品貿易、開発途上国と先進工業諸国との経済関係などが議題とされ、国際経済会議の早期開催を要求する勧告などを骨子とした「開発途上国カイロ宣言」を採択した。これに対し国連は、経済的な南北問題に対処

する最初の国際機関UNCTAD；United Nation Conference on Trade and Development（国連貿易開発会議）の設立を決定した。1964年ジュネーブでの第１回UNCTADに先立ち、同会議事務局長プレビッシュ　R.によって発表された*Towards a New Trade Policy for Development*「プレビッシュ報告」と題する報告書には、開発途上国の経済開発の問題に関して、第１次産品の輸出と交易条件が悪化していることや工業化と製品輸出の必要性などが指摘され、「援助より貿易を」という新たな視点が加えられた[16]。

1966年には開発途上国の経済的、社会的開発のための技術援助を推進する機関としてUNDP（国連開発計画）が設立され、開発途上国の問題の解決に向けて国際的な機運が高まり、新たな開発理念を示す報告書が次々に発表された。1969年には、世界銀行総裁マクナマラ R.から、過去20年の開発援助と将来の政策について検討することを要請された国際開発委員によって「ピアソン報告」が出され、このなかで地球規模での環境問題が指摘されるとともに、「世界共同体」という概念が提示されている[17]。

（２）1970年代（１）：ベーシック・ヒューマン・ニーズ・アプローチと人的資本の考え方

「国連開発の十年」を中心とするさまざまな経済開発援助にもかかわらず、1970年代になると南北格差が拡大し、貧困人口の増大という現象が顕在化してきた。初期開発経済論を受け入れて輸入代替型開発戦略を採用したインドが経済停滞を続けた一方で、輸出志向型戦略をとった東アジア諸国が経済成長を実現したことなどから、トリクルダウン仮説にも疑問が呈されるようになった[18]。また、成長至上主義の開発戦略が批判され、経済成長のみでは貧困削減を実現するのに十分ではないという認識が広まり、これまでの経済開発のあり方が再検討される機運が高まった。

これに対し、雇用を促進するような成長や「成長からの再分配」戦略[19]が代替案として示され、「ベーシック・ヒューマン・ニーズ」のアプローチが注目されはじめた。

第3部　ESD の新たな展開に向けて

　1970年、国連の経済社会理事会開発計画委員会は「第２次国連開発の10年」（UNDD II）のために作成した「ティンバーゲン報告」を発表した[20]。このなかで、開発途上国の経済問題は、技術的・経済的な先進性の導入が、途上国と先進国との格差と不均衡をますます拡大することに加え、途上国の社会構造に基づく不適当な諸制度の不公平、硬直した状態にある"二重構造"であると指摘し、「世界共同体」の理念のもとに国際的な手段と措置、政策が急務であると述べている[21]。

　このような状況の下で、「ベーシック・ヒューマン・ニーズ」の考え方が開発経済論の中で注目されはじめた。「ベーシック・ヒューマン・ニーズ」とは、もともと国連が「生活水準の国際的定義及び尺度」[22]のなかで、生活水準を判断するものとして「保健、食料と栄養、教育、仕事の状態、雇用水準、総消費、総貯蓄、交通、住居、衣料、レクリエーション、社会保障、自由」を挙げたことに基づく。「世界銀行では初期のころ、住居、保健、教育などは、資本投資する価値がないと見なされていた」[23]。

　しかし、1970年代、マクナマラ　R.の指導のもとで、「人的資本」への投資は経済的に有効であると考えられるようになり、1973年の世界銀行年次総会において、「成長をともなう再分配」として、「人的資本投資」にもとづく貧困削減への取組が宣言された。そして、1974年世銀は「教育政策報告書」で、「人的資本投資」としての「ベーシック・ヒューマン・ニーズ」政策における、農村、働く青年、成人、女性も教育対象に加えた「ノンフォーマル・エデュケーション」と保健の充足を中心とした援助方針を明確にした[24]。

　「ベーシック・ヒューマン・ニーズ」の考え方は、その後、ILO、WHO、UNEPの各機関で「ニーズ」に関する定義と尺度、水準が模索されて形成されてきた[25]。1976年ILOは世界雇用者会議の中で「ベーシック・ヒューマン・ニーズ」とは、「一家族の私的消費のために最低限必要な一定量—適当な食糧、住居、衣服、および家計に必要な一定設備・家具」と「一般的に社会により、また社会のために提供される基本的サービス—飲料水、衛生、公共輸送、保健、教育、文化施設」であると定義づけた[26]。そして、労働者の「ベーシ

ック・ヒューマン・ニーズ」を満たすことで、貧困層の労働者の生活水準を上げるという視点に立ち、「開発の主たる目標は、完全な雇用とすべての人に対するベーシック・ヒューマン・ニーズを満たすことである」と述べ、開発戦略の改良アプローチを示した[27]。

一方、WHOは、「すべての人々に健康を」という理念のもと、1950年代に社会・経済発展の段階に応じた「ベーシック・ヘルス・サービス」を提唱し、1960年代にはその考え方を発展させ、1975年にはそのほかの社会的側面にも配慮した「ベーシック・ヘルス・ニーズ」という考え方を提示した。さらに、1978年、この二つの考え方を基礎として、「プライマリ・ヘルスケア」の概念が出されている[28]。「健康」が「肉体的、精神的、社会的に完全に充実した暮らしの状態であって、単に病気や障害のないことではない」という視点から、健康のニーズとして「ベーシック・ヒューマン・ニーズ」を食糧、教育、水と衛生、適切な住宅、堅実な仕事と社会に有効な役割としている[29]。

UNEPは、1974年UNCTADとの共催シンポジウム「資源利用の諸類型—環境と開発のための戦略」における「ココヨック宣言」(Cocoyoc Declaration) で、「われわれの最大の関心事は、発展の目的を再定義することである。発展とは、物が発展することではなく、人間が発展することである。人間には基本的ニーズがある。それは食糧であり、住居であり、衣料であり、保健であり、教育である。これらの達成に導かない（ましてや剥奪させる）成長は、発展という考えを戯画化したものである」と、開発理念を厳しく問い直したのである[30]。

このように「ベーシック・ヒューマン・ニーズ」の考え方は、ILOのような雇用と生産拡大を中心に据えた労働力としての人間に注目した人的資本論的な視点もあれば、WHOにみられるような、人間の医療と保健衛生を地域社会から捉える社会開発の萌芽的な視点もあった[31]。

(3) 1970年代 (2) 「もう一つの発展」と「内発的発展」

1970年代、「ベーシック・ヒューマン・ニーズ」アプローチと並んで開発

経済論の中で注目され始めた考え方が「内発的発展論」である。

1969年、シアズ D.[32]は、「開発とは、すべての人間のパーソナリティの可能性を実現することを目標とし、貧困と失業とをなくし、所得配分と教育機会とを均等にすることである」[33]と定義づけたが、その後1977年、所得配分や就業および教育の機会均等を発展の指標とするだけでは、人々のパーソナリティの可能性という目標を達成するには不十分であるとの考えに至り、「開発」の意味を再考し、新しい要件として「自力更生」（自助）という考え方を付加している[34]。

開発経済論のアプローチに大きな展開をもたらしたのが、1975年ダグ・ハマーショルド財団による『何を今——もうひとつの発展』の中に示された理念である。「もし発展が、個人として、また社会的存在として、開放と自己展開をめざす人間の発展であるとするならば、このような発展は事実上、それぞれの社会の内部から発現するものでなければならない」[35]という考え方は「もうひとつの発展」(an alternative development)と呼ばれた。

「もうひとつの発展」は、近代化パラダイムを転換し、利潤獲得よりも人権や人間の基本的ニーズの充足に大きな比重を置いている。自ら主権を行使、自らの価値観と未来展望を定めるような社会の内部から起こってくるという内発的で、その基盤としての自立性を発展の目的とする。それぞれの社会の発展は、その自然的・文化的環境のもとで、まず当該社会構成員のもつ活力を生かし、その経済社会のもつ諸資源を利用する形で行われるべきであり、その根幹には地域経済の自立性がある。

また、支配的な経済成長優先型の発展では環境保全の側面がしばしば無視され、子々孫々の世代が享受すべき環境資源、生態系を破壊して、将来世代ばかりか現在世代の貧困化をも導くことが多いことから、エコロジー的に健全でなければならない。そして、社会構成員のすべてが自分に影響するような意思・政策決定に関して参加できるために、社会関係・経済活動や、権力構造の面での改革が必要であり、経済社会構造の変化なくしてもうひとつの発展は達成されない。

第 9 章　開発と教育の歴史的変遷と ESD

　鶴見は、ダグ・ハマーショルド財団による「もうひとつの発展」の定義は、「地域が発展の単位であることを明確にした点、地域の自然生態系との調和を強調し、地域の文化遺産（伝統）に基づく人々の創造性を重んじる点で、シアズ及びカルドゾの定義に欠落した部分を補っている」(36)と述べ、「内発的発展とは、目標において人類共通であり、目標達成への経路と創出すべき社会のモデルについては、多様性に富む社会変化の過程である。共通目標とは、地球上すべての人々および集団が、衣食住の基本的要求を充足し人間としての可能性を十全に発揮できる、条件をつくり出すことである。それは、現存の国内および国際間の格差を生み出す構造を変革することを意味する。そこへ至る道すじと、そのような目標を実現するであろう社会のすがたと、人々の生活のスタイルとは、それぞれの社会および地域の人々および集団によって、固有の自然環境に適合し、文化遺産（伝統）にもとづき、歴史的条件にしたがって、外来の知識・技術・制度などを照合しつつ、自律的に創出される」(37)と述べている。

　「もうひとつの発展」も「内発的発展」もともにそのプロセスや目標や成果の尺度の転換を求め、外発的ではない内発的な自己発展を目指す点でその開発理念を共有し、これらの概念はオルタナティブな開発のあり方として広く受け入れられるようになった(38)。

　しかし、後に鶴見は、1980年代初頭から半ばにかけての費孝通（Fei）による中国の経済開発モデルの調査から、内発的発展は、内発型か外発型かを明確に区別できるものではなく、内発・外向結合型があるとのべている。さらに、大和田は、鶴見の指摘をもとに、これを「内発的外向型発展」とよんでいる(39)。

（4）1980年代　新古典派アプローチと「持続可能な開発」

　1982年のメキシコの債務危機を引き金に、石油ショックを発端とした累積債務問題への対応が途上国の緊急問題となり、開発課題の中心は、1970年代に注目された「ベーシック・ヒューマン・ニーズ」の充足から、国際金融シ

ステム破綻の危機への対応へと移った。1980年代、香港、シンガポールなどアジアNIEsの急速な経済成長は、市場を利用した開放的な輸出志向工業戦略が成功したためと理解され、価格メカニズムによる市場の調整能力を信頼する「新古典派経済学」のアプローチが主流となった[40]。

　途上国の発展を阻害しているのは市場を歪める政府の介入政策（政府の失敗）であり、市場メカニズムと民間活力導入が開発の鍵であると考えられた。IMF・世界銀行が開発援助の要となって、債務危機に対応するために、政策の変更を条件にした国際収支支援、「構造調整プログラム」が実施された。この中心となる戦略は、(1)緊縮財政・金融政策によるマクロ経済の安定化と、(2)経済の自由化・民営化という構造改革による効率の向上である。しかし、1980年代が終わりに近づくと、構造調整が実施されたにもかかわらず途上国の輸出は停滞し、途上国への資本流入は減少もしくはむしろマイナスとなり、「失われた10年」と呼ばれるように、この間成長は回復せず、貧困が増加し、構造調整の見直しが求められるようになってきた。UNICEF（国連児童基金）は、1987年の『人間の顔をした構造調整』で、経済成長の復興と傷つきやすい人々に対するセーフティ・ネットの提供の必要性を強調した。世界銀行は、これにこたえる形で、構造調整プログラムに貧困対策や社会セクターへの融資を組込むようになった。

　そうしたなかで1987年のローマ・クラブレポート「裸足の革命」では、「開発は、単なる経済成長、食糧生産の自給自足、近代的設備、技術移転の問題ではない。開発とは人間の問題であり、人間性の問題である。すべての次元において最大限に人間の尊厳と権利を発揮することが開発である。それは、個人の想像力、創造力、選択、意思の決定、自然環境や社会環境に対する責任などの能力を最大限に発揮させた人間性を意味する。それはまた、共同社会の発展の原動力になるため、集団における能力や経験を学習したり再発見することである」と定義づけた[41]。

　同じ年、ブルントラント委員会として知られるWCED（World Commission on Environment and Development、環境と開発に関する世界

第 9 章　開発と教育の歴史的変遷と ESD

委員会)から『Our Common Future』(われら共通の未来)が出され、このなかで「持続可能な開発」の考え方が、「将来世代が自らのニーズを充足する能力を損なうことなく、今日の世代のニーズを満たすこと」[42]と定義された。もともと「持続可能な開発」という言葉は、1980(昭和55)年にIUCN国際自然保護連合、UNEP国連環境計画などがまとめた「世界保全戦略」の中で初めて使われたとされるが、WCEDによる「持続可能な開発」の概念は「従来のように開発と環境を対立的に捉えるのではなく、地球の生態系が持続する範囲内で経済開発を進める考え方である。現在の世代が将来の世代のための資源を枯渇させぬこと(世代間の公正)と、南北の資源利用の格差すなわち貧困と貧富の格差を解消することをめざしている(世代内の公正)」[43]とされ、「一般的には、環境、社会、経済の持続可能性を含むものと解釈されている」[44]。

「持続可能な開発」は、その定義のあいまいなことから、さまざまな解釈と議論がなされている[45]。たとえば、「持続可能な開発」における「ニーズ」がWCEDブルントラント委員会では普遍的な意味合いで「概念」として述べられているのに対し、UNDPでは「人々の意識」といった可変的なものに変えられ、独自の解釈によって開発戦略が展開されている[46]。

しかしながら、「持続可能な開発」は社会経済の発展と環境保全を統合するプロセスであるととらえる視点が示されていることも注目に値する[47]。この考え方の根幹は、環境保全と長期的な経済発展を相互に対立するのではなく、むしろ相互補完的な依存関係にあり、両者を統合する観点から政策立案と意思決定をするべきことを強調している点にある[48]。

このような背景のもとで、ブルントラント委員会は、『Our Common Future』のなかで、地球市民が持続可能な暮らしを行うための行動指針として、「地球憲章」の必要性を述べ、リオ地球サミットでは、数々のNGOによって地球憲章案が提出された。その後、リオ地球サミットの事務局長を務めたモーリス・ストロング氏と、ミハエル・ゴルバチョフ元ロシア大統領が中心となり、世界の各地域の代表らとともに地球憲章策定のための討議を重

ねた。そして、2000年3月ユネスコ本部で開催された地球憲章委員会において、最終的な「地球憲章」が完成したのである[49]。

(5) 1990年代（1） ケイパビリティ・アプローチと「人間開発」、「持続可能な人間開発」

1990年代は、冷戦の終結とIT通信・運輸分野での技術革新を背景に、経済分野では貿易および投資（直接投資と間接投資）の自由化が急速に進展した。1980年代のセン A.の貧困問題に対する一連の研究における「ケイパビリティ論」の考え方は、1990年代に入って開発のあり方にも大きな影響を及ぼしはじめた。

「ケイパビリティ」とは、「ひとが自分のしたいことができる能力を表現したもの」である。「ケイパビリティ論」は、「すべての人間がある社会の成員として原初的に所有する権利から獲得されうる財サービスの組み合わせ」を「エンタイトルメント」とし、それをもとに、「ひとがなしえるもの、あるいはなりうるもの」である「ファンクショニング」決定するという考え方に基礎を置く[50]。

「ファンクショニング」の諸活動の組み合わせを選択していくことによって、「ひとが自分のしたいことができる能力を表現したもの」が、「ケイパビリティ」である。ゆえに「キャパシティ」とは異なり、「能力」および「潜在能力」の双方を指す。「キャパシティ」が、あることを生み出す力を指すのに対し、「ケイパビリティ」は、人間のさまざまな活動や状態を実現していく自由や能力を意味する。すなわち、「ケイパビリティ」（capability）＝「キャパシティ」（capacity）＋「アビリティ」（ability）である。

「基本活動を実現していく能力は人間にとっての厚生＝よい生活（ウェル・ビーイング）を現わすことになるし、またより良い生活が達成されるかどうかは、基本活動を選び実現する人間の能力にかかっているのである。」そして、「ケイパビリティ」とは、ひとがどのような「人間の基本活動」（ファンクショニング）を実現できるか、その選択肢の広がりを示すことによって実質的

な自由を表現しようとする概念である[51]。セン　A.の「ケイパビリティ論」は、「ベーシック・ヒューマン・ニーズ」の認識を引き継ぎつつ、「人間のさまざまな基本活動の組み合わせの選択の自由という要因を強調することによって、新しい「人間中心型発展」（human-centered development）路線および人間開発思想の基礎」[52]となった。

　1990年UNDPによって示された「人間開発」の概念は、「ケイパビリティ論」に基礎を置くものである。UNDPによれば、「開発」は、所得や富以上のことを指す。すなわち「人間の選択の幅」を意味し、多様な選択肢の中でも、保健、教育、人間らしい生活を維持できる収入、政治的自由、人権、人間の尊厳が挙げられている[53]。この「人間開発」の考え方は国際開発協力の新しい理念となりつつある[54]。

　ハク　M.は、「人間開発」の概念を構成する基本的な要素として、1.「公平さ」、2.「持続可能性」、3.「生産性」、4.「エンパワーメント」の4つを挙げ、「人間開発のパラダイムとより伝統的な経済成長モデルとを区別するのはこれらの要素であるから、それぞれの要素を正しく理解しなければならない」と述べている[55]。「人間開発」における「公平さ」は機会の均等、政治的、経済的機会への公平なアクセスを基本的人権とみなす前提を必要とする。「持続可能性」は、単に資源の持続可能性だけではなく、物理的・人間的・財政的・環境的なあらゆる形態の資本を次世代へと持続させることを意味する。「生産性」の確保は「人間開発」にとって目的ではなく、必須要件である。「エンパワーメント」は貧しい人々や貧しい国を慈善や福祉の対象にとどめることではなく、人々自らがその生活を形成する活動や出来事、プロセスに参加できるようにすることを意味する"人々による開発"である。ハク　M.は、そのための手段として、教育と保健への投資によって人々が市場の機会を手にすることが出来るようにしなければならないだけでなく、男女ともにエンパワーし、男女が対等の立場で競争できるようにすることも必要であるとし、エンパワーメントが既存のさまざまな社会開発パラダイムとは決定的に区別する要素であると述べている[56]。たとえば、ベーシック・

ヒューマン・ニーズが経済的な選択の幅を拡大することに重点が置かれているのに対し、「人間開発」ではエンパワーメントによって、経済的、社会的、政治的、文化的なあらゆる分野での選択の幅を拡大することを前提としている。

　こうして、1970年代に登場した「ベーシック・ヒューマン・ニーズ」のアプローチは、1990年になって「人間開発」の考え方とともに、「モノ」中心のニーズからよりいっそう人間の生存と幅広い活動に焦点を当てた概念として精緻化されてきた[57]。1994年には、UNDPは「持続可能な人間開発」という概念を提示し、「人間を中心にした開発」という従来の方針を変えずに、新たに「自然環境」への配慮を取り込むことによって、より包括的な開発戦略を掲げている[58]。ハクは、「人間開発」と「持続可能な開発の概念」とのかかわりについては、「持続可能な開発戦略は、将来世代が自分たちの必要を満たす能力を損なうことなく、現在の世代の必要を満たすことである。つまり持続可能な開発の概念は、天然資源や自然環境の保護よりもはるかに広い概念であり、その中心にあるのは人間の将来の選択の余地を確保することである」[59]とする。野上も、「人間開発」の視点と「持続可能性」とのかかわりを環境保全の視点から論じ、「民主主義、文化と同じように、環境も人間開発にとって固有の価値と手段としての価値をもっている。現実の人間生活には環境と不可分なものも多く、「人間開発」を阻んでいる社会構造や人間生活とは別に「環境問題」があるわけではない。」と述べている[60]。

（6）1990年代（2）　市民参加・女性参加・エンパワーメントとしての社会開発

　市民による参加や女性の開発への参加をはじめとする「参加型開発」は、1990年代以降の重要な戦略となっている。ここでいう参加とは、単に政府や援助機関が実施する開発プロジェクトの過程に途上国の人々を参加させるという表層的な意味ではない[61]。「参加型開発」とは、「貧困から抜け出すための開発を人間中心の活動としてとらえ、途上国の人々の主体性を尊重し、その人々自身が力をつけることで自らの状況の改善をはかること（エンパワ

第 9 章　開発と教育の歴史的変遷と ESD

ーメント) をめざす理念であり原則である」[62]。

　1989年12月、OECDの開発援助委員会は、「人々の生産的エネルギーを刺激し、生産過程へのすべての人々の広範な参加を奨励し、利益をより公平に分配することが、開発戦略と開発援助の中心的要素となるべきである」と、開発に多様なアクターが参加していく必要性について言及した。また、人々の「参加」によって、人々の生活の場としての「地域」がクローズアップされるようになったことも、参加の概念の意義である。

　1995年にコペンハーゲンで開催された「社会開発サミット」では、貧困の根絶、雇用、社会統合を不可分な地球規模の社会開発課題ととらえ、解決に向けて政府のみならず市民社会の参加、政府とのパートナーシップの形成が不可欠であることが確認された。そして社会開発は、市民参加、すなわち市民社会の「自己発展」を意味するようになった[63]。

　こうした「社会開発」における「参加」概念とともに、「人間開発」において主要な構成要素とされた「公平さ」、「持続可能性」、「生産性」、「エンパワーメント」の4点は、さまざまな分野で具体的に展開されてきた。「エンパワーメント」は直訳すると「力の付与」となるが、現在同概念によって連想される範囲は非常に広く、語り手によってさまざまであり、生活のすべての範囲に及ぶ[64]。相対的な力の剥奪として貧困を定義づけ、「力の剥奪」モデルを提示したフリードマン　J.によれば、貧しい人々が真の生活向上のために経済的な向上だけでなく力の源泉へのアクセスの機会を得ることにより力、とくに意思決定における自立を獲得し、貧困からの脱出をはかる「オルタナティブ開発」こそが「エンパワーメント」であるとしている[65]。また、パウロ・フレイレによれば、「エンパワーメント」とは非抑圧者自らが問題を意識化し、連帯することで力を獲得し、行動変革を起こすプロセスである[66]。久木田は、「エンパワーメント」の概念は発展段階にあり、明確な定義づけはないが、それらに共通しているものとして「エンパワーメントが特定の「価値」に根ざしたもの」であるということ、それが「個人や家庭、コミュニティや国家社会など、人間あるいはその集合体についての発展の「プロセス」

を意味しているということである」と説明している。特定の「価値」とは、「すべての人間の潜在能力を信じ、その潜在能力の発揮を可能にするような人間尊重の平等で公正な社会を実現しようとする価値」である[67]。GAD（Gender and Development）「女性と開発」アプローチや、WID（Women in Development）「開発の中の女性」アプローチなどが、社会開発として捉えられているのもその価値のあらわれのひとつである。

（7）2000年（1） MDGs国連ミレニアム開発目標

2000年9月、ニューヨークで国連ミレニアム・サミットが開催され、「国連ミレニアム宣言」が採択された。宣言の中で、「今日われわれが直面する主たる課題は、グローバリゼーションが世界のすべての人々にとって前向きの力となることを確保することである」として、「国連ミレニアム開発目標」（MDGs; Millennium Development Goals）が採択された。

MDGsは、「国連ミレニアム宣言」と1990年代に開催された主要な国際会議やサミットで採択された国際開発目標を統合し、一つの共通した枠組みとしてまとめられた21世紀の国際社会の共通目標で、はじめて国際社会が、貧困撲滅に向けて一つの目標を共有するという点で画期的なものである。MDGsは、2015年までに世界中のすべての人々が達成すべき目標として、貧困撲滅、教育の普及、HIV/AIDSなど疾病の防止、など8つの目標と18のターゲット、そして48の指標からなる。これらの目標は、OECDの開発援助委員会[68]によって1996年5月に出された通称「DAC新開発戦略」[69]や、2000年6月に出された「国際開発目標に向けた歩み　2000　誰もが幸せに暮らせる世界をめざして」[70]に示された国際開発目標などを統合した内容となっている。MDGsは、その内容に生態系の保全や水問題をはじめとする環境保全に直接かかわる目標が少ないことなど批判もあり、MDGsがすべて達成されたからと言って、世界中の貧困が撲滅されるわけではない。しかしながら、戦後50年間の開発のあゆみの中でさまざまな機関によって個別に模索されてきた開発理念が一つに束ねられたこと、そして、人間の開発が経済的

な指標だけでは把握できないことを踏まえたうえで、なお再び世界共通言語としての"数字"による指標化を試みたこと、さらに期限を設定したことはMDGs設定の大きな意義である。これによって、これまで個々に取組んできた活動の相互連関性がある程度可視化されたり、かつては存在しえなかった異なる領域からの問題への多様なアプローチが可能になったり、それぞれの取組に対し、日付が入ることでより計画的な具体化促進が見られるようになっている。この意味でも、ESDが今後、これらMDGsにかかわる既存の様々な取組との連携を視野に入れていくことは極めて重要であると考えられる[71]。

(8) 2000年代（2） 人間の安全保障

2002年、安全保障委員会によって「人間の安全保障」の概念が提示された。これによって、貧困を、安全保障が剥奪されたものとしてクローズアップされるようになり、「人間の安全保障」概念は、開発アプローチの中に次第に反映されるようになってきた。「人間の安全保障」概念が登場したことの意義は、「人間の尊厳」というこれまで開発に関する議論の俎上に上らなかったものが、人間の存在の根源的な側面を浮き彫りにし、かつ開発課題、政策課題として考えられるようになったことである。

「人間の安全保障はまた、人間の尊厳を確固たるものとする。人は単に生存することのみではなく、愛や文化、信念を求めるものである。つまり、人間の活動や能力の中心的な部分を守ることだけでなく、個人や社会の潜在能力をのばし、人が人生のあらゆる局面で情報に基づいた選択を行い、自らのために行動できるようにすることが「人間の安全保障」の目標であるといえる」[72]。

アウン・サン・スーチは、人間の尊厳を尊重するということは「個人が自尊心と安全が守られていると感じることができる状況を創り出すための条件をそろえる取組」を意味し、本当の尊厳は、人間が置かれた状況の下で、課題に立ち向かえるという確信があるときに持てるものであるとする。さらに

そのような確信はグッドガバナンスなくして得られるものではなく、これが、人間開発の目的とも重なるものであると述べている。セン A.も、「人間開発」と「人間の安全保障」の考え方は基本的に共通すると同時に、「人間の安全保障」はより緊急度が高いものであることを指摘した[73]。

その後、日本政府は、2003年に定めたODA大綱で、「人間の安全保障」の概念を取り入れたODAの実施をうたい、2005年には「人間の安全保障」を「ひとりひとりの人間を中心に据えて、脅威にさらされ得る、あるいは現に脅威の下にある個人及び地域社会の保護と能力強化を通じ、各人が尊厳ある生命を全うできるような社会づくりを目指す考え方である」と定め、「開発支援全体にわたってふまえるべき視点」として位置づけた。

4 おわりに

以上のように、本章では、教育の位置づけに注視しながら開発アプローチの変遷をたどり、国家や社会の成長・開発・発展のための資源として人間は位置付けられ、そのうえでの教育であった時代から、人そのものの成長・発展が目的化するという価値の転換を経て、貧困概念も、経済的な量的な概念から、広く質的な概念へと拡大してきたプロセスと重なってきたことを概観した。経済開発、社会開発、人間開発という開発アプローチの大きな流れの中で、貧困概念から翻って豊かさとは何かを問うことが、持続可能な開発にとっての中心課題となった。貧困とは、経済的、人間的、社会的なあらゆる諸側面を包括した概念であり、「貧困」を根絶するために不可欠なアプローチのひとつは、「人間にとって豊かさとは何か」を問うということでもあるのだ。そして、「開発」とは、人々の豊かさを阻むものを根絶して持続可能な豊かさを創出し、それを拡大するプロセスであると理解することができる。社会・経済・文化的にも、地理的・風土的にも多様な人々の豊かさを問うには、ローカルなアプローチが不可欠であり、また、人々の豊かな生活のために、グローバルなコンセプトとの調和のなかでの人々と自然との関係性の再

第9章　開発と教育の歴史的変遷とESD

構築と、そのための人々の価値観の転換が求められている。この意味で、開発／発展のあゆみも、ESDがねらいとする、持続可能な開発のための教育のあゆみも、その定義の難しさとは無関係に、シンプルにひとつに重なるのである。

しかし、世界人権宣言採択60周年を迎えた2008年10月17日、「貧困撲滅のための国際デー」にあたって、潘基文国連事務総長は貧困の中で暮らす人々の人権と尊厳に再び注目することを訴えかけた。世界人権宣言が、すべての人の、自己及び家族の健康及び福祉に十分な生活水準を保持する権利を有するとしているにもかかわらず、60年を経た今も、数億人の人々が依然として貧困状態にある。貧困とは人間としての権利と尊厳を奪い去られた状態であって、私たちの取組は基本的、物質的なニーズを超え、差別や不平等に取組むものとせねばならないと[74]。

わたしたちは、ESDのD;Developmnetの焦点が、開発途上国をはじめとする開発へのさまざまな取組の上に、変遷国家や社会や組織ではなく、一人一人の人間にあたるようになったこと、そこから世界共通の遺産として持続可能な開発というコンセプトが形づくられてきたことを忘れることなく、いまだ人間の安全保障さえ得られない人々にも焦点をあてるESDであることを願いたい。そして、ESDという概念や持続可能性、持続可能な開発というコンセプトが、共有のものとして議論の俎上に乗る遥か昔から、人々の持続可能な豊かさのために奮闘努力してきた人々がいることを、ESDを通じて受け継いでいきたいものである。

また、3.11東日本大震災を経験した日本のわたしたちにとって、途上地域だけでなく、日本や先進諸国の持続可能性、持続可能な開発の問題を、既存の開発論のうえに、いかにリンクさせていくかが、今後のESD展開のもう1つの重要な課題である。

注
（1）トダロ　マイケル　P.・スミス　ステファン　C. 著　岡田靖夫監訳『トダロ

第3部　ESDの新たな展開に向けて

とスミスの開発経済学』（国際協力出版会、2004年）（原書名：Todaro, Maichael P., and Smith Stephen C., 2002, Economic Development, Eighth Edition, Addiosn Wesley Longman Limited, London）18ページ。
（2）本章は、吉川まみ博士論文「途上国の農村における持続可能な豊かさのための環境教育理念」第1部および第2部の中で2008年にすでに発表済みのものに加筆修正を加えた。
（3）西川潤「人間と開発　内発的発展による共生社会への展望」（吉田文和・宮本憲一編『環境と開発』（岩波講座・環境経済・政策学第2巻）岩波書店、2002年）40ページ。
（4）『同書』。
（5）西川潤『人間のための経済学：開発と貧困を考える』（岩波書店　2000年）40ページ、および西川潤『アジアの内発的発展』（藤原書店、2001年）307ページ。
（6）江原裕美『開発と教育―国際協力と子どもたちの未来』（新評論、2001年）。江原は、近年の新たな開発が求められるようになった背景から「開発」にも自発的発展の意味を付与して使用することがあると付け加えている。
（7）ウォーラーステイン　インマニュエル著　本多健吉・高橋章訳『脱＝社会科学　19世紀パラダイムの限界』（藤原書店、1993年）（原書名Wallerstein, I., 1991, Unthinking Social Science: The Limits of Nineteenth Century Paradigms. Cambridge: Polity）
（8）西川潤「人間と開発　内発的発展による共生社会への展望」（吉田文和・宮本憲一編『環境と開発』（岩波講座・環境経済・政策学第2巻）岩波書店、2002年）41ページ。
（9）シュナイダー　ベルトラン著　田草川弘ほか訳『裸足の革命　自立をめざす第三世界の農民たち』（ローマ・クラブ・リポート）（サイマル出版会、1987年）（原書名：Schneider, Bertrand, Secretary General of the Club of Rome, 1987, The Barefoot Revolution A Report to the Club of Rome.）43ページ。
（10）シュナイダー　ベルトラン著　田草川弘ほか訳『国際援助の限界』（ローマ・クラブ・リポート）（朝日新聞社、1996年）（原書名：Schneider, Bertrand, Secretary General of the Club of Rome, 1995, The Scandal and Shame of Poverty and Underdevelopment）46ページ。
（11）原彬久編『国際関係学講義』第3版（有斐閣、1996年）7ページ。Hirschman, A. O., 1981, The Rise and Decline of Development Economics, in Essays on Trespassing: Economics to Politics and Beyond, Cambrige University Press. pp.1-24. 開発経済論といった特殊な分野は必要ではないと多くの経済学者が考えている。先進国も開発途上国もそのかかえている経済問題は基本的に同質であるとする「モノ・エコノミクス」の考え方である。
（12）原彬久編『前掲書』（1996年）。代表的な考え方は、ヌルクセ　R.の「貧困の悪

第 9 章　開発と教育の歴史的変遷と ESD

循環」。
(13) 米ケネディ大統領（当時）の提案による。United Nations, 1962, The United Nations development decade: Proposal for Action. New York. このなかで、「開発は単なる成長ではなく、成長プラス変革である。変革は社会的、文化的、経済的、かつ量的、質的なものである。とくに経済開発と社会開発を分けて述べる必要はない。開発は自動的に両方を含む」と述べている。
(14) 西川潤『社会開発　経済成長から人間中心型発展へ』（有斐閣選書）（有斐閣、1997年）。
(15) アラブ連合ナセル大統領とユーゴスラビアのチトー大統領の提唱で開発途上の中立国36カ国が参加。
(16) 外務省訳『プレビッシュ報告　新しい貿易政策をもとめて』（国際日本協会、1964年）160～170ページ。
(17) 1968年に世界銀行総裁マクナマラから、L.B.ピアソン（Lester Bowles Pearson）元カナダ首相など 8 名のメンバーによる国際開発委員会の研究報告書。
(18) 原彬久編『前掲書』（1996年）。
(19) 社会全体の資本・所得の増加分を貧困層に有利になるように再分配する戦略。
(20) 正式名称Preparation of Guidelines and Proposal for the Second United Nations Development decade（「第 2 次国連開発のためのガイドライン及び提案」）。委員長がティンバーゲン（Jan Tinbergen）教授であったことから「ティンバーゲン報告」と呼ばれる。国連総会と経済社会理事会の要請により、世界各地域からの18名の委員で構成された開発計画委員会（Committee for Development Planning）が国際的な開発戦略をまとめた。
(21) 文部省『昭和47年版科学技術白書』、第 1 部第 3 章科学技術における国際協力の展開　報告書では、「土地の所有制度、行政上の階級制度、教育制度、不適当な教育機会、外国の圧力、幾多の因習的風俗・習慣によってもたらされる」とする。
(22) 1954年に国連がILO、UNESCO、FAOの協力を得て出された報告書。
(23) 西川潤『前掲書』（1997年）121ページ。
(24) World Bank, 1974, Education. Sector Working Paper. Washington, D.C. Robert S. McNamaraの世銀総裁の任期は1968～1981年
(25) United Nations, 1977, *Economic and Social Progress in the Second Development decade*. New York.
(26) ILO, 1976, *Employment, Growth and Basic Needs: A One-World Problem*, pp.31-43. 西川潤（1997）による訳を参照した。
(27) United Nations, 1977, *Economic and Social Progress in the Second Development decade*. New York.

(28) 恩田守雄『開発社会学：理論と実践』（ミネルヴァ書房、2001年）70ページ。PHC：primary Health Care は「メディカルケア」から「ヘルスケア」が重視され、コミュニティを中心とした地域社会を重視し、健康管理における参加（community participation）を強調する点で社会開発の萌芽的な視点が見られる（松田正巳・島内憲夫「みんなのためのPHC入門」『PHC概念とアプローチ』垣内出版、1993年）。
(29) ロバートソン　ジェイムズ「健康と経済学の不調和」（エギンス　P. 編『生命系の経済学』御茶の水書房、1987年）145～146ページ。
(30) 大平剛『国連開発援助の変容と国際政治―UNDPの40年』（有信堂高文社、2008年）91ページ。
(31) 西川潤『前掲書』（1997年）。
(32) イギリスの開発経済学者ダドリー・シアズ（Dudley Seers, 1920～1983)。
(33) Seers, Dudley, 1969, *The Meaning of Development*, International Development Review, December 1969, the Institute of Development Studies University of Sussex, p.2
(34) 鶴見和子「内発的発展論の系譜」（鶴見和子・川田侃編『内発的発展論』（財）東京大学出版会、1989年）。鶴見が指摘しているシアズ D. のその後の1977年の論文は、Seers, Dudley, 1977, *The New Mmeaning of Development*, March, International Development Review, December, Volume XIX, Number 3,1977/3, pp.2-7, the Institute of Development Studies University of Sussex. であり、現在入手可能なものを見ると、1969年 *The Meaning of Development* と内容は同一となっており、その後IDSでの再版による何らかの理由であろうといわれている。
(35) Dag Hammarskold Foundation,1975, *Que Faire ?*, p.35.
(36) 鶴見和子「内発的発展論の系譜」（鶴見和子・川田侃編『内発的発展論』（財）東京大学出版会、1989年）。
(37) 鶴見和子『前掲書』（1989年）および『内発的発展論の展開』（筑摩書房、1996年）。
(38) 西川潤『人間のための経済学：開発と貧困を考える』（岩波書店、2000年）。
(39) 鶴見和子『内発的発展論の展開』（筑摩書房、1996年）98～118ページ。および大和田滝恵・姚南「中国の開放政策と民族主義「内発の外向型発展」にみる中華ナショナリズム」（木村直司・今井圭子編『民族問題の現在』渓流社、1996年）179ページ。
(40) 佐伯尤「南北問題」（関東学院大学紀要『自然人間社会』Vol.31、2001年）19～41ページ。アジアニース（Asia NIES: Asia Newly Industrializing Economies：アジア新興工業経済地域）。開発途上国のなかで20世紀後半に急速な経済成長を果たした国・地域で、アジアニースはアジア地域におけるア

ジア新興工業経済地域で韓国、台湾、香港、シンガポールなど。
(41)シュナイダー　ベルトラン著　田草川弘ほか訳『裸足の革命　自立をめざす第三世界の農民たち』(ローマ・クラブ・リポート)(サイマル出版会、1987年)(原書名：Schneider, Bertrand, Secretary General of the Club of Rome, 1987, The Barefoot Revolution A Report to the Club of Rome.)。
(42)WCED, 1987, p.28
(43)地球憲章推進日本委員会『地球憲章』(ぎょうせい、2003年)12ページ。
(44)村上一真「第4章　社会的能力の測定に係る課題の明確化」(『環境と開発の政治経済学』多賀出版、2007年)3ページ。
(45)松下和夫『環境ガバナンス　市民・企業・自治体・政府の役割』(環境学入門12)(岩波書店、2002年)169ページ。
(46)大平剛『国連開発援助の変容と国際政治—UNDPの40年』(有信堂高文社、2008年)93ページ。
(47)松下和夫『環境ガバナンス　市民・企業・自治体・政府の役割』(環境学入門12)(岩波書店、2002年)169ページ。
(48)松下和夫『前掲書』(2002年)。
(49)地球憲章推進日本委員会『地球憲章』(ぎょうせい、2003年)。
(50)Sen, Amartya, 1987, Hunger and Entitlement, WIEDER, Helsinki.
(51)絵所秀紀「後期アマルティア・センの開発思想」(法政大学紀要『経済志林』Vol.69、No.2、2001年)155〜192ページ。
(52)西川潤『人間のための経済学：開発と貧困を考える』(岩波書店、2000年)289ページ。
(53)UNDP, 1990, Concept and Measurement of Human Development.
(54)西川潤『前掲書』(2000年)288ページ。
(55)ハク　マブーブル著　植村和子ほか訳『人間開発戦略：共生への挑戦』(日本評論社、1997年)(原書名：Mahbub ul Haq, 1995, Reflections on Human Development, 1995)。
(56)ハク　マブーブル『前掲書』(1997年)24ページ。
(57)恩田守雄『開発社会学：理論と実践』(ミネルヴァ書房、2001年)70ページ。
(58)恩田守雄『前掲書』(2001年)。
(59)恩田守雄『前掲書』(2001年)。
(60)野上裕生『人間開発の政治経済学』(アジア経済研究所、2007年)。
(61)斎藤文彦『参加型開発—貧しい人々が主役となる開発へ向けて』(日本評論社、2002年)3ページ。
(62)斎藤文彦『前掲書』(2002年)。
(63)西川潤「国連大学グローバル・セミナー第4回島根セッション「人間開発理論—グローバリゼーション下の政策課題」資料」(2003年)。

第3部　ESDの新たな展開に向けて

(64) 小國和子「村落開発援助におけるエンパワーメントと外部者のまなび」(佐藤寛編『援助とエンパワーメント　能力開発と社会環境変化の組み合わせ』アジア経済研究所、2005年) 134ページ。
(65) フリードマン　ジョン著　斉藤千宏・雨森孝悦訳『エンパワーメント　力の剥奪からエンパワーメントへ』(新論社、1995年) (原書名：Friedmann, John, 1992, Empowerment The Politics of Alternative Development) 71〜77ページ。
(66) 小國和子『前掲書』(2005年)。
(67) 久木田純「エンパワーメントとはなにか」(『現代のエスプリ』11月号、1998年) 10〜34ページ、21ページ。
(68) 援助国サイド、ドナーがどれだけ経済援助をしていくのかという方針を決定する機関。
(69) 正式名称 "Shaping the 21st Century: The Contribution of Development Co-operation"
(70) この中には、(1)「2015年までに、極度の貧困状態にある人々の数を1990年の半分の水準まで減少」、(2)「2015年までに小学校就学率100％に」、(3)「2005年までに初等・中等教育での男女平等や女性の地位向上を推進」、(4)「2015年までに、乳児と5歳未満の幼児の死亡率を1990年の水準の3分の1に削減」、(5)「1990年から2015年までの間に、妊産婦死亡率を4分の1に削減」、(6)「誰もが必要に応じて性と生殖に関する医療保健サービスが受けられる体制を2015年までに整える」、(7)「各国が持続可能な開発戦略を2005年までに実施し、環境破壊に向かっている傾向を2015年までに逆転させる」の7つの開発目標が設定されている。これらがもとになってMDGsが設定された。
(71) 日本国際連合学会編『持続可能な開発の新展開』(国際書院、2006年)。MDGsについては、2007年度上智大学ソフィア会寄付講座「先進国と途上国の開発への取組み」(コーディネーター；John Joseph Puthenkalam, S.J. 教授) において、MDGs達成に国際的に取り組む上智大学OB/OG (UNIDO浦元義照氏、FAO村田敏彦氏、WFP工藤絵里氏、NHK道傳愛子氏、NPO国際子ども権利センター甲斐田万智子氏、NPOピースウィンズ代表大西健丞氏、国際金融公社IFC東真理子氏、上智大学経済学部濱田壽一教授・師岡文男教授、国連ハビタット親善大使マリ・クリスティーヌ氏、ユニセフ親善大使アグネス・チャン氏) らから多くの助言と示唆を得た。
(72) 人間の安全保障委員会編『安全保障の今日的課題：人間の安全保障委員会報告書』(朝日新聞社、2003年) 12ページ。
(73) UNDP, 2002, Deepening Democracy in a Fragmented World, p.59.
(74) 2008国連広報資料プレスリリース08-61-J　世界人権宣言採択60周年を迎えた2008年10月17日、「貧困撲滅のための国際デー」にあたって、「貧困の中で暮らす人々の人権と尊厳」を再び注目することを訴えかけた。

第10章　内発的外向型発展論とESDの内発性・外発性

1　はじめに

　「内発的発展論」の展開に多大な功績を遺した鶴見和子は、晩年の論文の中で、費孝通（Fei）が1980年代の初めから半ばにかけて、中国における経済開発モデルの実地調査結果から、3種類の発展形態を提示していることについて言及し、「内発型か外発型は敢然と区別できるものではなく、内発・外向結合型があることに気が付いた」と述べている[1]。さらに、鶴見とともに中国で共同研究を行った大和田滝惠は、鶴見のこの指摘をもとに考察を深め、「内発的な動機と外向型の指向が絡み合って重点を「外向」から「内発」に切り換えていく「上昇転化」の趨勢」を「内発的外向型発展」と命名した。大和田によれば「内発的外向型発展」は、従来のややもすると既成社会では持続的な実現が困難だった内発的発展の現実的な転換であり、理論的にもそれは内発的発展の新たな展開であるとする[2]。

　わたしたちはここで、開発/発展の概念変遷の中からESDのDevelopmentの理念として、もうひとつの開発やオルタナティブとは何かを定義づけることではなく、内発的発展論の新展開として提示された「内発的外向型発展」のあり方が、ESDが求める内発性と外発性に合致し、ESDの今後の新たな取組に示唆を与えるものとして考察する[3]。

2 「内発的発展論」とは

　1970年代、「ベーシック・ヒューマン・ニーズ」アプローチと並んで開発経済論の中で注目され始めた考え方が「内発的発展論」である。1969年にシアズ　D.[(4)]が、「開発とは、すべての人間のパーソナリティの可能性を実現することを目標とし、貧困と失業とをなくし、所得配分と教育機会とを均等にすることである」[(5)]と定義づけた。鶴見によれば、「経済成長によってのみ発展を測ろうとする1960年代の世界的傾向批判し、経済成長をとげても、あるいは経済成長をとげたためになお一層、一国内、および国際間に、所得の不均衡が増大しつつあることに着目し、配分の均等化こそ、発展の重要な指標であることを強調したのがこの論文であった」[(6)]。

　その後1977年にシアズ　D. は、所得配分や就業および教育の機会均等を発展の指標とするだけでは、人々のパーソナリティの可能性という目標を達成するには不十分であるとの考えに至り、「開発」の意味を再考し、新しい要件として「自力更生」（自助）という考え方を付加した。鶴見は、シアズ　D. が「自力更生」を付加したのは、1974年のNIEO；New International Economic Orderによる「新国際経済体制行動計画」に集団自力更生がうたわれたことがきっかけであろうと述べている。シアズ　D. の考える「自力更正」とは、経済、文化の両面で他国への依存度を最小限にとどめることを意味しており、これは開発途上国内の問題のみならず、先進国側においても多国籍企業の進出を抑制し、文化的抑圧を軽減することだとしている[(7)]。

　「自力更生」（自助）の視点は、社会学の領域から従属論を展開するブラジルのカルドゾの定義の中にも見られる。カルドゾは、開発途上国の立場から開発を次のように定義づけた。「発展とは、外国への従属がより少なく、自国内で資本が蓄積され、自国内で工業をおこす活力が沸き起こり、自力で経済成長を推進できる状態をいう」[(8)]。カルドゾの理論は、中心国の発展と周辺国の「低開発」とを二者択一の関係として捕らえるのではなく、周辺国

にも中心国への従属の度合いに応じて「従属的発展」が可能であるという仮説を提示したものである[9]。

また、タイの自助運動の理論的指導者であったスラック・シワラクは、仏教に基礎を置き、ガンジーおよびクェーカーの非暴力主義の思想を取り入れた「仏法社会主義」[10]を展開し、アジアの開発途上国の立場から「発展」を定義づけた[11]。シラワクの「仏法社会主義」による開発の考え方は、欲望を少なくし、暴力を避け、物質よりも精神を発展させることである。仏教は、「道徳」「瞑想」「知恵」によって個人の内面から精神を育て、覚醒した個人が村を発展させ、いくつかの村が発展することによって国民へ、そして世界へと波及させることである[12]。これらの開発思想は後に、タイでは「開発僧」による農民参加と自立・自助努力による農村開発へと発展し、スリランカでは「サルボダヤ運動」として農村へと展開され、今もなお続いている。そして、開発経済論のアプローチに大きな展開をもたらしたのが、1975年ダグ・ハマーショルド財団による『何を今──もうひとつの開発』の中に示された理念である。「もし発展が、個人として、また社会的存在として、開放と自己展開をめざす人間の発展であるとするならば、このような発展は事実上、それぞれの社会の内部から発現するものでなければならない」[13]という考え方は「もうひとつの発展」（an alternative development）と呼ばれた。

「もうひとつの発展」は、近代化パラダイムを転換し、利潤獲得よりも人権や人間の基本的ニーズの充足に大きな比重を置いている。自ら主権を行使、自らの価値観と未来展望を定めるような社会の内部から起こってくるという内発的で、その基盤としての自立性を発展の目的とする。それぞれの社会の発展は、その自然的・文化的環境のもとで、まず当該社会構成員のもつ活力を生かし、その経済社会のもつ諸資源を利用する形で行われるべきであり、その根幹には地域経済の自立性がある。

また、支配的な経済成長優先型の発展では環境保全の側面がしばしば無視され、子々孫々の世代が享受すべき環境資源、生態系を破壊して、将来世代ばかりか現在世代の貧困化をも導くことが多いことから、エコロジー的に健

全でなければならない。そして、社会構成員のすべてが自分に影響するような意思・政策決定に関して参加できるために、社会関係・経済活動や、権力構造の面での改革が必要であり、経済社会構造の変化なくしてもうひとつの発展は達成されない。鶴見によれば、ダグ・ハマーショルド財団による「もうひとつの発展」の定義は、地域が発展の単位であることを明確にした点、地域の自然生態系との調和を強調し、地域の文化遺産（伝統）に基づく人々の創造性を重んじる点で、シアズ及びカルドゾの定義に欠落した部分を補っている[14]。

ダグ・ハマーショルド財団「もうひとつの発展」の内容：
(1) 基本的必要に関連している
(2) 内発的である
(3) 自立的である
(4) エコロジー的に健全であること
(5) 経済社会構造の変化に基づいていること [15]

「もうひとつの発展」における「内発的発展」の考え方は、ユネスコや国連などでも採りあげられて研究が行われた。また、イギリスの「もうひとつのサミット財団」の研究報告『生命系の経済学』は「内発的発展」の考え方ときわめて近い。これら一連の研究から得られる「内発的発展」の特性を、西川は、(1)内発的発展は経済学のパラダイム転換を必要とし、「経済人」に代え、人間の全人的発展を究極の目的として想定している、(2)内発的発展は他律的・支配的発展を否定し、分かち合い、人間解放など共生の社会づくりを志向する、(3)内発的発展の組織形態は参加、共同主義、自主管理等と関連している、(4)内発的発展は地域分権と生態系重視に基づき、自律性と定常性を特徴としている、という4点にまとめている[16]。

同時期、社会学者であったタルコット・パーソンズも"endogenous development"と"exogenous development"の社会類型を開発途上国にあ

てはめ、後発社会にとって先進社会の模倣にとどまらない、自己の社会の伝統の上に立ちながら外来のモデルを自己の社会の条件に適合するようにつくりかえていく発展のあり方を"endogenous development"とした[17]。

鶴見は、1975年に初めてパーソンズのこの概念について触れ[18]、翌1976年にはパーソンズの社会類型を「内発的発展型」「外発的発展型」と訳した[19]。鶴見によれば、1975年にダグ・ハマーショルド財団が示した「もうひとつの発展」を当時、鶴見は知らなかったが、パーソンズに代表されるアメリカ社会学における近代化論が、先進国の発展を「内発的発展」、開発途上国の発展を「外発的発展」とみなしていることに対し、開発途上国にも「内発的発展がありうることを示して、このような二者択一の分類に挑戦したいためであった」とのべている[20]。

鶴見による「内発的発展」の定義：
「内発的発展とは、目標において人類共通であり、目標達成への経路と創出すべき社会のモデルについては、多様性に富む社会変化の過程である。共通目標とは、地球上すべての人々および集団が、衣食住の基本的要求を充足し人間としての可能性を十全に発揮できる、条件をつくり出すことである。それは、現存の国内および国際間の格差を生み出す構造を変革することを意味する。そこへ至る道すじと、そのような目標を実現するであろう社会のすがたと、人々の生活のスタイルとは、それぞれの社会および地域の人々および集団によって、固有の自然環境に適合し、文化遺産（伝統）にもとづき、歴史的条件にしたがって、外来の知識・技術・制度などを照合しつつ、自律的に創出される。したがって、地球規模での内発的発展が進行すれば、それは多系的発展であり、先発後発を問わず、相互に、対等に、活発に、手本交換がおこなわれることになるであろう。」[21]

「もうひとつの発展」も「内発的発展」もともに「開発」のプロセスや目標や成果の尺度の転換を求め、外発的ではない内発的な自己発展を目指す点でその開発理念を共有し、これらの概念はオルタナティブな開発のあり方として広く受け入れられるようになった[22]。

西川も、同様に人間中心の開発を唱えているが、よりポジティブに豊かさを創出していくプロセスであると捉え、「開発」に「発展」としての意味付与を行った。西川によれば「今日まで、開発・発展はいつも物質的な創出（経済成長）と結びついていた。しかし、このような方向で、開発・発展を見直す場合に、他動詞として人間を客体＝対象化する「開発」と、自動詞として人間を主体と考える「発展」はしだいに合致してくることが理解されるだろう。すなわち人間の開発と発展はこの世界観の再構成を通じて、イクォールとなってくる」。そして「豊かさ・貧しさに伴う、内発的発展論、社会的経済論、人間開発論といった一連の理論にみられるパラダイム転換には、現代世界の持つ人間（人権）抑圧構造、貧困創出構造を見据え、そこからの脱出、貧困解消、豊かさの創出を目指してきた思想的流れがある」[23]。

　また、農村開発の専門家であるチェンバース　R. は、開発に関する新旧パラダイムを、「モノ中心の開発」から「人間中心の開発」へと表現し[24]、同様に、コーテン　D. も「民衆中心の開発ビジョン」として「開発（発展）とは、ある社会に属する人びとが、自分たちがもつ将来への夢や希望に沿って、持続可能かつ公正に分かち合う形で生活の質を改善していくためにさまざまな資源を活用・管理運営する能力を、個人として、そして制度として向上させていくプロセス」であるとしている。そして、ここでの開発という言葉が、「工業化ないし経済生産の増加と同一視するこれまでの定義とは、まったくといってよいほど共通項がないことにやがて気づくであろう」と述べている[25]。

　このように、開発とはダイナミックな概念であり、いま、持続可能な生活の質、ウェルビーイング（良い生活・豊かな生活）を創出していくことがその目的となってきた。発展と同様の意味をもつようになり、今後は、開発が目的とする「持続可能な豊かさ」とは何かを問うプロセスと重なっていくものであろう。そして、これまでの貧困や開発のアプローチが客観的に理解できるものであったのに対し、豊かさとは主観的な人々の内的体験であるという点を強調したい。

3　内発的発展論と地域概念

　鶴見によれば、「内発的発展論とは、それぞれの地域の生態系に適合し、地域の住民の生活の基本的必要と地域の文化の伝統に根ざして、地域の住民の協力によって、発展の方向と筋道を作り出していくという創造的な事業」である[26]。「内発的発展論」が近代化と異なる大事な点は、近代化の最も大事な指標が経済成長であるのに対し、内発的発展論が人間の成長を究極の目標としている点である。それぞれの人が持って生まれた可能性を十分に発揮できるような条件を創っていくという、人間の成長に重きを置いているのである。このような「内発的発展論」のなかで鶴見は、「伝統の再創造」の視点が非常に重要なものであるとする。「世代から世代へ受け継がれてきたところの「型」としての「伝統」の側面を4点に整理している[27]。

(1)伝統の社会構造の面：家族や村落の構造・村と町との構造・都市構造など
(2)伝統の精神構造の面：宗教・価値観・コスモロジー
(3)伝統の技術の面：技と技術・工芸など
(4)伝統の感情・感覚・情動の面：音楽・舞踊など日常生活の様々な行為に見られる

　鶴見によれば、これらの「伝統」のなかに現代の大問題を処理する「知恵」を見いだすことができ、それらの「古い知恵」を現代の状況に合うように作り変えることが「創造」である。伝統を作り変えて使おうというのが近代化論の対抗モデルとしての「内発的発展論」の重要な意味であり、そのプロセスが「伝統の再創造」ということになる。「伝統の再創造」のプロセスでは、創造の主体、だれが伝統をうけつぎ、どうつくり変えるかということからきりはなして考えることはできない。伝統が生まれ、人々と風土によって育まれるところが地域であり、内発的というアプローチによって、ここからおの

第 3 部　ESD の新たな展開に向けて

ずと「地域」という視点がクローズアップされてきた。

　ところで、「地域」とは、以下に説明できるものだろうか。坂井は、「地方」と「地域」という言葉の対比から、「地方」というときは政治的、経済的、文化的タテ構造が指示されており、「地域」というときは空間的な拡がりとしての地理性に重きが置かれると述べているが[28]、ひとつの分析単位としての地域社会の概念には明確な定義はなく多様な側面を持つあいまいな概念である。

　高橋は、既存の地域社会への視点には一般的に、「リージョン論」（都市と農村を超えた地域社会regionの社会構造を捉えようとする視点）、「地域社会論」（都市と農村を含む行政単位としての地方自治体の視点）、「コミュニティ論」（より小規模な生活構造への視点）の3つがあったとする[29]。

　松野は、従来の地域社会への視点に対し、地域的統一性（規模・規範）を生態的なものとして捉えている点が見られるだけでなく、地域社会における社会構造・産業構造・生活構造とどのような関連をもって地域社会を捉えているかという点（地域社会の内容）が明確化されていないために、どのアプローチが現実の地域社会を適切に捉えていく有効な方法であるのかが不明確であると指摘している。そこで、地域社会における活動単位を基準とした次元で捉えていく方が妥当であるとして、次のような4つの視点を提示している[30]。

1. **行政単位としての地域社会**：地方圏、地方、県、市、町、村など行政サービスの供給可能な地域
2. **経済的単位としての地域社会**：企業、個人の経済行動を基準とした市場原理の到達する地域的範域
3. **文化的な影響力の単位としての地域社会**：地域文化が浸透する文化的範域、文化の供給可能な地域的範域
4. **社会単位としての地域社会**：行政単位・経済単位・文化的単位が重層化している、地域風土を背景とした地域固有の社会が成立している地域的

範域

　また、これらの構成要素には、地理学・経済地理学・行政学等の「地域的範域」を基準とした"地域性"（area）という特質と、地域社会の共同生活の内容である"共同性"（common ties）や"社会的相互作用"（social interaction）があると考えられ、地域社会の概念は、「地域的範域」が多様であるだけでなく、地域社会が内包する"地域性"や"共同性"といった伝統的な性質が、産業化・都市化という近代化によって生じた地域的範域上、地域的生活上の多様性によってあいまいになってきた[31]。

　このような「地域的範域」の拡大化、地域生活における共同性の拡散化などの変化、変質という点で、野田は、歴史的にみて、産業や経済的なつながりや、交通手段の変化によって「地域」の範囲は変化してきたということができるが、このように地域の地理的空間的範囲が可変的であると考えると「地域固有の何かがあるという見解の限界を感じる」と述べている[32]。これに対し、"地域性"や"共同性"という基本的な要素だけでなく、当該地域社会に居住する市民としての自主性や主体性や責任を持った住民が地域に対してもつ"共通の帰属意識"（共通の目標）（共通の活動）を志向する態度、つまり構成要素としての"主体性"に着目することで、可変的な地域社会をひとつの単位として捉えようとする視点もある。

　大量生産―大量消費に代表される「効率の思想」、国家主導型の地域社会支配といった「集権主義」、物質的価値観優先型の「画一の思想」を基盤とする産業主義・工業主義によって経済的な豊かさがもたらされた一方で、弊害として顕在化してきた自然環境や人間的な絆の破壊を憂慮し、人間的価値の再発見の必要性を提起しようとする背景から生じてきたのが「地域主義」である[33]。

　鶴見は、「内発的発展論」において、「社会科学における分析の単位として地域をえらび出し、その地域において自然生態系と人間との関係を重視し、生命原理を社会科学の基礎に置こうとしたのは、玉野井の功績である」と述

べている⁽³⁴⁾。玉野井によれば、「中央」に対し、「地方」は本来、同一平面上の単数の地域ではなくて、歴史と伝統を誇る複数的個性の地域から成っている。「地域主義」の問題意識は「中央」優位、「地方」劣位の体制に対する問題意識から出発しているが、「地域主義」はこの図式への抵抗にとどまるものではなく、これを超えてさらにこれらの諸地域に自分をアイデンティファイする定住市民の、自主と自立を基盤として作り上げる経済、行政、文化の独立性をめざすものといえる⁽³⁵⁾。玉野井の「地域主義」という考え方は、次のように定義されている。「地域主義とは、一定地域の住民が、その地域の風土的個性を背景に、その地域の共同体に対して一体感をもち、地域の行政的・経済的自立性と文化的独立性とを追求することをいう」⁽³⁶⁾。この「地域主義」の考え方は、人間と自然との共生の在り方を重視するエコロジーの原理を基礎とする。これは、各地域の水と土を保全し活用するライフスタイルの思想である。ゆえに、地域性は同時に季節性を含むことになり、地域主義における「地域」とは、このような空間的時間的季節性によって特徴づけられる人間の生活＝生産の場所と考えなければならない⁽³⁷⁾。鶴見は、こうした考え方をもとに内発的発展の研究単位としての地域の特徴として次の5点を挙げている⁽³⁸⁾。

⑴特定の特徴ある自然生態系を共有する町と村との連続体である。
⑵ひとつの村、ひとつの町ではなく、村と町の連続体であることによって生産と交易とのつながりが生じ、相対的に、経済の上での自立ができる。
⑶世代から世代にわたって、伝統の蓄積がある。そして、伝統の蓄積を共有しているという自覚が、住民の中にある。
⑷住民が、自分たちの運命にかかわる事柄の決定に参加することができる。
（自治）
⑸住民が生命を生み、育て、守る場所である。

このような鶴見の地域の理解に対し、社会的構造の実態が十分に描き出さ

第 10 章　内発的外向型発展論と ESD の内発性・外発性

れないという批判点もあるものの、鶴見が地域概念を内発的な発展の単位として捉えたことや、単位としての地域に、行政的・経済的自立性と文化的独立性に加えて風土的個性を入れることによって、開発アプローチとESDとしての新たな環境教育の領野をつないでいる点はとりわけ今後のESD展開にとって示唆に富む。

4　内発型発展と外向型発展、内発的外向型発展

　また鶴見は、費孝通（Fei）が1980年代の初めから半ばにかけて、中国の３つの地方小都市において企業による経済開発モデルの実地調査を行った結果から３種類の形態を提示していることについて言及している[39]。中国が表面上は強力な中央集権が行われているように見えるものの、地理的歴史的条件の結果、実質的には地方あるいは農村自治の伝統が強く、実に多種多様な伝統と文化、産業と経済を発展させており、内発的発展と外向型発展の共存、交錯、そしてすみ分けの論理が必要となる。費は、このような地域間格差と特徴の異なる中国を事実に立脚して整合的に捉えようとしたのである。

　小さな地域を厳密に調査分析し、各地の特徴を的確に析出し、現実の社会経済の発展に合わせてその特徴を明確化する「模式」（モデル）という概念を生み出した[40]。そして、費は、内発的発展を担う地域の企業の形態を、(1)内発型企業、(2)外向型企業、(3)内発型と外向型との結合型企業、の３つに分類した。

　鶴見は費の３番目の形態を更に、(1)外交型が内発型を支配し従属させる、(2)内発型と外向型とが一つの企業の中で役割分担して併存する、(3)内発型が主体となって、外交型を内発的発展の目標である地域住民の生活を豊かにするために役立てる、に分類することができると述べている[41]。

　鶴見は、費の示した３地方都市の変容過程は内発型と外向型に敢然と区別できるものではなく、それぞれが「上昇転化」する可能性を持っていることを示しており、内発・外向結合型がどのような条件のもとに内発志向を強化

第 3 部　ESD の新たな展開に向けて

できるのか、他方、どのような条件で外向志向が強化され、内発性が弱まっていくのかを検証していくことが、これからの理論上の課題であると考えている[42]。また、3つのケースに共通する5つの点から、それぞれ内発的発展にとっての必須事項を以下のように導き出している[43]。

(1) 地域内に意識構造または社会構造の伝統が近代以前から蓄積されていること。(植民地化などによって蓄積がない場合もあり、伝統の創造が求められる場合もある)
(2) 地域が外に向かって開かれていること。(地域の開放性)
(3) 地域内に理論的もしくは少なくともキー・パーソンが活動していること。(内発的発展の担い手は、地域内の強烈な個性を持った複数の個人であり、意識・社会構造の変化の分析とともに、複数の個人の自己変革の過程と社会変化との結節点の関連性を明らかにすることが求められる。)
(4) 国を超えた地域と地域とのつながり。
(5) 地域の文化伝統の基底にある宗教が、それぞれの地域の内発的発展の方向づけをしていること。

　さらに大和田は、外向型発展の進んだ珠江では、内発と外向型が結合するだけでなく、内発・外向型結合が「上昇転化」して、重点を外向から内発にきりかえていく過程さえ見いだせることを分析した[44]。そして、本章の冒頭でも述べたように大和田は、「内発的な動機と外向型の指向が絡み合って重点を「外向」から「内発」に切り換えていく「上昇転化」の趨勢」を「内発的外向型発展」と命名し、内発的外向型発展は、「これは、従来のややもすると既成社会では持続的な実現が困難だった内発的発展の現実的な転換であり、理論的にもそれは内発的発展の新たな展開である」[45]とした。

5　内発的外向型発展論とESDの内発性・外発性

　以上のような内発的発展論の系譜をふまえたとき、内発的発展論をESDと関連させる意義は、まず内発的な地域実践という観点から見出される。DESD国際実施計画（DESD-IIS）はESDの主な特徴として「地域に根ざし、文化的にも適切である」[46]などを挙げ、グローバルだけでなくローカルな視点の重要性を示している。地域住民の主体的な取組によって環境調和型の発展を目指す内発的発展論は、これら地域実践の分野で長年の研究蓄積を有している。

　内発的発展論が多くの研究蓄積を有することはすでに確認したが、現在、ESDに基づく多様な地域実践も積極的に進められていることから、ESD、内発的発展論双方の蓄積を活用しあっていくことが、今後の実践活動の展開や理論的進展にとって有益であると考えられる。阿部[47]も地域づくりという地域実践に関わる観点からESDと内発的発展論の関係について、「内発的発展論としてのESDの役割」として、次のような指摘をしている。

　　住民主体、地場産業の育成など、ボトムアップ型の内発的発展論は、経済振興だけでなく、環境、文化、教育、医療、福祉など関連した地域づくりである。この意味では、**内発的発展論としてのESDの可能性を探ることも地域づくりとしてのESD研究の課題である**。（阿部　2006）[48]

　朝岡は「ESDがビジョン（未来思考性）をもった対話と参画を重んじる新しい教育のアプローチであり、組織・社会変革を目指すことから、組織・社会としての学びや状況的学習を重視するもの」であり、また「ESDの内容は地域の自然や社会・文化・歴史などの違いによって多様であり、地域の自己決定を重視すべきものとされる」ことを紹介している[49]。そして同氏はESDの概念を「グローバリゼーションが持つ市場主義的な特質に抵抗し、オルタナティブな地域社会とそれを支える教育のあり方を模索するものである

といえる」と位置付けている⁽⁵⁰⁾。その意味では、やはりESDも、たとえ政策的な出自があったとしても、取組は地域から発し、その中で学びが構成され、方向付けがなされていくものである。

6　おわりに　発展論としてのESDとこれからの国際開発目標

　DESD国際実施計画（DESD-IIS）では、ESDの主な特徴としてはESDを「あらゆる人々が、地球の持続可能性を脅かす諸問題に対して計画を立て、取組、解決方法を見つけるための教育」⁽⁵¹⁾と定義づけ、「現実的な社会転換」という言葉によって、ESD展開の外発性への配慮も視野に入れることをうながしている。

　鶴見は、「地域の開放性は、内発的発展にとって、重要な条件」であり、地域の開放性が重要であるのは創造性への基本条件でもあるからだとする⁽⁵²⁾。創造性とは、異質な者のぶつかり合いによって育つものであり、かつて柳田國男が、村人は、同じ村の中に居つづけると知識も、思想も貧しくなり、「所貧乏」（ところびんぼう）になると指摘したことを引合いにだしつつ、外から入ってくる旅人の話をきいたり、自分が旅に出て見聞をひろめ、自分たちが代々住んでいる地域の伝統と、外来の知識や思想とをたたかわせて、むすびつけることによって、はじめて、新しい考えにたどりつくことができるのだと述べている⁽⁵³⁾。

　朝岡は、ESDの教育の社会変革機能に注目し、その機能が社会に許容されるのは「社会（あるいは権力）が求める変革に役立つ範囲内のことであり、社会が変わろうとするときにその変化を助長する限りでのものである」ことを示した後、環境教育研究の立場から、ESDを環境教育の拡張概念として捉えた上で、市民運動・社会変動に関わる教育（ESD、環境教育）の役割を次のように指摘している。

　　環境にかかわる市民運動に内在する学習・教育の契機を積極的に支援す

る役割こそが、持続可能な開発のための教育（ESD）段階に達した環境教育の新しい役割であると考えることができる。(朝岡　2005)[54]

　ESDの取組が地域から発していくものであり、またESDが担うものが環境に関わる市民運動や社会変動と関連する学習・教育を支援するという役割だとすれば、それは内からの取組を支援するという側面をも有するといえよう。国際的な議論を背景に登場したESDは、政策的な側面を有するが、しかし、上記の朝岡（2005）[55]の指摘から読み取れるように、その取組は地域から発し、市民運動などに関わる学習・教育を支援するものでもある。一方の内発的発展論もまた、地域性を重視しながらも、その視座は閉鎖的に地域を捉えて、そこにとどまるものではなく、地域から広がっていくものである。そして、ESDが志向する地域実践を土台とした「現実的な転換」として、大和田が指摘した内発的発展の新たな展開としての「内発的外向型発展」が見出される点にも、持続可能性にとって、これからのESDの内発性・外発性とこれからの内発的外向型発展の相互補完的な可能性がうかがえるのである。

　ESDにおいてはグローバルな視点とともにローカル（地域、地方）な視点、及び行動・実践につながる学びが重視されると言え、このことから市民の主体的な取組による地域実践の重要性がうかがえるのである[56]。またESDは国際的舞台で合意がなされ、注目されるものであるがゆえに、世界の様々な地域から、その取組や内発的発展論に基づく実践活動といった地域からのアプローチを、国際社会に発していく契機ともなりうるのではないだろうか。

　2011年3月11日、東日本大震災を経験した日本は、地域という土台、地域からのアプローチ、それを支える人々の絆の重要性をあらためて問い直すきっかけを世界中にもたらした。

　いま、2012年6月にブラジル・リオデジャネイロで開催された国連持続可能な開発会議（UNCSD）では、「持続可能な開発目標（Sustainable Development Goals, SDGs）」の開発が強調された。途上国を主なターゲットとしたミレニアム開発目標（MDGs）とは異なり、先進国・途上国の双方

第3部　ESDの新たな展開に向けて

に普遍的に、かつ、持続可能な開発の環境的、経済的、社会的側面を包括的な対象としている点に特徴が見られる。日本政府は、「国連持続可能な開発会議（リオ+20）成果文書へのインプット」と題する政策文書を発表し（日本国政府　2011）、あえて概念的混乱をさけるためSDGsという言葉を使用しないものの、UNCSD40（リオ+20）は、2015年以降の包括的な国際開発目標（ポストMDGs）を策定する上で重要な機会として位置づけている。そして、「新しい国際開発戦略は、途上国だけでなく、先進国も対象にし、さらには国家だけでなく、民間企業、市民社会団体、フィランソロピーといった多様なステークホルダーのパートナーシップを促進するものでなければならない」と指摘し、連携と協力によるグローバルな連帯の意味合いを強調している。

　このような、途上国も先進国もない、すべての立場にとってそれぞれの地域に根差したアプローチや展開は、ポストMDGsとして標榜するSDGsに示された世界観とをつなぐ、新たな発展論としてのESDの可能性であり、内発性と外発性を有するがゆえに可能となるのではないだろうか。

注
（1）鶴見和子『内発的発展論の展開』（筑摩書房、1996年）98～118ページ。3つの小地方都市での企業による経済開発モデルの実地調査。
（2）大和田滝惠・姚南「中国の開放政策と民族主義「内発的外向型発展」にみる中華ナショナリズム」（木村直司・今井圭子編『民族問題の現在』渓流社、1996年）179ページ。
（3）本章は吉川まみ「途上国の農村における持続可能な豊かさのための環境教育理念」（上智大学博士論文、2008年）第4章126～141ページに、既に発表済みの「内発的外向型発展論」に、佐藤によるESDの内発性・外発性の視点による考察を加え、ESDをひとつの発展論として捉えている。
（4）1969年イギリスの開発経済学者ダドリー・シアズ（Dudley Seers, 1920～1983）。
（5）Seers, Dudley, *The Meaning of Development*, International Development Review, December 1969, p.2., the Institute of Development Studies at the University of Sussex rs, 1969, p.2
（6）鶴見和子『内発的発展論の展開』（筑摩書房、1996年）7ページ。
（7）Dudrey Seers, 1977, *The NewMmeaning of Development*, March, International

第10章　内発的外向型発展論とESDの内発性・外発性

Development Review, December, Volume XIX,Number 3,1977/3, the Institute of Development Studies University of Sussex. pp.2-7.
（8）Cardoso, Fernado H. and Faletto, Enzo, 1979, Devendency and Development in Latin America, translated by Marojory M. Urquidi, University of California Press, p.10.
（9）鶴見和子「内発的発展論の系譜」（鶴見和子・川田侃編『内発的発展論』（財）東京大学出版会、1989年）および、鶴見和子『内発的発展論の展開』（筑摩書房、1996年）。
（10）シューマッハーが「スモール・イズ・ビューティフル」の思想を打ち立てる上で多大な影響を受けたといわれる。
（11）シラワクによる定義「発展に関するわたしの概念は、政府の発展についての概念とは反対である。政府の概念によれば、発展とは、より多くのモノ、道路、学校、病院などの建物を造ることだ。…それは、上層の10パーセントの人々に役に立つだけだ。私は、物質面の発展を否定するのではない。しかし、モノの発展は、普通の人々の、いいかえれば、貧しい人々の現実の必要に応じるものでなければならない。…われわれは、現在の基本的な貧困、基本的な社会不公正、に対してたたかわなければならない。それがわたしのとっての発展の概念である。」
（12）鶴見和子『前掲書』46ページ。「道徳」「瞑想」「知恵」。
（13）国連経済特別総会報告書Dag Hammarskold Foundation,1975, *Que Faire ?*, p.35
（14）鶴見和子「内発的発展論の系譜」（鶴見和子・川田侃編『内発的発展論』（財）東京大学出版会、1989年）43ページ。
（15）西川潤『人間のための経済学：開発と貧困を考える』（岩波書店、2000年）13～15ページおよびポール・エギンス編著　石見尚ほか訳『生命系の経済学』（御茶の水書房、1987年）（原書名：Paul Ekins , Edited ,1986, The Living Economy, The Other Economic Summit）。
（16）西川潤『人間のための経済学：開発と貧困を考える』（岩波書店、2000年）16～30ページ。「もうひとつのサミット財団」TOES：The Other Economic Summit
（17）Parsons, T., 1961, *An Outline of the Social System*, Parsons et al., eds,. Theories of Society, The Free Press p.77.
（18）Tsurumi, Kazuko., 1975, *Yanagita Kunio's Work as a Model of endogenous Development,* paper presented to the panel on Yanagita Kunio studies at the xxvii Annual Meeting of the Association for Asia Studies in San Francisco, March 26,1975,Research Paper,series A-26, Institute of Intenationnal Reeation, Sophia University.
（19）鶴見和子「国際関係と近代化・発展論」（武者小路公秀・蝋山道雄編『国際学

―理論と展望』東京大学出版会、1976年）56〜65ページ。
(20) 鶴見和子「内発的発展論の系譜」（鶴見和子・川田侃編『内発的発展論』（財）東京大学出版会、1989年）47ページ。
(21) 鶴見和子「内発的発展論の系譜」（鶴見和子・川田侃編『内発的発展論』（財）東京大学出版会、1989年）および鶴見和子『内発的発展論の展開』（筑摩書房、1996年）。
(22) 西川潤『人間のための経済学：開発と貧困を考える』（岩波書店、2000年）。
(23) 西川潤『人間のための経済学：開発と貧困を考える』（岩波書店、2000年）165ページ。
(24) チェンバース　ロバート著　野田直人監訳『開発の思想と行動―「責任ある豊かさ」のために』（明石ライブラリー104）（明石書店、2007年）（原書名：Chambers, Robert, 2005, Ideas For Development, Institute of Development Studies）467ページ。
(25) コーテン　デビッド著　渡辺龍也訳『NGOとボランティアの21世紀』（京都：学陽書房、1995年）（原書名：Korten, David C., 1990, Getting to the 21th Century Voluntary Action and the Global Agenda, Kumarian Pr Inc, Connecticut, U.S.A.）82ページ。
(26) 鶴見和子『コレクション鶴見和子曼荼羅　環の巻　内発的発展論によるパラダイム転換』（藤原書店、1999年）32ページ。
(27) 鶴見和子「内発的発展の理論をめぐって」（社会・経済システム学会編『社会・経済システム』No.10、1991年）1〜11ページ。
(28) 坂井正義『地域を見る眼　よみがえるか地方社会』（東洋経済新報社、1975年）15ページ。
(29) 高橋勇悦『都市社会論の展開』（第4章）（学文社、1993年）62〜64ページ。
(30) 松野弘『地域社会形成の思想と論理　参加・協働・自治』（京都：ミネルヴァ書房、2004年）31〜35ページ。
(31) 松野弘『地域社会形成の思想と論理　参加・協働・自治』（京都：ミネルヴァ書房、2004年）35〜36ページ。
(32) 野田（松本）恵「農山村における環境教育実践の構造的把握に向けた地域概念の批判的考察」（東京農工大学『ESD環境史研究：持続可能な開発のための教育』Vol.4、2005年）71〜76ページ、72ページ。
(33) 松野弘『地域社会形成の思想と論理　参加・協働・自治』（京都：ミネルヴァ書房、2004年）41〜53ページ。
(34) 鶴見和子「内発的発展の理論をめぐって」（社会・経済システム学会編『社会・経済システム』No.10、1991年）1〜11ページ。
(35) 玉野井芳郎『地域分権の思想』（東洋経済新報社、1977年）7〜8ページ。玉野井は、増田四朗、古島敏雄、河野健二らとともに1976年10月25日「地域主

第 10 章　内発的外向型発展論と ESD の内発性・外発性

義研究集談会」と称する学際的なディスカッションの最初の集会を開催し、反響をよんだ（鶴見編『地域主義からの出発（玉野井芳郎著作集第3巻）』1990年、3〜5ページ）。
(36) 玉野井芳郎『地域分権の思想』（東洋経済新報社、1977年））7ページ。
(37) 玉野井芳郎『地域主義の思想』（農山漁村文化協会、1979年）10ページ。
(38) 鶴見和子「内発的発展の理論をめぐって」（社会・経済システム学会編『社会・経済システム』No.10、1991年）1〜11ページ。
(39) 鶴見和子『内発的発展論の展開』（筑摩書房、1996年）98〜118ページ。
(40) 鶴見和子・宇野重昭編『内発的発展と外向型発展：現代中国における交錯』（東京大学出版会、1994年）1〜12ページ（序論）および大和田滝惠・鶴見和子「第4章　内発的発展と模式論」鶴見・宇野編『同書』（1994年）105ページ。代表的な模式として、「蘇南模式」、「温州模式」、「珠江模式」。「模式」を費自身が英語で「モデル」と訳していることが記されている。
(41) 大和田滝惠・鶴見和子「前掲書」（1994年）101〜131ページ（前掲書　第4章）および、鶴見和子『内発的発展論の展開』（筑摩書房、1996）98〜118ページ。鶴見は当初、内発的発展というのは、モデルを自社会または自地域から創出するか、国外から借りるかを問題にした外発的発展との対比で用いていた。ところが、鶴見が外発的発展とみなしていた珠江デルタ地域における経済開発モデルを、費が「内発型と外交型とを結びつけた方式」とみなしたことをもとにした考察である（99〜100ページ）。
(42) 鶴見和子『前掲書』（1996年）114ページ。
(43) 鶴見和子『前掲書』（1996年）206〜207ページ。
(44) 鶴見和子・宇野重昭編『前掲書』（1994年）5ページ（序章）。
(45) 大和田滝惠・姚南「中国の開放政策と民族主義「内発的外向行型発展」にみる中華ナショナリズム」（木村直司・今井圭子編『民族問題の現在』渓流社、1996年）179ページ。
(46) UNESCO. 2005. *United Nations Decade of Education for Sustainable Development（2005-2014）*, International Implementation Scheme, October 2005, UNESCO, Paris.
(47) 阿部治「ESDの総合的研究のめざすもの」（『農村文化運動』No.182、2006年）3〜182ページ。
(48) 阿部治「前掲」（2006年）。
(49) 朝岡幸彦「グローバリゼーションのもとでの環境教育・持続可能な開発のための教育（ESD）」（『教育学研究』72(4)、日本教育学会、2005年）530〜543ページ。
(50) 朝岡幸彦「環境教育の射程(2)：環境教育の概念（その2）」（『ESD環境史研究：持続可能な開発のための教育』　第5巻、東京農工大学、2005a年）3〜8ペ

第 3 部　ESD の新たな展開に向けて

　　ージ。
(51) UNESCO. 2005. *United Nations Decade of Education for Sustainable Development（2005-2014）*, *International Implementation Scheme*, October 2005, UNESCO, Paris.
(52) 鶴見和子『前掲書』(1991年)。
(53) 鶴見和子 (1991年)。
(54) 朝岡幸彦『前掲書』(2005年)。
(55) 朝岡幸彦『前掲書』(2005年)。
(56) 永宮祐司・佐藤真久「第14章：オルタナティブな開発アプローチとしての内発的発展論とESDとの関連性―ESDと内発的発展論の概念の関連性とその可能性―」(平成21年度横浜市委託研究)。

第11章　ESDの国際的取組の展望

1　はじめに

　本書では、まず、DESD国際実施計画（DESD-IIS）の策定プロセスと国際的展開、DESD地域戦略と国際的な評価に関する取組、DESDの中間会合（2009年）とDESD中間報告書（2009年）について紹介をしてきた。国別動向については、ESDの取組として注目されている、ドイツ、スウェーデン、中国、インド、ニュージーランドの事例を掲載した。さらに、ESDの新たな展開にむけて、開発と教育の歴史的動向の中でのESDに関する考察や、ESDの内発性・外発性、についての考察も本書に加えた。本章では、各章で取り扱ってきたESDの国際的な取組と展開について踏まえつつ、これからの展望について考察をするものである。

2　「持続可能な開発のための教育の10年（DESD）」の国際的展開

　「国連持続可能な開発のための教育の10年（DESD）」の主導機関であるUNESCOは、DESDの展開にむけて様々な取組をしてきた。まずは、DESD国際実施計画（DEDS-IIS）の策定（2005年）が挙げられる。本国際実施計画（DESD-IIS）は、草案（2003年）、最終案（2005年）、国際実施計画（完成版、2005年）の作成といった一連の作業を経て策定された実施計画である。ESDはとりわけ、現実的な社会転換にむけて、さまざまな主体による行動の推進、態度の変容、価値観の醸成を促し、未来思考に基づく協同的アプロー

チを通して諸課題に対応するといった、「教育の質の向上」と「持続可能な社会の達成」の２つの国際的流れに対応しているものである。国際実施計画の策定プロセスのなかで、持続可能性に関する課題とその解決に焦点をおいた草案・最終案の段階から、より「学習と教授の質」に焦点をおいた国際実施計画（DESD-IIS）の発表段階へと内容が変化していったことは、多くの関係機関や関係者が、持続可能な開発にむけた取組は、環境と開発に関する課題の解決という範疇を超えて、「学習と教授」の質的向上と「教育の質」の向上の認識が不可欠であるということに気付き、人間開発のアプローチが最重要であるという認識を高めた点で、大きな役割を果たしたと言える。

　国際実施計画（DESD-IIS）の策定を受けて、各UNESCO地域事務所は、DESDの地域プログラム開始と普及啓発、地域戦略の策定、モニタリング・評価スキームの開発、国別調整ツールの開発、加盟国のUNESCO国内委員会との連携による関連プログラムの実施と優良事例の選定などを実施してきた。さらに、UNESCOは、国連関係機関との調整につとめ、とりわけ、国連環境計画（UNEP）、国連大学高等研究所（UNU-IAS）、UNESCOの「万人のための教育（EFA）プログラム」との連携を進めている。そして、UNESCOは、地域事務所、関係機関との連絡・調整をしつつ、「モニタリング・評価専門家チーム（Monitoring and Evaluation Expert Group, MEEG）」を発足させ、各地域・各国の進捗状況の把握に努め、2009年には、中間レビュー報告書を発表している。ESDの概念、実施戦略、DESDの進捗と達成に関する議論においては、UNESCOは、2007年の「第４回国際環境教育会議（トビリシ＋30）」、2009年の「ESD-UNESCO世界会議（DESD中間会合）」の主導機関として会議開催に関わり、従来の政府代表団による政治的・政策的議論のみならず、多くのステークホルダーを巻き込み、情報共有と対話、協同的アプローチを重視した参加型アプローチを採用している。

　一方、DESD関係機関である国連大学高等研究所（UNU-IAS）は、ESDの知の構築には、ネットワークの構築が不可欠であるとし、知を構築・共有し、ESDのための資源を作り出せる研究や革新の拠点づくり（Regional Centers of Expertise on Education for Sustainable Development, RCE）のプログラムを展開し、本プログラムを、多様な主体が関わる教育ネットワークとして位置付けるだけでなく、バイオリージョン（生命地域）などの地域特性を生かした取組の強化を進めている。

　国連環境計画（UNEP）は、各テーマに関する取組（生物多様性や、持続可能な生産・消費、淡水資源）における普及啓発、教育、訓練を推進するとともに、ユース（青年男女）を対象とした能力開発のプログラムに力を入れている。

　2009年の中間レビュー報告書では、このような各主体による取組と展開だけでなく、国内におけるESD調整組織の設立や、教育政策（特に初等中等教育が中心）としての位置づけがなされてきていること、などの点においてDESDの進捗が見られたと指摘している。

　その一方で、国内におけるESDに特化した政策・戦略の欠如や、省庁間の調整機関の欠如、ノンフォーマル教育（NFE）・インフォーマル教育（IFE）の活動支援の脆弱性、研究・開発・普及の不十分さ、経済的支援の脆弱性など、多くの課題も提示されている。さらに、中間レビュー報告書では、このような課題を踏まえて、さらなる取組の重要性を提示している。DESD後半年において、特に重視すべきものとして、10の領域（普及啓発、教育の新たな方向付け、能力開発、研究・モニタリング・評価、形容詞付き教育との相乗効果、資源・教材開発、国際・地域協力、国内ネットワーク、調整、資金調達）が提示されており、日本国内においてもDESD後半年の充実にむけた施策の検討と、取組の改善・展開が不可欠である。

3　地域（region）における取組

　DESDにおける地域（region）展開においては、欧州地域とアジア太平洋地域に顕著な進展がみられる。欧州地域では、国連欧州経済委員会（UNECE）の主導のもとで、地域戦略の策定、モニタリング・評価枠組みに関する取組、

第 3 部　ESD の新たな展開に向けて

地域における優先事例の選定と共有、などが行われてきている。さらに、国連欧州経済委員会（UNECE）のDESD評価枠組みに基づく国別実施報告書（National Implementation Reports：NIRs）による、国別進捗の共有にむけた取組は大きく注目されている。UNECE地域戦略に見られるように、欧州地域は、公教育を中心としたESDの評価枠組みが主に採用されており、欧州地域において「同質性」を前提とした地域戦略と国別指標開発の取組が特徴として見られる。とりわけ、欧州地域戦略に見られるようなISCEDフレームワークの活用、ドイツの事例に見られるようなOECD-DeSeCoコンピテンシー・モデルとの整合性、イギリスの事例に見られるような持続可能な地域づくりにむけた学校機能の質的改善（サステイナブル・スクール）、などからも公教育中心の特徴を見ることができる。このように、欧州地域におけるESD地域戦略と施策には、ノンフォーマル教育（NFE）における取組も推奨されているものの、公教育における教育の質の向上とその効果的実施、地域社会への普及が前提としてあるため、アジア太平洋地域戦略におけるESDの目的と方法、施策とは、大きな違いが見られる。

　アジア太平洋地域においては、UNESCOのアジア太平洋地域教育局（UNESCO-BKK）の主導のもとで、地域戦略の策定と、モニタリング・評価枠組みに関する取組がみられる。アジア太平洋地域においては、文化的多様性や経済状況、社会的側面において「異質性・多様性」を前提とした地域戦略の策定と国別指標の開発が行われている。とりわけ、途上国における教育の質の改善にむけて、「ミレニアム開発目標（MDGs）」や、「国連識字の10年（UNLD）」、「万人のため教育（EFA）」などの国際的イニシアティブとの連関が強化されている点に、欧州地域との相違を見ることができる。さらに、アジア太平洋地域におけるDESD指標開発プロジェクト（IUCN-UNESCOプロジェクト）において提示された「促進指標群（Facilitative Indicators）」にある、(1)社会背景—CONTEXT：ESD支援システムの存在を明確化する機能、(2)プロセス—PROCESS：ESDの実施プロセスと活動の存在を明確化する機能、(3)学習—LEARNING：ESDに関する学習と反省を

第11章　ESDの国際的取組の展望

推進する機能、については、社会的、文化的、経済的に異なる国々の下で実施されている様々な教育実践をESDの文脈で読み解く際の大きな可能性と潜在性を有しているといえる。

今後は、「ミレニアム開発目標（MDGs）」、「国連識字の10年（UNLD）」、「万人のための教育（EFA）」などの国際的取組とのさらなる整合性を確保し、UNESCO-BKKの国別評価枠組みとESD調整ツール（An Astrolabe for ESD Coordination in the Asia-Pacific Region: Context, Promotion and Mapping）の効果的活用、アジア太平洋地域におけるESD優良事例収集プロジェクトの実施、などの取組が期待されている。アジア太平洋地域は、世界に類をみないほどの多様性に富んだ地域であることを十分に踏まえて、地域特性としての多様性を尊重したうえでの、ESDのさらなる実践が期待されている。

4　各国における取組と展開

本書では、ESDの先進的な取組事例として、ドイツ、スウェーデン、中国、インド、ニュージーランドを取り扱った。イギリスについては、本シリーズ［3］『学校環境教育論』を参照されたい。「持続可能な開発のための教育（ESD）」という言葉が使用される以前の1990年代後半から、欧州地域においては、「持続可能性のための教育（Education for Sustainability, EfS）」という言葉[1]を使用し、環境、経済、社会の側面を相互に関連づけ、学習と教授の質の向上に関する議論が行われてきている。1997年のギリシャ・テサロニキ会議に代表されるように、環境教育は、EfSやESDの概念を支えるうえで、大きな役割を果たしてきた一方で、自然と科学に基づく従来の環境教育の捉え方が、ESDを捉えるうえで、限定的視点を提示していることも否めない。テサロニキ宣言で指摘されている持続可能な社会における環境教育の内実は、自然と科学に基づく従来の環境教育ではなく、開発、民主主義、人権、平和、文化的多様性を含む概念であり、これからの環境教育の実施において幅広い枠組みを提示するものであった。

第3部　ESDの新たな展開に向けて

　各国の報告に目を通すと、ドイツ、ニュージーランド、スウェーデン、中国、インド、日本、イギリス（本シリーズ［3］「学校環境教育論」を参照）ともに、公教育（初等中等教育）における教育政策の一環としてESDを取扱う傾向が強く、環境教育の延長上（広義の環境教育）として取り扱う例も少なくない。そして、カリキュラム開発や教材開発、学習と教授に関する教育の質的向上とを関連づけて議論がなされてきている。しかし、各国において公教育に焦点が置かれながらも、そのアプローチには多様性が見られ、学校教育政策全体としての位置づけ（ドイツ、ニュージーランド、スウェーデン、中国、イギリス）、価値・道徳教育としての位置づけ（ニュージーランド、中国、インド）、クロス・カリキュラム（ドイツ、ニュージーランド、スウェーデン、日本、イギリス）、学力との関連性の重視（ドイツ、ニュージーランド、イギリス）、など多岐にわたっている。共通している視点としては、環境、社会、経済的側面のバランスへの配慮、対話型・参加型教授法の活用、地域連携、行動に基づく学習サイクルの重視、などが挙げられる。関連教材の開発や、評価、学校全体アプローチ、学校と地域の連携（学社連携・融合）を軸にした生涯学習体系の構築、などについては、その重要性は指摘されつつも、具体的な取組として実施・展開している例はまだ少ないようである。

　今後、公教育における多様なアプローチ・視点についても、より具体的な取組事例にもとづき継続的な調査研究が必要とされている。その一方で、ESDは公教育（FE）を前提とした国、地域においてのみ展開されるものではなく、地域社会における学校外教育（NFE）においてもその取組が期待されており、今後、ノンフォーマル教育（NFE）が果たす役割、生涯学習における意味づけについても深い考察が不可欠であろう。事実、UNESCOの中間報告書（2009）では、ノンフォーマル教育（NFE）、インフォーマル教育（IFE）における支援と調査研究が十分になされていないことが指摘されており、今後のノンフォーマル教育（NFE）、インフォーマル教育（IFE）に関する取組の充実にむけた支援と調査研究の重要性を指摘している。これらの有機的な連携こそが、持続可能な社会づくりに不可欠であることを踏ま

えると、今後も、各教育領域が連携したうえでの地域実践と、ESDの視点に基づく個々の教育領域における知見の蓄積とその共有が重要である。

5 日本における取組

　日本における取組としては、グローバルな文脈とローカルな文脈とのリンクが必要とされている。環境教育が長年経験を蓄積してきた自然と科学に基づく地域に根差した教育実践だけでなく、グローバルな文脈に基づき、人間と人間の関係性に重点をおいてきた、多文化共生、平和教育、人権教育、開発教育、などの視点との関係性強化が必要とされている。今後は、ミレニアム開発目標（MDGs）等の整合性の確保や、国際的教育イニシアティブとの連関も重要であろう。2009年のDESD中間レビュー報告書では、ESDと他の「形容詞付きの教育」との相乗効果の重要性が指摘されており、環境教育とESDの間での相乗効果、そして、形容詞付きの教育（平和教育、開発教育、人権教育、消費者教育など）の間での相乗効果の推進が期待されている。これらの教育実践は、すべて持続可能な開発にむけてなされていることを踏まえると、ESD関連の教育基盤の共有とネットワークの構築は、個々の教育実践の強みと機会を活かしたものとなり、ESDの充実にむけて大きな推進要因になることが期待できる。

　さらに、2009年のDESD中間レビュー報告書には、ESDを政策的に推進していく際の、ガバナンスのあり方に重要な意味があると指摘している。中間レビュー報告書では、「**ガバナンスにおける伝統は、⑴国が、（社会的）学習、民主主義、参加重視、といったより教育学的なESD　指向の取組を採用するか、それとも、⑵人々の振る舞いを、あらかじめ決められた、または専門家主導による方向へと変えることを強調するといった、より課題解決にむけた手段的なものを採用するのか、そのいずれかを決定している**」と指摘しており、日本におけるESDの取組と展開においても、そのガバナンスへの配慮なしに、効果的展開ができないことを示唆している。さらに、「地域間学習(inter-regional learning)（南‐南、北‐南、北‐北）の重要性を指摘し、すべての地域に影響をおよぼすグローバル化の力とそのシステムは、地域理解を促すだけでなく、国際的な対話を通して、地域特有の創造的な解決策を共有することにつながる」と述べ、より、相互対話性の強い国際教育協力が重要であることを指摘している。日本国内においては、国内の地域社会（local communities）が互いに学び合えるような「地域社会間の学習（inter-local learning）」の推進も重要であろう。今日の情報技術の進展とともに、国内外の様々な地域社会が互いに学び合えるような機会や対話、プラットフォームの構築が必要とされている。

6　ESDの新たな展開にむけて

　ESDの新たな展開にむけて、本書の第3部では、開発と教育の歴史的動向の中でのESD、ESDの内発性・外発性の視点から考察を行った。「開発と教育の歴史的動向の中でのESD」では、教育の位置づけに注視しながら開発アプローチの変遷をたどり、国家や社会の成長・開発・発展のための資源として人間は位置付けられ、そのうえでの教育であった時代から、人そのものの成長・発展が目的化するという価値の転換を経ており、貧困概念においても、経済的な量的な概念から、広く質的な概念へと拡大してきたプロセスと重なってきたことを概観した。経済開発、社会開発、人間開発という開発アプローチの大きな流れの中で、常に問われていたことは「人間にとって豊かさとは何か」であることを踏まえると、ローカルな文脈とグローバルな文脈とを関連づけた状況の中では、開発／発展のあゆみも、ESDのあゆみも、その定義の難しさとは無関係に、シンプルにひとつに重なることが強調されている。

　さらに、「内発的外向型発展論とESDの内発性・外発性」の考察においては、開発／発展の概念変遷の中からESDのDevelopmentの理念として、「もうひとつの開発」や「オルタナティブ」とは何かを定義づけることではなく、内発的発展論の新展開として提示された「内発的外向型発展」のあり方が、ESD

第11章　ESDの国際的取組の展望

が求める内発性と外発性に合致し、ESDの今後の新たな取組に示唆を与えるものとして考察している。そして、内発的発展論の系譜をふまえたとき、内発的発展論をESDと関連させる意義は、まず内発的な地域実践という観点から見出されるとし、DESD国際実施計画（DESD-IIS）においてESDの主な特徴として指摘されている「地域に根ざし、文化的にも適切である」ということにおいても、グローバルだけでなくローカルな視点の重要性を示している。今日では、ESDに基づく多様な地域実践も積極的に進められていることから、ESD、内発的発展論双方の蓄積を活用しあっていくことが、今後の実践活動の展開や理論的進展にとって有益であると考えられる。DESD国際実施計画（DESD-IIS）では、ESDの主な特徴として「あらゆる人々が、地球の持続可能性を脅かす諸問題に対して計画を立て、取組、解決方法を見つけるための教育」と定義づけ、「現実的な社会転換」という言葉によって、ESD展開の外発性への配慮も視野に入れることをうながしている。

　このように、ESDは、たとえ政策的な出自があったとしても、取組は地域から発し、外発性そのものも受入れながら学びが構成され、方向付けがなされていくものである点に、特徴があると言えよう。

7　おわりに

　本書は、ESDの国際的の取組と展開を通して、国際的取組の課題と展望について考察を行うものであった。国連機関、国、各主体による政策、制度、プロジェクト等の紹介を通して、どのような活動・アプローチ・テーマが重視されているかを把握する点では有効な報告書であると言える。そして、第3部における、開発と教育の歴史的動向の中でのESDについての考察は、環境教育の延長上として取り扱われる傾向の強いESDにおいて、大きな示唆を提供できたと言える。その一方で、政策、制度、プロジェクトなどの取組や展開などだけでは、ESDの性格上、十分な文書ではないことも認識する必要がある。ESDには、現実的社会転換にむけて、ビジョン（未来思考性）や倫

第3部　ESD の新たな展開に向けて

理観をもち、対話と参画を重んじる教育アプローチであり、個人・組織・社会が学びつづける生涯学習の社会構築を目指すものである。そして、この取組には、ローカルな文脈とグローバルな文脈を関連づけさせ、「人間にとって豊かさとは何か」を追求する内発性・外発性の両方を有する取組であるともいえる。そして、おのおのの取組は、地域の自然や社会・文化・歴史に適合したものであるため、地域の社会的適合性と自己決定が最重視されるべきものである。

　今後は、国連機関や国、各主体による政策、制度、プロジェクトの共有のみならず、地域社会や地域住民がどのような持続可能な地域の担い手づくりに価値を置き、何をもって地域における活動をESDと捉えているのか、について共有し、本書で掲載されているような国際的な取組との関連性を持ちながら議論を深めることが必要とされている。

注
（1）そのほかにも、「持続可能な未来のための教育（Education for Sustainable Future）」、「持続可能な生活のための教育（Education for Sustainable Living）」、などの言葉が使用されてきている。

終章　3.11以降の持続可能な開発のための教育（ESD）の課題

1　太郎君の「悩み」とゆうだい君の「反論」

　太郎君は福島県から転校してきた小学生である。性格は明るく、サッカーが大好きで友だちもすぐにできた。しかし、ある日、同級生から「放射能ちゃん」と呼ばれたことで学校に行けなくなってしまった。日本環境教育学会『原発事故のはなし』授業案（2011年7月）に登場する太郎君（架空）の「悩み」を、私たちは「分かち合う」ことができるだろうか[1]。

　ゆうだい君は毎日小学生新聞の記事に「僕のお父さんは東電の社員です」と断ったうえで、「原子力発電所を造るきっかけをつくったのは誰でしょう」と問いかける。そして、東電だけを批判する姿勢は「無責任」であり、「みんなで話し合うことが大切だ」と「反論」する[2]。私たちは、ゆうだい君の「反論」にどう答えればよいのだろうか。

　太郎君の「悩み」とゆうだい君の「反論」は表裏の関係にある。福島第一原発事故は、それまであえて語られ、議論されることの少なかった原子力の「平和利用」のリスクを避けて通ることのできない問題として私たちに突きつけている。原発事故の被災者である太郎君への「いじめ」は放射能汚染への無理解だけでなく、長期にわたる低レベル放射線被曝の人体への影響や汚染された地域の除染と果てしなく続く保管への不安と苛立ちを、弱者にぶつけようとする私たちの潜在的な心性を現しているのではないか。また、原発事故を引き起こした東京電力への批判が、福島県を含む過疎地域に原発をつくり続けてきた政府と、それを支持（黙認）し続けてきた私たち国民の「責

第 3 部　ESD の新たな展開に向けて

任」を曖昧にしているというゆうだい君の「反論」を生んでいるのである。

　ふたりの子どもの提起から、日本の社会と私たち日本人がさらに複雑で根の深い課題に直面していることに気づかされる。それは、原発問題を単なるエネルギー問題としてだけでなく、高度経済成長期以降の開発にともなう地域格差の問題、「平和利用」の副産物としての核兵器への転用の可能性など、戦後日本社会の構造的矛盾をシビアな形で提起しているのである。少なくとも環境教育の研究者と教師・実践家は、環境教育の領域で藤岡貞彦が1988年以降、繰り返し提起してきた「ポスト・チェルノブイリの段階の環境教育」(そしていま「フクシマ段階」ともよぶもの) の意味を深く自問する必要がある[3]。

2　ポスト・グローバリゼーションとしてのESD

　2011年3月11日に発生した東日本大震災と福島第一原子力発電所の事故は、持続可能な開発のための教育 (ESD) のあり方に大きな見直しを迫るにちがいない。とりわけ、エネルギー教育と防災 (減災) 教育がより重要な領域として議論されるであろう。

　しかしながら、3.11以降から現在に至る過程で語られてきた日本社会が直面する課題の多くは、震災以前から進められてきたグローバリゼーションへの対応と深く結びついていると言わざるをえない。その一つがグローバル化する巨大企業の末端に地域産業が深く組み込まれているという事実である。震災で被災した東北の工場には自動車・ITからペットボトルまで大都市圏の主要産業に部品を供給する「サプライチェーン型企業」(岡田知弘) が多く、タイ洪水 (2011年7月～11月) による日系企業現地工場の浸水被害による部品供給の停止と併せて、日本の輸出産業に大きな打撃を与えたことは記憶に新しい。しかも、被災地の復興資金供給を国と県が事業費の4分の3を補助する中小企業グループ補助制度による復興事業計画の採択に際して、水産加工業等の地場産業に比べてサプライチェーン型企業が優遇・優先されること

終章　3.11 以降の持続可能な開発のための教育（ESD）の課題

で地場産業の復興が遅れているとも指摘されている。また、日本政府が協議への参加を決めた環太平洋戦略的経済連携協定（TPP）に至っては、二国間の自由貿易協定（FTA）や経済連携協定（EPA）とともに、グローバリゼーションを進める前提条件以外の何ものでもない。これに、震災復興債と合わせて1000兆円を超える国債発行残高（2011年9月末現在の国債発行残高は954兆円）の償還と社会保障制度との一体改革による増税が問題になりながら、急激な円高ドル安・ユーロ安を引き起こしている世界的な金融不安の進行を視野に入れると、もはやグローバリゼーションは避けることのできない歴史の大きな流れのように思われても仕方ない。

　グローバリゼーション（globalization）という概念が一般的に使われだしたのは、1990年代に入ってからのことである。グローバリゼーションはinternational（国際化）やworldwide（世界化）と違い、国家や地域の多様性を越えて自由に動く情報や資本の流れに焦点を合わせたとらえ方である。とはいえ、「グローバリゼーション」概念が多様な意味やニュアンスを含む極めて多義的なものであることも確かである。資本主義とグローバリゼーションとの関係に焦点をあわせても、グローバリゼーションを経済現象としてみるIMF（国際通貨基金）やR・ギルピンの立場と、経済のみならず政治・社会・文化までも含むものとみるA・ギデンズやJ・S・ナイの立場がある。こうした議論を踏まえて、その現代的な特徴を①1970年代以降の情報革命（とりわけインターネット化）によってもたらされた情報化、②1970年代前半の変動相場制への移行を根源とする経済の金融化（金融の肥大化）、③1980年代後半以降の情報・金融・軍事を中心としたアメリカが主導するグローバル・スタンダードの実現（アメリカ化）にあるとみることができる。

　その中で、A・ネグリとM・ハートの〈帝国〉概念はいくつかの重要な提起を含んでいる[4]。グローバリゼーションとは単なる経済現象ではなく、「政治－経済－文化が複雑に絡み合った圏域が現働化している」ものであり、「生政治（biopower）」概念にもとづいて解釈される「〈帝国〉（Empire）」であると説明される。従来の「帝国主義」とは対照的に、「〈帝国〉とは、脱中心

化された、かつまた脱領土化を推進する支配装置であり、これは、たえず拡大しつづけるその開かれた境界の内側に、グローバルな領域全体を漸進的に組み込んでいく」新しいグローバルな主権形態である。そして、この〈帝国〉に抗する集団的主体性を、「マルチチュード（群衆＝多性）」という概念で説明する。単一のアイデンティティを指示する人民や国民という概念とも、受動的な社会的力を指示する大衆や暴民という概念とも異なるマルチチュードは、「能動的な社会的行為体」「活動する多数多様性」を意味するものである。

　他方で、ネグリやハートによる〈帝国〉論のグローバリゼーション理解を「ヨーロッパ中心主義的な限界」があると批判する上村忠男は、G・C・スピバックの理解[5]を通してグローバリゼーションは「マルクスのいう『一般的価値形態』のグローバルな規模における全一的支配をめざしつつも、世界の現実はなおもその一歩手前の『総体的または拡大された価値形態』の流通する異種混淆的な状態にある」と指摘する。それは「メトロポリスにおける労働力の肩代わりをしているペリフェリーのサバルタン女性たちが置かれている状況」（国際分業体制のもとで安価な労働力の提供者として搾取されているサバルタン）に象徴される「それぞれのローカルな拠点でのローカルな固有性がグローバルなものへと回収される以前の状態であって、これらをつなげてネットワークをつくっていけば、グローバル化の流れへの抵抗戦略となるのではないか」という展望を示すものである。

　つまり、3.11以降の日本が直面している状況は特殊で一過性のものではなく、グローバリゼーションへと向かう世界が生みだす構造変革の大きな「軋み」として理解すべきものであろう。その「軋み」がもっとも激しく、深刻な形で現れてくるところが東日本大震災の被災地のような過疎化・高齢化が進んでいた地域であり、中越地震や中越沖地震の被災地では「過疎化・高齢化が10年進んだ」と言われている[6]。この時代の「軋み」に対して環境教育が何を為し得るのか、何を為さねばならないのか、その一つの答えが「持続可能な開発のための教育（ESD）」であると思われる。「環境教育」という概念は、「持続可能な開発」概念の影響を受けて大きく変化してきた。「持続

可能な開発」という概念が国際的に注目される契機となったのは、1992年にリオデジャネイロで開催された国連環境開発会議（地球サミット）である。この会議は地球環境と経済開発を調和させる「持続可能な開発」を具体化するために「環境と開発に関するリオデジャネイロ宣言」（リオ宣言）とその行動計画である「アジェンダ21」を採択し、その後の各国環境政策や環境NGO・NPOの活動に大きな影響を与えた。

　他方で、アメリカ環境教育法（1970年）の強い影響を受けながら1972年の国連人間環境会議（ストックホルム会議）で提起されはじめた「環境教育」概念は、75年の国際環境教育ワークショップ（ベオグラード会議）、77年の環境教育政府間会議（トビリシ会議）などを経て、97年の環境と社会に関する国際会議（テサロニキ会議）での「持続可能性に向けた教育（EfS）」概念へと大きく変化してきている。こうした概念の変化が意味するものは、「持続可能性（Sustainability）という概念は環境だけでなく、貧困、人道、健康、食糧の確保、民主主義、人権、平和をも包含するもの」であり、「最終的には、持続可能性は道徳的・倫理的規範であり、そこには尊重すべき文化的多様性や伝統的知識が内在している」（テサロニキ宣言10）という広義の「環境教育」概念への拡張が図られてきたということである。

　2002年に開かれた国連環境開発サミット（ヨハネスブルク・サミット）で提起された「持続可能な開発のための教育」（ESD）という考え方が、環境問題に対する私たちの見方を少しづつ変えている。「国連持続可能な開発のための教育の10年」（UN-DESD/2005年〜2014年）に対応して、日本国内でもNGO「持続可能な開発のための教育の10年」推進会議（ESD-J）が活動しており、環境教育や開発教育、平和教育、人権教育など幅広い分野から多くの団体・個人が参加している。そもそもヨハネスブルク・サミットの正式名称（WSSD）に「開発（Development）」という言葉はあっても、「環境（Environment）」という言葉が含まれてはいない。ここには日本を含む先進工業国と発展途上国との環境問題に対するとらえ方のちがいがあり、「持続可能な開発と貧困克服」が緊急に取り組まれるべき全人類的な課題として認

識されているという流れがある。こうした考え方を提起してきた指標の一つとして、国連開発計画（UNDP）の「人間開発指標」がある。大切なことは、私たちがいま環境問題を考えるためには、開発や貧困、平和、人権などで社会的な公正を実現する視点を持たなければならないということである。

まさに、「持続可能な開発」概念を受けて1990年代以降に使われ始めた「環境と持続可能性のための教育（EfES）」や「持続可能な開発のための教育（ESD）」は、グローバリゼーションがもつ市場主義的な本質に抵抗し、オルタナティブな社会とそれを支える教育のあり方を模索するポスト・グローバリゼーションとしての性格をもつものである[7]。問題は、こうしたポスト・グローバリゼーションの運動とその主体を生みだす教育実践をどこに見いだすのかということである。

3　ポスト・フクシマが求めるESD

いま世界各国・各地域で取り組まれている持続可能な開発のための教育の10年（DESD）は、まさに現在進行形のものであり、その実践を通して「持続可能な開発のための教育（ESD）」概念は鍛えられ、変容していると言わざるをえない。「DESDの始まりとDESD国際実施計画による国際的展開」（佐藤・阿部）で述べられているように、30年間にわたる環境教育の国際的展開を振り返って明らかなことは、リオ・サミット以前の「環境の質の改善」に向けた環境教育から「人間開発のための環境教育・人口教育と情報（EPD）」という言葉に変わりつつ議論されてきたことであり、さらに「持続可能な開発と教育」に関する議論が深められることでテサロニキ会議における「環境と持続可能性のための教育（EfES）」概念の提起に至ったということである。まさに、ESD概念は「基礎教育の質の向上とアクセスの改善」と「持続可能な開発と教育」の2つの大きな流れから影響を受けながら、環境教育やEPDより主題領域の範囲が拡張し、その多様化や相互関連性に重点がシフトしているのである。

また、ESDがそれまでの環境教育がとってきた定量的で体系的な「知の移転」というアプローチから、個人的・集合的な「知の獲得」や「知の連結」を目的にしたものに変化しているという指摘も重要である。これは、社会教育や生涯学習の領域において、世界が急速に一体化・画一化しつつあるグローバリゼーションのもとで、私たちが「学ぶ」ことの意味が問い直されはじめていることとも一致する。読み書きを人としての基本的な権利と考え、すべての人が教育を通して充実した人生を送ろうとする努力は尊重されなければならない。ところが、その格差を埋めようとする「学び」がグローバリゼーションをよりいっそう進め、社会や文化、人の生き方の多様性や「もう一つの学び」の可能性を奪っているのではないか、という疑念があるのである。スピヴァックの「unlearn」という概念を「学び捨てる」と翻訳した本橋哲也は、「あらゆることに関して自分が学び知ってきたことは自らの特権のおかげであり、またその知識自体が特権であることを認めること。そのことと同時に、それが自らの損失でもあると認識し、特権によって自分が失ったものも多くあることを知ることで、その知の特権を自分で解体する」必要があると説明している[8]。大江健三郎も「unlearn」という言葉を「unteach」と組み合わせて、「学び返す」「教え返す」と翻訳する[9]。大江は、「他の人間に教えることにありがちな過ちをおかすこと」「教えた相手から過ちを指摘されて、苦しく自己修正すること」「教えた相手から逆に励まされるということ」の経験が、人を「成熟」させると考えているようだ。さらに大江は、鶴見俊輔が「unlearn」を「まなびほぐす」と翻訳し、「大学で学ぶ知識はむろん必要だ。しかし覚えただけでは役に立たない。それをまなびほぐしたものが血となり肉となる」と説明することも紹介している。

　開発や内発的発展論の概念について「開発と教育の歴史的動向の中でのESD」（吉川）や「内発的外向型発展論とESDの内発性・外発性」（吉川・佐藤）で的確な整理がなされているものの、さらに3.11以降に復興や復旧の名のもとでよりいっそうグローバリゼーションが進もうとしている現実をESDの文脈で捉え直すことが求められている。ここでは、これまで環境教育や

第3部　ESD の新たな展開に向けて

ESD が（おそらく暗黙のうちに）前提としてきた自然観と教育的価値という2つの価値観の見直しという視点から問題を提起したい。

（1）「沈黙する春」と自然災害

　2011年5月7日、福島県飯舘村の春は、確かに「沈黙」していた。「山笑う」季節に里山の木々や草花は美しく、虫は蠢き、鳥はさえずり、けものたちの気配も感じる。しかし、人びとは家に引き籠り、田畑も手入れされていない。人のみが「沈黙」した春を、私たちはどのように表現すればよいのだろうか。レイチェル・カーソンの『沈黙の春』は、人が生活する世界で動物たちが「沈黙」する理由（わけ）を告発した。現在（いま）、私たちが福島の避難区域で目にしている「沈黙する春」は、カーソンが描いた世界の「もう一つの姿」に思えて仕方ない。見た目には何の不自然さもない故郷を後にせざるを得ない飯舘村の人びとが感じる不条理を、私たちは「分かち合う」ことができるのだろうか。1996年に日本で最初の住民投票となる、新潟県巻町（現新潟市西蒲区）における原子力発電所建設の賛否を問う住民投票が行われた。原発建設の可否をめぐる町長選挙・町議会議員選挙・住民投票を通じて、確かに住民は運動を通じて学習しているのである[10]。沼津・三島・清水町で取り組まれた石油化学コンビナート建設反対運動（1963〜64年）は、「学習を武器にした科学による公害予防運動であった」ことなどから「市民の誕生」と評価される（宮本憲一）。現在（いま）、目の前にある「沈黙する春」は予測できたものであり、「想定外」という言葉で学習を放棄してきた責任を帳消しにすることはできない。

　しかしながら、東日本大震災は「沈黙する春」を生みだした人の開発行為以外にも、原発事故を引き起こす直接の原因となった巨大な自然災害（地震と津波）という自然のもう一つの顔（厳しい自然）を見せつけている。石弘行は、過去20万年の環境史を踏まえて「これだけの地球環境の激変をもたらした原因」の一つとして、人間の開発行為や自然資源の収奪と並んで「火山噴火」を取り上げている[11]。とりわけ、火山噴火が気候に与える影響につ

いて、ミファイル・プディゴは1880～1960年の間の北半球の平均気温が直達日照量の減少が火山噴火と一致することを発見し、「日照量が長期にわたって１％減少すると気温は５度下がり、日照量が1.6％減少すると、極の氷冠が張り出してきて急激な寒冷化が起きる」と考えたことを紹介している。また、サントリーニ火山の噴火（紀元前1450年頃）にともなう津波でミノア文明等が消滅したことにも言及している。こうした大規模な火山活動が地球環境の激変をもたらしたことで、人類の進化に大きな影響を与えたとするトバ・カタストロフ理論（約７万5000年前のスマトラ島のトバ火山の噴火にともなう寒冷化が人類の急激な人口減少をもたらした）もよく知られている。確かに、カンブリア紀以降（約５億4500万年前）、少なくとも５回の大絶滅と呼ばれる生物進化のボトルネックが確認されており、そのいずれも人類以外の要因によるもの（隕石衝突やマントル・プリューム等）であった[12]。つまり、地球環境は人間の開発行為や自然資源の収奪をはるかに凌駕する規模で、ある種の「破壊」を経験してきたのである。人は地球環境の中に生物圏とは異なる「人間圏」を生みだしたことによって自然を手なずけ、自然を破壊してきたと考えられる[13]一方で、文明を圧倒する自然の猛威とどう向き合うべきなのかも、環境教育・ESDの課題として実感せざるをえないのである。

（２）「啓蒙されつつある時代」と統制的理念

かつて「教育は社会を変革できるのか」という問いに対して、P・フレイレとI・イリイチを引用して教育の本質が社会の維持にあるため「社会によって変えることを許されたものを維持する」ことによって変革に寄与できると指摘した[7]。それは、教育の価値をカントの定義による構成的な理念として捉えるのではなく、統制的な理念として使用することを意味する。「超越的な理念が〈構成的に〉使用されることはないということである。もしも理念が構成的に使用されるならば、ある対象の概念が作りだされることになるが、そのようにして作りだされた概念は詭弁的な（弁証論的な）概念にすぎない。そうではなく、超越論的な理念は〈統制的に〉使用されるにすぎな

い。これは理念の卓越した不可欠な使用方法であり、これによって知性は特定の目標に向かうことができるようになる。知性のすべての規則はこの目標に向かった線に沿っているかのように、その一点に集まってくる。この一点がすなわち理念であり、これは虚焦点（focus imagina-rius）の役割をはたすのである。この点はすべての可能な経験の境界の外部に存在するものであって、知性の概念はこの点から生まれるわけではないが、知性の概念に最大の統一を与え、しかも適用範囲が最大になるようにするのである」(カント『純粋理性批判』763、中山元訳6-151)。つまり、柄谷行人が「理性にもとづいて社会を暴力的に作り変える」理性の構成的な使用に対置した、「無限に遠いものであろうと、人がそれに近づこうと努める」理性の統整的な使用こそが、教育の価値であると認めることが求められているのである[14]。

　ESDがめざす持続可能な社会は、グローバリゼーションが実現しつつある市場原理優先の社会でも、古い共同体でも、国家（や独裁者）による権威主義的な社会でもないであろう。それは、カントがめざした「世界共和国」であり、柄谷がアソシエーショニズムによって実現しようとしている「他者を手段としてのみならず同時に目的として扱う」ような社会（自由の互酬性を実現する社会）であるように思われる。その意味では、歴史上いまだかつて実現したことのない社会のあり方がめざされているのであり、グローバリゼーションの先にあるポスト・グローバリゼーションの社会である。内橋克人が『共生の大地』(1995年)で予言し、神野直彦が『「分ち合い」の経済学』(2010年)で提起する新しい経済システムをもつものであろう。3.11以降にグローバリゼーションがいっそう進もうとする状況のもとで、ESDは教育の統制的理念としての性格に注目して構想・実践されなければならない。カントは自ら生きた時代（フリードリヒ大王の時代）を「啓蒙されつつある時代」と規定した[15]。「啓蒙とは何か。それは人間が、みずから招いた未成年の状態から抜けでることだ。未成年の状態とは、他人の指示を仰がなければ自分の理性を使うことができないことである」。二百数十年後の現在も、いまだに「啓蒙されつつある時代」であることにあせらず、試行錯誤を繰り返しながら確

実に持続可能な社会を実現していく努力をESDは求められているのであろう。

4 「沈黙の責任」もしくは「正しい少数派の責任」について

　日本環境教育学会として授業案を作成して公表することは異例のことであった。東日本大震災とその後の福島第一原発事故による甚大な被害を前にして、環境教育に関わる研究者・教師・実践家を会員とする学会が何をなすべきかが真剣に模索されていた。こうした状況のもとで、福島県飯舘村から避難した子どもたちが避難先の学校で「いじめ」を受けている、との連絡があったのである。「いじめ」の根拠が放射能・放射線に関する誤解や偏見である以上、これを正す責任を学会として担うべきだとの判断がなされた。

　さっそく『福島第一原発事故によって避難した子どもたちを受け入れている学校・地域のみなさんへ〜日本環境教育学会からのお願い（会長緊急声明）〜』（2011年5月20日）を公表し、「福島第一原発事故によって避難した子どもや一般の住民の方々によって、放射能汚染が広がる危険性がほとんど皆無であることは明らかです。ふるさとを追われ、親族や隣人、知人と離れ離れで避難生活を続ける子どもや住民の『悲しみ』をぜひとも『分かち合って』ください。原発事故や放射能汚染に由来する非科学的で不合理な差別や偏見によって、避難している子どもや住民が傷つけられることのないように切にお願いします」と訴えた。また、「学会として学校や地域で原発事故に関して学べる教材や条件をつくろうとしています」とも約束した。この会長緊急声明を受けて発足したのが、日本環境教育学会「原発事故のはなし」授業案作成ワーキンググループである。

　授業案を作成するにあたってワーキンググループで合意したことは、つぎの三点である。(1)福島県や東北地方から避難してきている子どもたちの「痛み」や「苦しみ」を避難先の子どもたちが想像し、「いじめ」を許さない契機となること。(2)低レベルの放射能は「染らない」という明らかな事実を前提とすること。(3)年度途中でも学校で使いやすいように1時間の授業案とす

ること。いわば、原発事故に関する科学的な評価や教授法としての工夫が必要な放射線教育及びエネルギー環境教育（原発を含む）に関する授業案の作成を今後の検討課題として保留しながら、目の前にある「いじめ」の問題に関する授業案づくりを最優先することを決めたのである。その結果として作成されたのが、『原発事故のはなし』授業案（2011年7月17日版／道徳・LHR編）である。この授業案に多くの限界や制約があることは明らかである。とはいえ、放射能汚染を理由とした「いじめ」の事実に向き合い、一刻も早く何らかの問題提起を学校教育現場にする必要性を重視したものである。

　『原発事故のはなし』授業案には、小学校（高学年）「道徳」指導案のほかに、中学校「道徳」指導案、高校「ロングホームルーム」指導案も収録されている。いまさらいうまでもなく、福島第一原発事故を契機とした環境教育に関わる授業案づくりが、この道徳・LHR編で完結したことにはならない。放射線教育及びエネルギー環境教育（原発を含む）の領域にさらに踏み込んだ授業案づくりが、学会ワーキンググループを中心に引き続き進められている。「放射能いじめ」とも呼べる状況に対する緊急対応として作成された道徳・LHR授業案ではあるが、この授業案の改訂を一つの拠り所として理科・社会科・家庭科・総合的な学習の時間など、さらに多くの科目と関連づけられながら「3.11以降の教育」の一つのモデルとして体系化されなければならない。

　あの日、あの時から日本の教育は何を学ぶのか。復興・復旧とは次元の異なる放射能汚染という長い期間にわたる闘いが求められている状況に対して、児童・生徒という次の世代とともに問題の解決を真摯に模索する姿勢が、私たち教師やおとなに求められているのではないだろうか。日本の環境教育学にとって、原子力発電を含むエネルギー問題はある種の「タブー」となっていたのかもしれない。日本環境教育学会の発足時に公害教育がある意味で軽視されたのとは逆に、環境教育を実践・研究する者の多くが原発の「安全性」に疑問を持ち、自然再生エネルギーへの転換を「自明」としていたために、あえて取り上げなかったテーマであった可能性がある。しかし、日本を代表する環境教育の学会が、原発問題を正面から議論してこなかった責任は大き

い。いまようやく学会として「沈黙の責任」を自覚して、将来世代とともに「3.11以降の教育」のあり方を模索しようとしていることは、一つのESDとして位置づけられるであろう。

しかしながら、「正しい少数派の責任」と呼びうるものを当事者が自覚することは、極めてむずかしい。「正しい」主張に対して多数派が賛同したり、社会が「正しく」変化しないのは多数派や社会の側に責任があると考えられるからだ。東日本大震災によって日本の社会が直面している多くの課題は、「沈黙」することで多数派を支えてきた者とともに、「正しい」主張を多数派に受け入れさせることのできなかった少数派にもあるのではないだろうか。3.11以降のESDは、将来世代に対して結果責任をどのように果たすべきなのかが問われているといえる。

注
(1) 日本環境教育学会「原発事故のはなし」授業案作成ワーキンググループ『原発事故のはなし』2011年7月（http://www.jsoee.jp/npp-and-ee/24-story-of-npp/88-story-npp-booklet.html）。
(2) 毎日小学生新聞編、森達也著『僕のお父さんは東電の社員です』（現代書館、2011年11月）。
(3) 藤岡貞彦「今こそ生活現実と教育の結合を」『技術教育』2011年9月号（農山漁村文化協会）6〜10ページ。
(4) アントニオ・ネグリ、マイケル・ハート『〈帝国〉』（以文社、2003年）。
(5) ガーヤットリー・チャクラヴォルティ・スピヴァック『ポストコロニアル理性批判』（月曜社、2003年）。
(6) 北陸建設弘済会『中山間地の活性化策を用いた課題解決手法の調査研究　平成22年度成果報告書』(2011年3月)。
(7) 朝岡幸彦「グローバリゼーションのもとでの環境教育・持続可能な開発のための教育（ESD）」『教育学研究』第72巻第4号（日本教育学会、2005年）。
(8) 松橋哲也『ポストコロニアリズム』（岩波新書、2005年）。
(9) 大江健三郎「定義集」（朝日新聞、2007年1月23日付）。
(10) 朝岡幸彦「まちづくりと環境学習」藤岡貞彦編著『〈開発と環境〉の教育学』（同時代社、1998年）182〜203ページ。
(11) 石弘行『火山噴火・動物虐殺・人口爆発』（洋泉社歴史新書、2010年）。
(12) 金子隆一『大量絶滅がもたらす進化』（ソフトバンク・クリエイティブ、2010年）。

第3部　ESD の新たな展開に向けて

　　D.H. エルウィン『大絶滅』（共立出版、2009年）。
(13)松井孝典『宇宙人としての生き方』（岩波新書、2003年）。
(14)柄谷行人『世界共和国へ』（岩波新書、2006年）。
(15)カント、中山元訳『啓蒙とは何か』（光文社古典新訳文庫、2006年）。

◆執筆者紹介◆

氏名、よみがな、所属（現職）、称号、専門分野または取り組んでいること等。

監修者/はじめに・序章
阿部治（あべ・おさむ）
　立教大学社会学部・大学院異文化コミュニケーション研究科教授、日本環境教育学会会長。現在、持続可能な開発のための教育（ESD）の国連の10年を通じたアクションリサーチに従事。

監修者/終章
朝岡幸彦（あさおか・ゆきひこ）
　東京農工大学大学院教授。博士（教育学）。食育・食農教育論、社会教育学。

編著者／はじめに・第１章・第２章・第３章・第８章・第10章・第11章
佐藤真久（さとう　まさひさ）
　東京都市大学環境情報学部・大学院環境情報学研究科准教授。Ph.D.　アジア太平洋地域の環境教育・ESD関連のプログラム開発、政策研究、国際教育協力に従事。

第３章・第７章・第９章・第10章
吉川まみ（よしかわ　まみ）
　東京都市大学環境情報学部・特別研究員。（環境学博士）　環境教育・持続可能な豊かさのための教育、ESD、持続可能な地域の担い手育成プログラム開発、研究に従事。

第４章
高雄綾子（たかお　あやこ）
　フェリス女学院大学国際交流学部専任講師。環境教育論、ドイツのESD研究に従事。

第５章
佐々木晃子（ささき　あきこ）
　持続可能なスウェーデン協会。東京大学新領域創成科学研究科国際協力学修士。スウェーデンにおける環境政策、環境教育・ESD研究に従事。

第６章
鶴見陽子（つるみ　ようこ）
　国立教育政策研究所研究協力者。中央大学大学院文学研究科博士後期課程単位取得退学。専門は比較教育学、国際理解教育、ESD。中国のESDを文化の視点などから多角的に研究。

持続可能な社会のための環境教育シリーズ〔4〕
持続可能な開発のための教育　ESD入門

定価はカバーに表示してあります

2012年8月17日　第1版第1刷発行
2014年4月18日　第1版第2刷発行

監　修　　阿部治・朝岡幸彦
編著者　　佐藤真久・阿部治
発行者　　鶴見治彦
　　　　　筑波書房
　　　　　東京都新宿区神楽坂2-19　銀鈴会館　〒162-0825
　　　　　電話03（3267）8599　www.tsukuba-shobo.co.jp

©佐藤真久・阿部治 2012 Printed in Japan

印刷/製本　平河工業社
ISBN978-4-8119-0411-5 C3037